太阳

月亮

女娲用泥土造了中国人，我们
是个紧贴大地生存的种族
（王铁成《炼石图》）

祥和的母性文化应许我们和谐发展
（《太阳》《月亮》，清代山西民间剪纸）

中国味道

有山有水的地方就有好家园
（湘西村寨）

汗滴禾下土
（唐 敦煌壁画雨中耕作图）

天地丰厚，我只谦卑地领受一小碗
（木叶碗，江西吉州窑宋瓷）

邻家大叔说的故事，温暖了
我的童年（汉说唱俑）

学问天下，做一名儒雅坦荡的书生
（"精气神"，小孩兜肚上的绣像）

君子佩玉，滋润我做人的品格
（战国玉璧）

青鞋布袜走天下，赶考路上，人迹板桥霜
（清 天津杨柳青《商山早行诗意》）

长安一片月，万户捣衣声。游子的足迹总是
踩痛亲人的牵挂（唐 张萱《捣练图》局部）

古典的中国

琴棋书画诗酒花，中国书生的日常功课（崔浩《品茶》）　精致的美感，源于对一片石头也存在虔敬之心（清瓷米芾拜石）　漫卷诗书长吟哦，人为天地立诗心（张大千《读书秋树根》）

荣辱不惊，淡泊明志，入仕归隐都是人格独立（南宋 马远《寒江独钓图》）　肝胆相照真朋友，高山流水觅知音。（傅抱石《对牛弹琴图》）　江南可采莲，莲子青如水。（齐白石《荷》）

人面桃花，总是美丽的邂逅。

七夕，一钩新月女儿节　陌上桑，纤手牵柔枝（清代绘画）

中国味道

古典的中国

烟柳画桥，风帘翠幕，参差十万人家（宋张择端《清明上河图》局部）

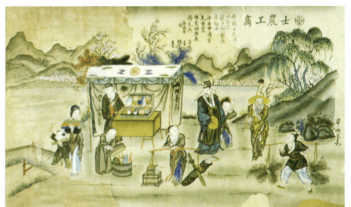

三百六十行，诚信做人第一（天津杨柳青画《士农工商》）

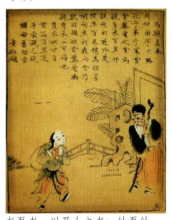

老吾老，以及人之老；幼吾幼，以及人之幼（子路为亲负米图）

味中道国　古典的中国

半耕半读一品人家，文化血脉源远流长（原军摄影《收获》）

廊檐下摆开龙门阵天地悠长（四川广安萧溪镇）

黄昏时认清回家的路（浙江湖州双林迎客桥，沈钰浩摄影）

更鼓声声报平安，守护我恬静的梦乡（更夫画像）

我虽不喜欢战争，但也可以金戈铁马，只是醉卧沙场君莫笑（秦兵马俑）

我给你丝绸和瓷器，我上帝和枪炮，这开的什么玩笑？你还（唐阎立本《职贡图》）

每一座村镇矗立的宝塔，是我们对皇天后土的永恒祈祷（唐 西安大雁塔）

我们内心安宁，因为佛就在我们身边（乐山大佛）

神仙也好说话（民间剪纸灶王爷）

而过好日子的向往永在心中（江西吉安钓源村农家后院，严凌君摄影）

『日月光华，旦复旦兮。』（吴冠中作）

味道 中国

古典的中国

一带山河少年努力（阳朔摩崖石刻，清王元仁作，一个"带"字内藏此八字，一说十六字：一带山河，举世无双，少年努力，万古流芳。）

敬 启

严凌君先生主编的"青春读书课"系列丛书,立意高远,贴近青少年阅读心理,选文题材广泛,内容丰富。在编辑过程中,我们按照现代出版规范对选文进行了统一处理,力求提供一套符合现代文字规范的青少年读物,以帮助读者建立对纯洁汉语的认知与体悟。敬请作者、译者见谅。

另外,我们已经联系到部分选文的作者和译者,他们同意将作品列入"青春读书课"系列丛书出版,但由于作者面广,仍有部分作者和译者无法取得联系。请作者和译者看到本系列丛书后尽快与我们联系,以便奉寄样书和稿酬。

诚致谢意!

联系人:蒋鸿雁

电话:0755-83460371

Email:jhyl688@hotmail.com

海天出版社

CLASSICAL
CHINA
A COLLECTION
OF
READINGS
ON
LEGENDARY
LIFE

青春读书课·修订本 第四卷

成长教育系列读本

严凌君 主编／导读

古典的中国

民间人性生活读本 第一册

海天出版社（中国·深圳）

图书在版编目(CIP)数据

青春读书课．古典的中国．第一册 ／ 严凌君主编、导读． ——
深圳 ：海天出版社，2012.1 (2016.1重印)
ISBN 978-7-5507-0185-4

Ⅰ．①青… Ⅱ．①严… Ⅲ．①阅读课-中学-课外读
物 Ⅳ．①G634.333

中国版本图书馆CIP数据核字(2011)第114112号

青春读书课．古典的中国．第一册
QINGCHUNDUSHUKE．GUDIAN DE ZHONGGUO．DI YI CE

出 品 人　聂雄前
责任编辑　蒋鸿雁　谢　芳
责任技编　梁立新
责任校对　陈　嫣
特邀校对　杨在宏
设计制作　龙瀚文化
插页设计　李晓光
封面设计

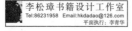
李松璋书籍设计工作室
Tel:86231958 Email:hkdadao@126.com
平面执行：李青华

出版发行　海天出版社
地　　址　深圳市彩田南路海天综合大厦（518033）
网　　址　www.htph.com.cn
订购电话　0755-83460293（批发）　83460397（邮购）
印　　刷　深圳市华信图文印务有限公司
开　　本　787mm×1092mm　1/16
印　　张　19.5
字　　数　360千
版　　次　2012年1月第1版
印　　次　2016年1月第4次
定　　价　28.00元

序

在阅读好书中构建自己的精神家园

（一）

简直不敢相信，这厚厚的七大卷书竟出自一位普通的中学老师一人之手——我编过类似的中学生课外读物：《新语文读本》。我们是动员了十多位朋友，先后折腾了两年，才编出来的，其中的艰苦，我是深有体会的。因此，我懂得这数百万字的分量。

对于一直在关注、思考中学语文教育的我，这套书更有一种特殊的意义。当我发现在许多重要的教育理念、编辑思想上，我，以及我们《新语文读本》的朋友与这套书的编者严凌君确有相通之处，自有一种志同道合的欣慰感，在某种程度上，这是反映了一种共同或类似的教育思潮；而当我进一步发现，严老师的思考有许多属于他自己的独立创造与开拓，更是感到由衷的喜悦。这正是我要感激严凌君先生以及他的学生的：他们的试验激发与深化了我的思考。

因此，我十分乐意为这套书写序，也借此向严老师，以及所有处在教育第一线的语文老师们，表示我最大的敬意。因为只有他们，才是中国语文教育改革的主力，如果不能保证中学语文老师自由言说的权利，不能充分发挥他们的积极性与创造性，并且落实到他们的具体教学实践中，中国的教育改革，就会如有些老师所担心的那样，仅仅成为一阵喧嚣。有什么样的教师，就有什么样的教育；中学语文教育改革的成败，全系于语文老师的文化、精神素质和主动精神。严凌君老师编写的课外阅读教材和他主持的深圳育才中学"青春读书课"的成功，之所以如此令人振奋，就是因为这是期待已久的第一线老师的个性化的言说，是他们对中国语文教育的思考与追求的独立表达；而且我知道，像严凌君这样已经或准备发出自己的声音，并在努力实践的老师，其绝对量并不小，而且将会越来越多。这正是中国语文教育改革的希望所在，也是这套读本的独特价值所在。

（二）

严老师说，他的读书课和他编的教材，都是他送给学生的"礼物"。听听学生的反应，是不能不为之感动的——"读书课给予我们一个和伟人交流的机会和氛围，再不是和网友胡侃，不是包围在数理化的题海里，不是每天重复过着日子，平庸地思考。它让我知道世界上还有这么一群人，在思考着这么一些问题，发现原来世界并不像自己想象的那么简单，知道原来我们祖先是这样一步一步地走向文明……老师的一句解说让我们恍然大悟，豁然开朗，引起太多太多的思考——我们到底为什么活着？自由的意义是什么？……原来活在这个世界上，不仅需要知识，还需要那么一点精神支柱；我终于懂得，不仅需要知识武装自我，还需要有精神来升华自我。"

这里，涉及一个非常重要的问题：中学教育究竟意味着什么？我们知道，中学阶段，正是人生的起始，是人的个体生命的"童年"。而中学生活与人际关系的相对单纯、无邪、明亮、充满理想，就使得中学更是人生中的梦之乡，它不可重复，留下的却是永恒的神圣记忆：一个人有还是没有这样的神圣记忆，是大不一样的。中学阶段当然需要学习知识，但更需要的是通过知识的学习，构筑一片属于自己的精神家园，即使带有梦幻色彩，却会为终生精神发展垫底，成为照耀人生旅程的精神之光；而且可以时时反顾，是能够返归的生命之根。

严老师正是从构建学生精神家园这一大视野，去思考与设置他的中学阅读教育的作用与方式的。他提出了两个非常有意思的概念："平面的生活"与"立体的生活"即"第二种生活"。所谓"平面的生活"是受具体时空限制的，是偏于肉体的、物质的；而"立体的生活"则是精神的、心灵的生活，是超越时空的。中学生就其平面生活而言，显然是狭窄有限的；但却可以通过书籍这个秘密通道，打破时空的限制，穿梭古今，漫游于人类所创造的精神空间，这不仅极大地扩展了学生的精神生活面，而且也极大地提高了学生精神生活的质量：在和创造人类与民族精神财富的大师、巨人的对话中，重新经历他们在书中所描述的生活，自会达到一种前所未有的精神境界。

由此而形成了一个基本理念："在阅读好书中构建自己的精神家园"。这一理念是贯穿全书的。

严老师的这套读本共分七卷，按我的理解，似乎可以分为三大板块。一至三卷，即《成长的岁月——我的学生时代读本》《心灵的日出——青春心智生活读本》与《世界的影像——文学理想启蒙读本》，某种程度上可以视为"生命读本"，是和学生一起讨论他们从童年到少年、青年的生命成长过程中所遇到的各种精神命题，帮助他们认识自己和自己赖以生存的世界。其中又贯穿着两个教育理念："成长的权利"与"敬畏青年"。严老师满怀激情地这样写道："从出生到大学毕业，一个人要用二十几年来求学，在此期间，他无须对社会有所贡献，他的任务就是学习、成长"，于是就有了"成长之美"与"成长的感觉"，更重要的是，还有"成长的权利"："儿童的权利，就是探索、发现和成长的权利。"而"青春时代不只是为了成年生活做准备，它本身就是一种生活，最多的梦想，最纯的情感，最强的求知欲，最真的人生态度……让我们一边欣赏自己青春的美，一边为自己的未来播种"。应试教育的最大问题正是在于对孩子仰望天空的幻想的权利的剥夺，对好奇、探索、发现、创造的欲望的压抑，用残酷的生存竞争，打磨年轻人生存的锐气，消解他们的理想与青春激情，最终把学生变成一个"成熟"的庸人。严老师的读本所要做的工作，不过是要把"属于孩子的还给孩子"，放手让他们自由而健康地成长。

第四卷《古典的中国——日常生活人性读本》，第五卷《白话的中国——20世纪人文读本》，第六卷《人类的声音——世界文化随笔读本》，则可以视为"文化读本"。严老师也自有独特的理解与处理：讲中国古代文化，他强调要引导学生"看中国人如何诗意地栖居在大地上"，"知道中国民族文化的好处，才能高高兴兴地做一个中国人"。他认为，引导青年学生"阅读20世纪白话文本"，"就是认识20世纪的中国，从文字上为百年中国把脉"。这是刚刚过去的历史，与"现在的中国"的现实生活有着血肉联系，与今天的学子是更为休戚相关，也更重要："书籍一定要与人痛痒相关才值得去读。"而讲到外国文化，他这样开宗明义："人所具有的，我都具有。世界，是我们共有的世界；一切的文化都有我的一份；一切的声音，都有我的音量。"他要引导学生建立一种"人类的家园"意识：一切非本民族的文化都不是"他者"，而是"我"的一个部分；"我"也应该对人类文化的创造做出自己的贡献。

第七卷《人间的诗意——人生抒情诗读本》，是以"诗歌"为"青春读书课"系列读本作"结"，这里包含着对"诗"与"年轻的生命"的内在联系的深刻理解："几乎在每一个人的人生中，都有一段诗意盎然的岁月，仿佛只有诗歌才能述说满腹的心思、书写对生活最初的感应。每个年轻人天生的就是诗人。"严老师所要做的，正是要恢复诗歌本身，以及中学诗歌教学所应具有的神圣地位。从整套书系的结构上看，这显然是一个提升：将所有的阅读、思考、讨论，都升华为纯净而丰厚的心灵的诗。

　　这不仅是对生活的诗意的把握，更是对语言的诗意的感悟。"汉语家园"是"精神家园"题中应有之义：母语，是一个人存在的永远的皈依。引导中学生感悟汉语之美，感受正确而自如地用汉语表达自己的快乐，建立与母语的血肉联系，将母语所蕴含的民族文化、民族精神的根扎在心灵的深处，并在此基础上构造起自己的精神家园。这是中学语文教育的根本，也是严老师这套读本的归结点：这里充满着思想之美、文学之美与语言之美，相信孩子们会喜欢它，成年人，我们这些教育工作者，也能从中受到许多启示。

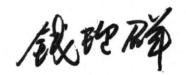

前 言

那群蜜色肌肤、眼神中蓄满黎明前的浓黑的人，是我的族人；那个面朝黄土背朝天汗滴禾下土的农人，是我的父亲；那个机杼当户画荻刺字的妇人，是我的母亲；那个学富五车斗酒诗百篇的才子，是我的兄长；那儿，牛背上吹笛小溪边卧剥莲蓬的顽童，是我的小弟；而那个采桑采莲人面桃花的女子，是我的妹子，我的心上人……

白云深处，沿溪曲行，大槐树旁，青草池塘，竹篱斜插，青砖乌瓦三两间，前院红了樱桃绿了芭蕉，后园青竹青松青山，冬天有红泥小火炉温酒，夏夜虫声新透绿窗纱，春天燕子梁间呢喃、杜鹃远山唤归，秋天禾香麦熟、傩戏社宴……那是我的家。

小儿郎，上学堂；月光下，背诗行。二司马细说历史，八大家铺陈文章；李杜诗篇在，光芒日月长；魏晋妙人多，人心知音赏；举杯邀东坡，低回菊花黄；闲暇无事说聊斋，梦入红楼西厢……这是我的书房。

三月三的雅集，曲水流觞诗意清朗；五月五的龙舟，先贤之风山高水长；七月七的新月，女孩乞巧心事旺；九月九的登高，青云之志任逍遥；还有中秋的朗月除夕的岁火，亲友团圆滋味无疆……二十四番花信风，岁月多色多娇；二十四个节气，大地母亲呼吸酣畅；四季轮转，春耕夏种秋收冬藏。三更火读书灯亮，五更鸡志士起舞，暮鼓晨钟割昏晓，"苟日新，日日新，又日新。"每一天都是创世记……这是我的日历。

忠厚传家久，诗书济世长。半耕半读一品人家，田园和书斋将身心安放；亦儒亦道半仙人物，庙堂与江湖任意气舒张；穷善其身，达济天下，不愧君子；读圣贤书，立天地心，是大丈夫；敢取义成仁，存救世热肠……这是我的人生信条。

四海之内皆兄弟，民胞物与；天地之间有杆秤，将心比心。路见不平，拔刀相助；己所不欲，勿施于人；老吾老以及人之老，幼吾幼以及人之幼。人与自然和谐相处，家园美好；天人合一的追求，让生命韵味悠长；"道不远人"，所有的好生活，都不是天赐，而在于人为……这是吾土风俗吾民怀抱……

中国何以成为中国？有没有一种专属于中国人的心灵、情感、思维和生活方式？文言与白话，五千年对一百年。生活在白话时代的中国人，一直在述说屈辱、耻辱与愤懑，古典的辉煌似乎遥不可及，似乎不属于我们，就像孱弱的子孙羞于提及先人。仇恨和鄙弃是容易的，热爱和传承是艰难的。五千年中国人不是白活过来的，不要被现实的焦虑和暂时的落后蒙蔽了双眼，以虚无的心态否定传统。我并不想鼓动浅薄的民族自负乃至自负不成反成自卑的阿Q精神，但我们的确有闪光的东西不愿被时间掩埋，有中国人之所以是中国人的东西不可遗忘，即便是吉光片羽，也要牢牢记住它，因为只有这里蕴藏着我们今天心理建设的动因和未来发展的潜能。先人的辉煌，是我们不可浪掷的精神资源。

融入一个伟大的传统，追寻自己的根，是文化人的本能冲动。熟悉一套传统的人文话语，也是薪火相传之意。当代盛极一时的西方价值并不等于普世价值，更不是唯一价值。千人一面，众口一词的世界多么乏味，多元文化共存的世界才为人类留有希望。国民教育内容的变迁，过去以经史子集为主体的个人修养教育演变为以实用科技为主体的技能教育，人的实际用世能力增强了，内心的积淀却相应减少了，青春岁月被几本教科书囚禁着，文学和文化的许多优秀内容将一生无缘接触。而在新的留学潮推动下，"小留学生"渐成趋势，如果他们没有基本的中国文化修养，只会将其他民族的文化照搬回国，那么，我们将会有一个怎样的未来？从小养成对中华文化的敏感与美感，在中学时代趁早为自己的精神世界打底，也是为民族的未来奠基。

我们要知道中华民族文化的好处，才能高高兴兴做一个中国人。对于浩瀚的古典文化，本书立足民间视点，重审经典，重新发掘新材料、定位旧材料，选文以韵文小品为主，传统经典只取有活气的可亲近的一部分，力图再现一个被遮蔽的民间——在皇家钦定的《二十五史》之外，还有一个深厚广大生生不息的民间，汇聚着中国文化的主流，是真正的中国民众选择的历史。选文编排采用民族原生态文化体例，试图还原中国古代的日常生活情调，展示民间的人性生活场景，看中国人如何诗意地栖居在大地上。回顾传统，只取"优点"，不及"缺点"，不是为古人鸣不平，重在为学子开性情。这是奉献给现代中国人的古典读本，是一首文化赞美诗，而不是一部历史批判稿，请你放开怀抱，品尝中国味道，体会中国性情，迷醉中国心灵，给自己一个机会，感动于中国、感恩于中国。一种语言代表一个民族数千年的心路历程，让我们面对世界，用汉语发言。

几点说明：

1. 本书《诗经》《楚辞》直接选用了余冠英先生和萧兵先生的译注，已在相关文字后面标明。全书散文部分，为适合学生阅读，特别邀请刘曦耕先生注释并翻译。对老友的智力支援，不敢言谢。

2. 本书新版，对译注做了全面修订，力求更为准确和新鲜。感谢钟叔河先生慷慨提供多篇笔记小品译文，这种不同于传统直译的串读式翻译别具情味；感谢台北"中央研究院"的华玮教授提供清代才女吴藻的《乔影》一文，为"书生意气"一章补充了女性视角；感谢素昧平生的热心读者冯良遵先生提供的校对建议，使本书更为完善。得与素心人谈诗论文，不亦快哉。

目 录

古典的中国
[第一册]

CLASSICAL CHINA
A COLLECTION
OF READINGS
ON LEGENDARY LIFE

上编
中国书生

下编
中国味道

中国书生

—— 传统文人的人生旅痕

有韵的童年，
陶冶风雅的君子；
治国平天下的胸怀，
造就顶天立地大丈夫。

天籁童谣（3则）

　　总是在那些星月灿烂的夏夜，庭院如洗，西瓜新切，纳凉时分，中国孩子的黑眼睛里游动着满天星光，像一群小蝌蚪，刚长出小尾巴的。孩子们从彼此的眼睛里数星星："天上一颗星，地上一个人。"没有一个生命是微不足道的，没有一个人是可有可无的，地上一个人，原本就是天上一颗星啊，每个人都是世间的珍宝。缕缕星光，人间天上，息息相通。孩子，你的生命是如此尊贵，活着，就要让自己闪光。而我们的人生启蒙课程，就是在明晃晃的月光底下，背诗歌，念文章。

　　只有一颗星星的天空就不成天空了，每个人的生存都要依赖他人的生存。即便你晚上无法安眠这样的小事，也需要别人为你排解。大人们相信，只要一张巴掌大的红纸墨字，贴在街头巷尾醒目之处，让"过路君子念一念"，你这个"夜哭郎"就会"一觉睡到大天光"。这是对周围人的善良品性的充分信任吧？或者说，信任善良，就能祛邪驱魔。

一、天上一颗星

天上一颗星
地上一个人
地上好跑马
马上好弹琴
哪个一口气数得二十四颗星
算他就是八洞神仙吕洞宾[①]

　　　　　　　（通行湖南等地。见《歌谣》二卷三十三期）

---

　　① 吕洞宾：传说中人物。相传为唐京兆人，名岩，咸通进士，做了两任县令。后修道终南山。元明以来称为八仙之一，道家正阳派号为纯阳祖师，故俗称吕祖。

二、月奶奶

月奶奶

明晃晃

开开门儿洗衣裳

读诗书

念文章

看看排场不排场①

（通行河南等地）

三、天皇皇

天皇皇

地皇皇②

我家有个夜哭郎

过路君子念一念

一觉睏③到大天光

（通行江西等地）

---

① 排场：表现在外的铺张奢侈的形式或局面，这里指开心惬意的场景。

② 天皇（huáng）皇，地皇皇：天旋地转。皇皇，匆忙貌。同"遑遑"。此指孩子吵闹得天地不宁。

③ 睏：方言，睡。

本色民谣（5则）

　　民谣是最朴实、真实地映射现实的"顺口溜"，拉开距离看，它又是为历史存证。比如，八个字四个动作的《弹歌》，就是渔猎时代的先民工作的实录：砍断竹子，弯成弹弓；弹出土石，击中野兽。再比如，天下大同，百姓无事的时代，人们日出劳作，日落休息，像鸟儿一样自由自在，一位心满意足的老农民在田里劳动之余，敲打着脚下的泥土，发出深远的感慨：天下太平，生活安宁的时候，即便像尧那样的贤君，也恐怕多事吧？几千年以后，西方学者说：管理最少的政府是最好的政府。似乎与那位老农的口吻一样。赶时髦可能是人的天性，汉代首都的一首《长安谣》，透露了此中消息：京城是时髦的源头，一个发型，一种眉毛的画法，一件服装的袖子宽度，都会引起国人群起仿效，然后夸张变形，弄成笑话，有可能引领潮流的人能不小心？唐太宗沿用并扩大了隋朝科举考试的口子，广罗天下人才，在贞观年间（627～649），一次皇帝悄悄来到考试大殿的大门口（端门），看见进士们鱼贯而出，太宗得意了："天下英雄尽入吾彀（机关、圈套）中矣。"这一招真是太厉害了，此后一千多年，一代代读书人为此皓首穷经，纷纷愁白了头。南宋初建炎年间（1127），一轮新月寄托了国人的惆怅——那一年，金国灭了北宋，两任皇帝（宋徽宗、宋钦宗）都做了俘虏，半壁河山沦落铁蹄，百姓仓皇渡江南逃，背井离乡，四散飘零，那一年的月亮，从未目睹过那么多的生离死别，从未照见过那么多的人间忧伤。

一、弹歌

断竹，续竹①；飞土，逐宍②。

——《吴越春秋》

---

① 断竹，续竹：制作弓箭的工序，砍断竹子，接续成弹弓。

② 飞土：用弹弓发射出石块。逐宍：追逐、射击野兽。宍：古肉字。

二、击壤歌

日出而作，日入而息①；
凿井而饮，耕田而食。
帝力于我何有哉②！

——晋人皇甫谧《帝王世纪》

三、长安谣

城中好高髻，四方高一尺③；
城中好广眉，四方且半额④；
城中好大袖，四方全匹帛⑤。

——《后汉书·马廖传》

四、时人为进士语

三十老明经，五十少进士⑥。
太宗皇帝真长策，赚得英雄尽白头⑦。

——《唐摭言》卷一

五、建炎时民谣

月儿弯弯照九州，几家欢乐几家愁⑧。
几家夫妇同罗帐，几家飘散在他州⑨。

——《京本通俗小说·冯玉梅团圆》

---

① 作：起床，劳作。

② 帝：尧帝。也可泛指远古时代的帝王。帝力，帝王的统治力量。此句意谓帝王的统治对我有什么用处呢？

③ 城中：指京城长安。高髻，是当时时髦的打扮，梳理得高耸的发型。据说汉明德皇后就喜欢"四方大髻"。好(hào)，崇尚。

④ 广眉：宽阔的眉毛。据说赵王喜欢画阔眉。半额：形容眉画得很宽，占去半个面额。且：将近。

⑤ 全匹帛：形容袖子很宽，要用全匹布来做。

⑥ 明经：唐代科举考试名目繁多，明经、进士两类是常设的科目。进士最重要也最难考，因此说五十岁考上进士还算年轻。而明经指通晓经义，主要凭记诵，相对来说较容易，故说三十岁考上明经算老了。宋代的经义论策取进士，明经乃废。

⑦ 太宗皇帝：唐太宗李世民。长策：有远见的政策。赚得：骗得。英雄：这里指读书人。

⑧ 九州：泛指中国大地，因古代中国分置九个州。

⑨ 罗帐：丝罗帐。罗，丝织物。他州：异乡。

天地对韵（9则）

"天对地，雨对风，大陆对长空，山花对海树，赤日对苍穹……"（《笠翁对韵》）。天地间，每一件事物都不是孤零零的，都能找到另一个相对应的事物，两者配对，构成对联，构成诗，构成画，构成音律。古人给事物配对的努力，催生了中华国宝——格律诗的诞生与宏大，推广了天地和谐的自然观，让莘莘学子从小的日常功课中，融入了对天地万物生命和谐的人生体验。对联、对句、对诗，不只是一种写作训练，更是一种人生训练。

幼童解缙"地当琵琶路当弦"的超拔想象，幼童陶澍"擂三通鼓，代天地扬威"的宏大气魄，都是在睿智长辈的引导下，稚嫩心灵的惊人一跳。另一个例子：解缙九岁时，父携之赣江（长江支流，解缙祖籍江西吉水）边洗浴，将衣服挂在老树上，出对："千年老树为衣架"，解缙应对："万里长江作浴盆。"从小，习惯用一种和谐的眼光审视世界，长成后，心胸可以雄阔得容纳万物。

白鹿洞书院传承国学，所以说"诗书万卷圣贤心"，配上"日月两轮天地眼"，眼亮心明，这里要造就的是顶天立地的人物。东林书院是明末民间思想之源，倡导特立独行的风骨，养育的不是"两耳不闻窗外事，一心只读圣贤书"的书呆子，而是"事事关心"的社会精英。

名山胜水之间，安放着我们的民族英豪；游山玩水的人，免不了要去探墓访庙。关公忠义千古，周亮工提醒游人，"当扪着心来"，拜而不学，则实在混账。岳飞铁胆铜心，墓前的对联是一位女子手笔，一褒一贬，铁齿铿锵。清代学者阮元的一副对联，干脆让秦桧夫妇对骂："咳！仆本丧心，有贤妻何至若是；啐！妇虽长舌，非老贼不到今朝。"一位姓秦的书生这回真是"扪着心来"，他说："人从宋后羞名桧，我到坟前愧姓秦。"

虽说"天下名山僧占多"，但只要人间苦难不绝，寺庙香火就会延绵不断。在众多法相庄严的佛像之中，一个大着肚皮嬉皮笑脸的和尚让人亲近。要问这头陀"得意处是什么来由"？另一副对联可以作答："大肚能容容天下难容之事，开口便笑笑世上可笑之人。"

对联最常见的地方是住宅门口和书斋里面。不因时令变化而"总把新桃换旧符"，它们默默陪着主人，宣示着某种境界。不狂、不迂、不怪，清风朗月一般本色清爽，这是通达的书生；男人读书声，女人机杼声，小儿啼哭声，声声悦耳，这是有活气、有生机的人家。而清代书法大家邓琰，像所有的书生一样贪婪，他要把世上的所有好东西都搬进他的书斋画室，由于他没法真拿，只是用笔搬运，用心占有，人们就不责怪他，反而称他志趣高雅。

一、解缙续对尚书①

天作棋盘星作子，谁人敢下？
地当琵琶路当弦，哪个能弹？

二、祖孙联对②

除夕月无光，点数盏灯，替乾坤增色。
新春雷未动，擂三通鼓，代天地扬威。

三、江西白鹿洞书院联③　【宋】朱熹

日月两轮天地眼，
诗书万卷圣贤心。

四、江苏无锡东林书院联④　【明】顾宪成

风声、雨声、读书声，声声入耳；
家事、国事、天下事，事事关心。

---

① 明代翰林解缙，幼时便有"神童"之称。一日，曹尚书请他去做客，指着棋盘吟出上联，解缙闻声对出下联，尚书连称"奇才"！

② 清代诗人陶澍九岁时，除夕之夜，见祖父在房里点了好几盏灯，颇觉奇怪，遂相问。祖父以一个对课作答（见上联），聪明的陶澍听了，出人意料地搬出一面大鼓，在门外猛擂起来，众人感到惊讶，祖父也忙问他擂鼓做什么，陶澍大声道出下联。

③ 书院是宋代至清代私人或官府设立的讲学场所。白鹿洞书院在庐山五老峰南麓的后屏山之阳。这里四山围合，一水中流，泉清木秀，环境优美。唐贞元年间洛阳人李渤与其兄李涉隐居此处读书。因李渤曾养白鹿自娱，读书处便称白鹿洞。宋初扩大为书院，名为白鹿洞书院。朱熹、王阳明、陆象山等儒学大家都曾在此讲学。与当时石鼓（一说为嵩阳）、应天、岳麓合称四大书院。

④ 东林书院：故址在无锡，宋代杨时讲学之所。元废为僧舍。明万历年间，吏部郎中无锡人顾宪成被罢官还乡，倡议重修东林书院。与高攀龙等讲学其中，关心时事，评议朝政。时宦官魏忠贤掌朝政，东林诸人与之相抗，被目为"东林党人"。明天启五年被诏毁，清康熙年间又重修。

五、浙江仙霞岭关帝庙联① 【明】周亮工

拜斯人，便思学斯人，莫混账磕了头去②；

入此山，须要出此山，当仔细扪着心来③。

六、浙江杭州岳飞墓墓阙联④ 徐氏女

青山有幸埋忠骨，

白铁无辜铸佞臣⑤。

七、福建福州鼓山涌泉寺弥勒座联⑥ 【清】王廷琤

日日携空布袋，少米无钱，却剩得大肚宽肠⑦。不知众檀越，信心时用何物供养⑧？

年年坐冷山门，接张待李，总见他欢天喜地。请问这头陀，得意处是甚么来由⑨？

八、题宅第联 佚名

无狂放气，无迂腐气，无名士怪诞气，方称达者；

有诵读声，有纺织声，有小儿啼哭声，才是人家。

---

① 仙霞岭：在浙江省西南部，绵延浙、闽、赣边境。关帝庙：蜀汉关羽死后至明万历二十二年晋爵为帝，庙号英烈。万历四十二年又敕封"三界伏魔大帝神威远镇天尊关圣帝君"。此后相沿称"关帝"。每年派太常（官名）祭祀。除京城外，各地都有关帝庙。

② 斯人：此人，指关羽，民间供奉为忠义之神和财神，此指前者。

③ 扪着心：抚摸着胸口。即扪心自问的意思。

④ 岳飞墓：在西湖边岳王庙中侧。宋高宗绍兴十二年（1142）岳飞被害，狱吏隗顺潜负其尸葬于北山。隆兴元年（1163）宋孝宗即位，以礼改葬其遗骸于栖霞岭下。墓前照壁上嵌"精忠报国"四字。

⑤ 青山：指栖霞岭。在杭州葛岭西。白铁无辜铸佞臣：指跪于墓阙两侧的秦桧、其妻王氏、万俟卨（mò qí xiè）、张俊四人的铁铸像。

⑥ 涌泉寺：在福州鼓山白云峰下，始建于五代。以藏经丰富著称，为福州五大禅寺之一。

⑦ 携空布袋：五代时梁朝明州奉化县有一位禅宗游方和尚，自名契此，随处寝卧，癫狂无形，常以禅杖挑着一个布袋入市行乞化缘，人称布袋和尚。死于后梁贞明三年（917）。有人赞他："行也布袋，坐也布袋。放下布袋，多少自在。"后来杭州寺庙多塑其像，抚膝袒胸，开口而笑，并荷布袋于身旁，又传到全国各地佛寺，遂被说成是弥勒佛的化身（见明朝田汝成著《西湖游览志余》）。

⑧ 檀越：佛教称施主为檀越，系从梵文Dānapati（陀那钵底）译出。信心：指信好心定有好报。

⑨ 头陀：佛教行脚乞食的僧人。

九、自题书屋①　　【清】邓 琰

　　沧海日，赤城霞，峨嵋雪，巫峡云，洞庭月，彭蠡烟，潇湘雨，武夷峰，庐山瀑布，合宇宙奇观，绘吾斋壁；

　　少陵诗，摩诘画，左传文，马迁史，薛涛笺，右军帖，南华经，相如赋，屈子离骚，收古今绝艺，置我山窗。

---

① 邓琰晚年定居安徽怀宁县白麟坂邓家大屋，其书斋自题为"碧山书屋"。

【宋】王应麟

三字经

　　将一整套儒家文化精义，浓缩为三字一句、文通意远、朗朗上口的千余字的文本，并融汇了儿童识字与文化启蒙两大功能，是一大创造。它将用韵文实施儿童识字教育的古老传统（秦李斯有《仓颉篇》、汉史游有《急就章》、南梁周兴嗣有《千字文》、唐有《兔园册》）发扬光大，流风所及，影响中国基础教育数百年之久，是自南宋以来，拥有最大读者群的儿童启蒙读本之一，也是通行民间的文化普及读本。从南宋末年至民国初年，一代代小书生，几乎都是在"人之初，性本善……"的韵律中构建了最初的知识与伦理基础。这里选录了《三字经》的前面部分，可以视作全书的纲要内容，今天的学生可以从中窥见古代同龄人的思想底蕴。

　　王应麟（1223～1296），字伯厚，号深宁居士，原籍浚仪（今河南开封），后迁居庆元（今浙江鄞县），官至礼部尚书。在南宋末年理学盛行，国运日衰，士风颓靡，学子沽名钓誉将学问作进仕的敲门砖的危急情势下，以大苦心，编小课本，以期培养有志于家国天下的"通儒"。值得一提的是，他曾是文天祥、谢枋得、陆秀夫等人的"覆考"官，阅罢文天祥的试卷，他向宋理宗这样举荐："是卷古谊若龟镜，忠肝如铁石，臣敢为得士贺！"文天祥得中状元，风雨飘摇的南宋王朝也因此获得最后的一根铁脊梁。

人之初，性本善。
性相近，习相远[①]。
苟不教，性乃迁[②]。

教之道，贵以专。

人一生下来，天性原本是善良的，人的善良的天性很接近，但后天学习的状况不同，就使人的品质有了很大的差别。如果不进行教育，原本善良的天性，就会改变。
教育的最重要的方法，就是要专一。

　　[①] 性，指人的天性。"性善说"源于孔子，成就于孟子。《论语·阳货》："子曰：'性相近也，习相远也。'"《孟子·告子上》："孟子曰：'人性之善，犹水之就下也。人无有不善，水无有不下。今夫水，搏而跃之，可使过颡（额也）；激而行之，可使在山。是岂水之性哉？其势则然也。人之可使为不善，其性亦犹是也。'"

　　[②] 苟，如果。

昔孟母，择邻处①。　　　　　　古时孟子的母亲，为使儿子顺利成长，多次
子不学，断机杼②。　　　　　　择邻而居，儿子贪玩逃学，母亲用砍断机杼
　　　　　　　　　　　　　　　　便织不成布来教育他不可荒废学业。

养不教，父之过③。　　　　　　生养孩子却不给予良好教育，是父亲的过错。
教不严，师之惰。　　　　　　　教育不严格要求，是老师偷懒。
子不学，非所宜。　　　　　　　孩子不学习，是不应该的。
幼不学，老何为？　　　　　　　年幼时不学习，长大了能做什么？
玉不琢，不成器。　　　　　　　玉石不经雕琢，不能成为器物。
人不学，不知义④。　　　　　　人不进行学习，就不懂得礼仪。
为人子，方少时，　　　　　　　做人子的，青春年少，
亲师友，习礼仪⑤。　　　　　　要跟师友相亲近，要学习礼节，动止都要符合
　　　　　　　　　　　　　　　　礼节的要求。

首孝悌，次见闻⑥。　　　　　　做人首要是孝顺父母，尊敬兄长，其次才是
　　　　　　　　　　　　　　　　见闻学识。

三才者：天地人⑦。　　　　　　三才指的是天、地、人。
三光者：日月星。　　　　　　　三光指的是日、月、星。
三纲者：君臣义⑧，　　　　　　三纲是指君为臣纲，父为子纲，夫为妻纲。三
　　　　　　　　　　　　　　　　纲中首要的是合乎正义的君臣关系，即君待
　　　　　　　　　　　　　　　　臣以礼，臣待君以忠。

父子亲，夫妇顺⑨。　　　　　　父为子纲，子对父要亲；夫为妻纲，妻对夫
　　　　　　　　　　　　　　　　要顺。

---

① 昔：古时，往昔；择：选择；处：居处。传说，孟轲小时，孟母为了将孟轲培养成人，曾三次选择邻居而搬家：孟家原住在坟地旁边，孟轲成天学哭丧、送葬，孟母便搬了家。不巧，又和做买卖的（一说系屠户）做了邻居，孟轲天天学做买卖和屠宰的事，孟母恼恨后，再次搬家，来到学宫旁边。从此，孟轲天天向儒生们学习礼仪，孟母见了很高兴，就定居下来。

② 机杼(zhù)：织布机上的织布梭。传说，孟轲小时读书不用功，一次逃学回家，孟母正在织布，一怒之下，砍断了织布机上的织布梭，用断了机杼就织不成布为喻，教育孟轲，如不努力读书，半途而废，就不会有任何成就。

③ 养：养育，养活。

④ 《礼记·学记》有"玉不琢，不成器。人不学，不知道"的话。

⑤ 礼仪：指儒家主张的礼节。

⑥ 孝悌(同弟, tì)：孝，指孝顺父母；悌，指尊敬兄长。《论语·学而》："子曰：'弟子入则孝，出则悌，谨而信，泛爱众，而亲仁。行有余力，则以学文。'"朱熹《论语集注》也发挥了这个观点："德行，本也，文艺，末也。穷其本末，知所先后，可以入德矣！"

⑦ 三才：指天、地、人。《易·说卦》："立天之道，曰阴与阳；立地之道，曰柔与刚；立人之道，曰仁与义。"

⑧ 纲：网上的大绳。引申为事物的关键部分、主体。

⑨ 三纲：《礼记·乐记》："然后圣人作，为父子君臣，以为纪纲。"唐人孔颖达疏曰："三纲谓君为臣纲，父为子纲，夫为妻纲。"班固《白虎通·三纲六纪》："三纲者，君臣、父子、夫妇也。"

曰春夏，曰秋冬①。	春、夏、秋、冬，
此四时，运不穷②。	这四个季节循环往复运转无穷。
曰南北，曰西东，	南、北、西、东，
此四方，应乎中。	这四个方位，和中央相应。
曰水火，木金土，	水、火、木、金、土，
此五行，本乎数③。	这是五种物质元素，来源于天数。
曰仁义，礼智信，	仁、义、礼、智、信，
此五常，不容紊④。	这叫五常，是人的五种德性，不容混乱。
稻粱菽，麦黍稷，	稻、粱、菽(shū)、麦、黍(shǔ)、稷(jì)，
此六谷，人所食⑤。	这六种谷物，是人吃的粮食。
马牛羊，鸡犬豕，	马、牛、羊、鸡、犬、豕(shǐ)，
此六畜，人所饲⑥。	这六种禽兽，是人所饲养的家畜。
曰喜怒，曰哀惧，	喜、怒、哀、惧、爱、恶、欲，
爱恶欲，七情具⑦。	是人的七种情感，样样俱全。
匏土革，木石金，	笙、埙(xūn)、鼓、柷敔(chù yǔ)、磬(qìng)、钟镈、
丝与竹，乃八音⑧。	琴瑟、箫管，这是八种乐器。
高曾祖，父而身⑨，	从高祖、曾祖、祖父到父亲再到自己，
身而子，子而孙。	从自己到儿子到孙子，
自子孙，至玄曾，	从儿子、孙子再到曾孙、玄孙，
乃九族，人之伦⑩。	这叫九族，这是人们辈分长幼的秩序。
父子恩，夫妇从，	父子间要有情谊，夫妇间要和顺，
兄则友，弟则恭。	兄对弟要友爱，弟对兄要恭敬，

① 曰：助词。

② 运不穷：指四季交替，轮转不尽。

③ 五行：我国古代称构成各种物质的五种元素，即水、火、木、金、土为五行。《孔子家语·五帝》："天有五行，水、火、金、木、土，分时化育，以成万物"。数：天数，天道，天理。

④ 五常：汉人董仲舒根据孔孟教义，将"仁、义、礼、智、信"概括为人的五种道德规范；是上天赋予人的不可改变的天性。紊：混乱。

⑤ 粱：小米，是粟的优良品种的总称；菽(shū)：豆类的总称；黍稷(jì)：谷类，黏性为黍，非黏性的为稷。

⑥ 豕(shǐ)：猪；畜(chù)：多指家畜，一般指禽兽。

⑦ 恶(wù)：憎恶，讨厌；欲：欲望。

⑧ 八音：指古代的八种乐器。匏(páo)：笙类；土：指埙(xūn)，陶制乐器；革：鼓类乐器；木：指柷(chù)、敔(yǔ)，木制乐器；石：石磬(qìng)；金：钟及盛行于东周的镈(bó)，后世流行的打击乐器钹(bó)；丝：弦乐器，如琴瑟之类；竹：管乐器，如箫管之类。

⑨ 身：自身。

⑩ 九族：汉儒有两说：一是异姓亲族，父族四、母族三、妻族二；二是同姓亲族，从自己算起，上至高祖，父、祖、曾、高四代，下至玄孙，子、孙、曾、玄四代，共九代。伦：封建社会把人与人之间的关系叫做"伦"或"人伦"，即人与人之间的辈分、地位、高低、次序先后。

长幼序，友与朋，　　　　　　　　长幼要有序，朋友要交好，
君则敬，臣则忠①，　　　　　　　　国君尊重臣下，臣下对国君要忠诚，
此十义，人所同②。　　　　　　　　这是人际关系的准则，人人都要共同遵守
　　　　　　　　　　　　　　　　　实行。

---

　　① 敬：恭敬、端肃。
　　② 十义：十义是调节"五伦"的封建道德规范，是历代封建统治者处理人与人之间关系的准则。《孟子·滕文公上》："父子有亲，君臣有义，夫妇有别，长幼有序，朋友有信"，儒家称为"五伦"；《礼记·礼运》："父慈、子孝、兄良、弟悌、夫义、妇听、长惠、幼顺、君仁、臣忠，十者谓之人义。"义：宜，适当。

【明】吕坤

续小儿语

　　明朝有位河南人吕得胜，编了一本《小儿语》，教育小孩为人处世的道理。他的儿子吕坤，子承父业，编了一本《续小儿语》，在文字和见识上都青出于蓝。虽则寥寥数语，却可以当作造就一名男子汉大丈夫的修养书来读。本文有删节。

　　吕坤（1536～1618），字叔简、新吾，号抱独居士，河南商丘人。明代中叶思想家，著有《呻吟语》等。

丈夫一生，廉耻为重，
切莫求人，死生有命。

大丈夫做人一辈子，懂得廉耻最为要紧。凡事不要低三下四去求人，自己的生死贵贱都是命中注定的。

白日所为，夜来省己，
是恶当惊，是善当喜。

白天做的事情，晚上要静下心来自己反省：是坏事应当引起警惕，是好事应当感到欣慰。

男儿事业，经纶天下①，
识见要高，规模要大。

男子汉的事业，应当有益于整个社会，眼界要高远，境界要宏大。

遇事逢人，豁绰舒展②，
要看男儿，须先看胆。

不管碰到什么事，什么人，都要豁达宽容，潇洒从容。看一个人是不是男子汉，要先看他是不是有胆识气度。

读圣贤书，字字体验；
口耳之学，梦中吃饭③。

读古圣贤的书籍，要一字字仔细体会，只是限于听听说说肤浅地去学习，和做梦吃饭一样，对人无所补益。

---

　① 经纶天下：经纶，整理丝缕。理出丝绪叫经，编丝成绳叫纶，统称经纶。引申为筹划治理国家大事。

　② 豁绰舒展：豁，豁达；绰，宽容；舒展，不拘谨。

　③ 口耳之学：耳朵听听、嘴巴说说的学问，指空谈不实行的学问。

矮人场笑，下士涂说^①，
学者识见，要从心得。

矮子看戏只会在人堆里随着他人哄笑，浅薄之士只是满足于道听途说。真心求学问的人养成非凡见识，必须用心体会圣贤的书才能得到。

坐井观天，面墙定路，
远大事业，休与共做。

坐在井中看天，天只有巴掌大；面对墙壁算路程，路只有几步远，像这样目光短浅的人，远大的事也不可与他一起做。

意念深沉，言辞安定，
难大独当，声色不动^②。

考虑问题深思熟虑，开口说话安详从容，再难再大的事也敢于独自承担，把问题处理得圆满妥当，但表面上却不动声色。

相彼儿曹，乍悲乍喜^③，
小事张皇，惊动邻里。

你看那些小孩子们，一会儿哭了，一会儿又笑了，碰到一点小事就惊慌失措，吵闹得左邻右舍都心烦不安。（像这样处事就太没有水平了。）

好衣肥马，喜气扬扬；
醉生梦死，谁家儿郎？

穿着漂亮衣裳，骑着高头大马，嘻嘻哈哈在外头游荡，整天醉生梦死，这样的人大家都看不惯，心里头都会问：这是谁家的孩子啊？

心要慈悲，事要方便。
残忍刻薄，惹人恨怨。

心地要慈悲，做事要与人方便；心地残忍，做事刻薄，会招来别人的怨恨。

别人情性，与我一般，
时时体悉，件件从宽^④。

别人的心性，跟自己一样，时时要将心比心，体贴了解别人，件件事都要宽以待人。

——《中国蒙学图说》，华夏出版社1995年版

---

① 矮人场笑：身矮的人在剧场中，看不见戏，却随人哄笑。涂，通途。
② 难大独当：难事、大事一人去承担。当，承当，承受。
③ 相彼儿曹：看那些小孩子辈。曹，辈。
④ 体悉：体谅周全。

【明】程登吉

幼学琼林·文事

　　《幼学琼林》相当于一部古代文化的小型百科全书，举凡天文地理、科举职官、人生伦理、饮食起居、名物制度等兼而有之。"琼林"的来源有二：一是唐朝的皇家内库"琼林库"，各种典籍应有尽有，是典故宝库之意；二是宋代皇帝照例在"琼林苑"宴贺新科进士，又有鼓励学童早登金榜之意。这本书流传甚广，古人留下的口碑说："读了《增广》（《增广贤文》）会说话，读了《幼学》（《幼学琼林》）走天下。"这里节选了"文事"中的数十条，可以集中了解一些文学典故、文坛佳话。

　　程登吉，字允升，江西新建人。明末学者。

多才之士，才储八斗①； 博学之儒，学富五车②。	称誉人才华横溢，就说他才储八斗； 学问渊博的读书人，就赞美他学富五车。
荣于华衮，乃春秋一字之褒③； 严于斧钺，乃春秋一字之贬④。	受到《春秋》中一个字的褒奖，比穿上贵族的礼服还要荣耀；受到《春秋》中的一个字贬斥，比遭到斧钺砍劈的酷刑还严厉。
锦心绣口，李太白之文章⑤； 铁画银钩，王羲之之字法⑥。	锦心绣口，是夸赞李白的文章精妙华丽； 铁画银钩，说的是王羲之字写得遒劲流丽。

　　① 士：古代男子的通称，这里指文人学士。才储八斗：据《南史·谢灵运传》载，谢灵运是当时著名的山水派诗人，他诗思敏捷、才智超群，曾说："天下的文才一共有一石，曹子建一个人就独占了八斗，我得到一斗，其余一斗由自古及今的文人共用。"这可能是文人吹过的最大的牛皮之一。

　　② 学富五车：据《庄子·天下》篇载，"惠施多方，其书五车"，这是形容惠施的学问渊博。战国时期的书都是木简竹编，所以用车来形容多。

　　③ 华衮：古代王公贵族的礼服。据晋代范宁《春秋穀梁传序》载，"一字之褒，宠逾华衮之赠；片言之贬，辱过市朝之挞。"

　　④ 斧钺（yuè）：泛指古代的兵器，这里指刑罚、杀戮。

　　⑤ 锦心绣口：形容心如锦缎、口似绣花，比喻文章构思奇妙，辞藻华丽。李白《送从弟令问序》："吾心肝五脏皆锦绣耳，不然，何以开口成文，挥毫散雾也。"

　　⑥ 铁画银钩：赞誉字的笔锋刚健有力，遒劲俊秀。王羲之为晋代著名书法家，他的字体圆浑凝重，笔法自然洒脱，创造了妍美流便的书法艺术风格，有"书圣"之称。据元代董内直《书诀》载："画欲坚重如铁，钩欲活而有力，故曰铁画银钩，言其健也。"

雕虫小技，自谦文章之卑①；
倚马可待，羡人作文之速②。

称人近来进德，曰士别三日，
当刮目相看③；
羡人学业精通，曰面壁九年，
始有此神悟④。

誉才高，曰今之班马⑤；
羡诗工，曰压倒元白⑥。

文章全美，曰文不加点⑦；
文章奇异，曰机杼一家⑧。

袜线之才，自谦才短⑨；
记问之学，自愧学肤⑩。

雕虫小技，是自谦文章写得拙劣；倚马可待，
是称羡别人文思敏捷，作文神速。

称赞别人学问道德大有长进，就说士别三日，
应当擦亮眼睛看待。

艳羡他人学问精深通达，就说面壁九年，才
会有这等的神妙悟性。

夸人家高才，就说他是当今的班固、司马迁；
羡慕别人诗写得工美，就说他的诗压倒元
稹、白居易。

文章毫无瑕疵，叫做文不加点；
文章新颖奇崛，叫做独出机杼。

袜线之才，是自谦才疏；
记问之学，是自愧学识浅薄。

---

① 雕虫小技：对仅工于辞职赋者的贬词。也用于文士对自己的作品的自谦之辞。汉代扬雄："雕虫小技，壮夫不为。"李白《与韩荆州书》："恐雕虫之技，不合大人。"

② 倚马可待：形容文思敏捷、挥笔疾书一挥而就。据南朝宋刘义庆《世说新语·文学》载：晋朝桓温领兵北征，命令袁虎靠着马立刻拟定文告，一会就写成了七张纸，而且写得很好。

③ 士别三日，当刮目相看：据《三国书·吕蒙传》载：吕蒙听从孙权苦学受益的劝告，以史贤为镜，老而好学，大有进益。鲁肃认为吕蒙只有武略，而无学识，曾拍着他的背说过轻慢的话，吕蒙回答说："士别三日，即更刮目相看。大兄今论，何一称穰侯乎？"此后鲁肃对吕蒙就特别敬重了。

④ 面壁九年：据《景德传灯录》载：达摩从西印度来到嵩山少林寺，面壁而坐，终日不语，把这叫做壁观，九年过后，修成佛法。神悟：神妙的悟性，即佛教所说的顿悟，指对佛理的顿然觉悟。

⑤ 班马：指汉代著名历史学家、文学家班固和司马迁。《汉书》和《史记》都是史学巨著，同时也是文学巨著，故历史上班马并称。

⑥ 元白：指唐代诗人元稹、白居易。是当时"新乐府"运动的倡导者，故称元白。据《全唐诗话·杨汝士》载，一次杨汝士与元稹、白居易在潼关同时赴宴，席上大家即兴赋诗，杨汝士的诗做得比元、白晚一步。但当元、白看了后都非常惊讶，称赞杨诗做得好。杨当日醉归家中，告诉家人说："我今日压倒元、白。"

⑦ 文不加点：指写文章不必增删改动，一经写出就成了好文章。据《后汉书·文苑传》载：东汉末名士祢衡与江夏太守黄祖的长子黄射相友善。有一次黄射宴请宾客，来宾中有一人向主人敬献了鹦鹉。黄射举起酒杯向祢衡敬酒，希望他以鹦鹉为题当场作赋，发娱嘉宾。祢衡拿过笔来，一会儿就写好了，辞采华丽而没有任何删点。这就是祢衡写成代表作《鹦鹉赋》的故事。

⑧ 机杼：指代织布机。这里用来比喻诗文的构思和布局。据《北史·祖莹传》：当时祖莹因文章写得好而受到器重。他曾对别人说："文章须自出机杼，成一家风骨。"

⑨ 袜线之才：据宋孙光宪《北梦琐言》载：后唐人朝昭因能写点文章并有琴、棋、书、算、射各种技艺的爱好，得到后主的恩遇。时人讥为"是如拆袜线，无一条长"。后形容技术虽多而无一专精，叫做袜线之才。

⑩ 记问之学：死记硬背一些知识。《礼记·学记》上有"记问之学，不足以为人师"之句。

秦始皇无道，焚书坑儒[1]；
唐太宗好文，开科取士[2]。

秦始皇残暴无道，焚诗《诗》《书》、百家之言，坑杀读书人；唐太宗喜欢经籍文学，设置科举制度，铨选有才之士。

竞尚佳章，曰洛阳纸贵[3]；
不嫌问难，曰明镜不疲[4]。

争着推崇佳妙的文章，叫做洛阳纸贵；对别人的请教辩难不嫌不烦，称为明镜不疲。

江淹梦笔生花，文思大进[5]；
扬雄梦吐白凤，词赋愈奇[6]。

江淹梦见自己得五色彩笔，日后文章精进；扬雄梦见口吐白凤，他的词赋写得更加雄奇。

茹古含今，皆言学博[7]；
咀英嚼华，总曰文新[8]。

茹古含今，是说学问广博；
咀英嚼华，是说善于揣摩吸取别人文章的精华，写出精美新奇的佳作。

劝君惜取少年时

---

① 无道：指实施暴政而不施德政。焚书坑儒：据《史记·秦始皇本纪》载：秦始皇采纳丞相李斯的建议，收缴焚烧《诗》《书》及诸子著作，对保留和诵读这些书籍的儒生，实行了"弃市"，将四百六十名儒生坑杀于咸阳。

② 开科取士：唐沿隋制，举行科举，天下读书人不分门第、贫富、种族、国籍，都可以参加，只凭才学入仕。

③ 洛阳纸贵：据《晋书·文苑传》载：著名文学家左思经过十年的构思和写作，终于写成了《三都赋》，即《魏都赋》《吴都赋》《蜀都赋》，当时的豪门贵族竞相传抄，洛阳为此而纸贵。后来常用"洛阳纸贵"称颂人的文章写得好而广泛流传。

④ 明镜不疲：明亮清澈的铜镜，屡照而不疲乏。后指高明见解，多用也不会伤损。《世说新语·言语》故事：车武子想向谢安、谢石请教《孝经》，又怕太烦劳二谢。袁羊告诉车武子二谢不会嫌烦劳："何尝见明镜疲于屡照，清流惮于惠风。"

⑤ 江淹（444～505）：南朝梁文学家，字文通，济阳考城（今河南兰考东）人。梦笔生花：据《南史·江淹传》载，江淹年轻时曾梦见一个人授给他五色彩笔，自此以后文思大进。

⑥ 扬雄（前55～18）：西汉文学家、哲学家。字子云，蜀郡成都（今四川）人。梦吐白凤：《西京杂记》载：扬雄仿照《易经》写作《太玄》时，曾梦见自己口吐白色凤凰。

⑦ 茹古含今：茹，吃；含，包含。指博学多闻，通晓古今。

⑧ 咀（jǔ）英嚼（jué）华：唐朝韩愈《进学解》："沉浸醲郁，含英咀华"是说写文章要仔细推敲，反复锤炼，注意吸收前人文章的精华，才能写出新颖奇妙的文章。

【明】高贲亨

洞学十戒

　　古代的学生生活如何呢？他们有些什么特别的规矩？这里，为你选择了著名的江西庐山白鹿洞书院的"学规"《洞学十戒》，学规的制定时间是明代嘉靖年间，作者高贲亨，是当时的江西提学副使。你可以拿它跟你的《学生手册》对比一下，看看两者有哪些区别。猪八戒也只要戒八件事，求学者却要戒十件事，要求是不是过多？除了第七、八条有些不合时宜之外，其余各条，假如写进你的《学生手册》，你是否同意？能说说理由吗？

一曰立志卑下：

谓以圣贤之事不可为，舍其良心，甘自暴弃，只以工文词、博记诵为能者①。

二曰存心欺妄：

谓不知为己之学，好为大言，互相标榜，粉饰容貌，专务虚名者②。

三曰侮慢圣贤：

谓如小衣入文庙及各祠，闲坐嬉笑，及将圣贤正论格言作戏语，不盥栉观书之类③。

四曰陵忽师友④：

谓如相见不敬，退则诋毁，责善不从，规过则怒之类⑤。

五曰群聚嬉戏：

第一是没有远大志向：比如认为古代圣人贤人做过的事自己一定做不到，放弃了向善的本性，甘愿自暴自弃，光是拿文章华丽、书背得多来炫耀自己。

第二是存心欺骗作假：像不知道求学是为了提高道德修养，只喜欢说大话，互相吹捧，装点门面，专门热衷于求取虚名。

第三是对圣贤不恭敬：像穿着短衣短裤走进孔庙和其他祠院，闲坐着嬉闹说笑，或者把圣贤的至理名言拿来开玩笑，不洗好脸梳好头就翻开圣贤的书来看等等。

第四是轻慢侵侮老师同学：比如见面时不讲礼貌，背后还要说人的坏话，要求他做善行他不听，指出他的错误就大发脾气等等。

第五是聚在一起笑闹：凡是初次见面

---

① 甘自暴弃：即甘心自暴自弃。暴，糟蹋。
② 为己之学：自身修养的学问。为，治理。专务虚名：专门致力于虚妄的名声。务，致力，从事。
③ 盥（guàn）栉：洗手洗脸梳头。
④ 陵忽师友：侵侮、不重视师友。陵，通"凌"。忽，忽略、不经意。
⑤ 诋毁：恶意诬蔑。责善：要求、督促做好事。规过：规劝，谏诤过错。

凡初至接见之后，虽同会，亦必有节，非同会者，尤不可数见。若群聚遨游，设酒剧会，戏言戏动，不惟妨废学业，抑且荡害性情①。

六曰独居安肆②：

谓如日高不起，白昼打眠，脱巾裸体，坐立偏跛之类。

七曰作无益之事：

谓如博弈之类。至于书文，虽学者事，然非今日所急，亦宜戒之③。

八曰观无益之书：

谓如老、庄、仙、佛之书及《战国策》、诸家小说、各文家，但无关于圣人之道者，皆是④。

九曰好事：

凡朋友同处，当知久敬之道，通财之义。若以小忿小利辄伤和气，与涂人无异矣⑤。

十曰无恒：

夫恒者入圣之道，小艺无恒，且不能成，况学乎？在院生儒，非有急务，不宜数数回家。及言动课程，俱当有常，毋得朝更夕变，一作一辍⑥。

——《中国蒙学图说》，华夏出版社1995年版

的人，即使是在同一团体里也要有节制，不要马上打得火热，不在同一个团体就更不应经常见面。聚在一起游荡，喝酒，看戏，说脏话，做坏事，不但会妨害和荒废学业，更会败坏了自己的品德。

第六是独处时疲沓懒散：像太阳升高了还不起床，白天睡大觉，脱了头巾，光着身体，坐立不端，东歪西倒等等。

第七是做没有好处的事：像下棋之类。至于学书法写文章，虽然是做学问的人应该做的，但如果不是现在就急需具备的，就不要去花太多的精力。

第八是看没有用的书：像老子庄子及讲仙道神佛的书，以及《战国策》之类的各种琐闻小说，各家文章。凡是和圣人所倡导的道理无关的书，都是。

第九是好生是非：和朋友相处，要懂得永久保持谦敬的道理和互通钱物周济他人的义气。如果为了一点点矛盾和利益，就伤了和气，那就是把朋友看得和陌生人一样了。

第十是没有恒心：恒心是成就圣人德行的关键，没有恒心，小技艺尚且不能成，何况学业呢？在校学生，不是有急事，不要经常回家；一言一行要有规矩，学习要有规律，不要早晚更改，做做停停。

---

① 抑且：而且。

② 安肆：安逸，放纵。

③ 博弈：下棋。学者：求学的人。

④ 老庄：老子、庄子，道家学派代表人物。

⑤ 涂人：路人。涂，通"途"。

⑥ 数数(shuò)：屡次，频繁。

【宋】龚明之

《汉书》下酒

由于长期的对传统文化的鄙弃，由于过分地渲染科举制度的弊端，由于片面宣传古人悬梁刺股、囊萤映雪式的苦读，以致我们产生一个普遍的误解——古代的读书人是一群只会死读书、读死书的书呆子，是一些被科举考试压榨变形的可怜虫。不是这样的。读书本身就是一种快乐，一种日常的快乐，这种纯粹的快乐常常可以使阅读超越它的功利目的，把人们导向爱知识、爱生活。这样，阅读本身就可以让生活变得美好。苏子美读《汉书》，如此投入，说他以《汉书》当下酒菜其实不确，应该说，时不时来一大杯酒，正是读《汉书》给他带来极大快乐的表现方式。正像你快乐的时候可以大笑、可以乱跳，苏子美为什么不可以"浮一大白"？

子美豪放，饮酒无算①。在妇翁杜正献家，每夕观书，以一斗为率②。正献深疑之，使子弟密察之。闻读《汉书·张子房传》，至"良与客狙击秦皇帝，误中副车"，遽抚③案曰："惜乎！击之不中。"遂满引一大白④。又读至"良曰：'始臣起下邳，与上会留⑤，此天以臣授陛下'"，又抚案曰：

宋代诗人苏舜（shùn）钦，字子美，性情豪放，酒量大得无从计算。他在岳父杜正献家住时，每晚看书，都照例地喝上一斗酒。正献很奇怪他一晚怎么能喝那么多酒，打发子弟暗中观察他。探察的人听到他在读《汉书·张子房传》，当他读到"良与客狙击秦皇帝，误中副车"时，急得猛拍桌子叫道："太遗憾了，没打中。"于是端过一大杯酒，一饮而尽。当他又读到"良曰：'始臣起下邳，与

① 子美：苏舜钦（1008～1048），字子美，梓州铜山（今四川三台）人，北宋诗人，有《苏学士文集》。无算：不计其数。

② 妇翁：妻父、岳父。斗：酒器。率：标准。

③ 良：指张良。字子房，汉韩人，家族五世相韩。秦灭韩，良结纳刺客，椎击秦始皇于博浪沙。未遂，逃匿下邳。秦末陈胜、吴广领导农民起义，刘邦乘机起兵，良为谋士，佐汉灭秦楚，因功封留侯。狙（jū）：埋伏伺机袭击敌人。遽：急切。抚：拍。

④ 大白：大酒杯。

⑤ 下邳：秦时县名，汉属东海郡，故地今在江苏宿迁县境。上：皇帝，此指汉高祖刘邦。

"君臣相遇,其难如此!"复举一大白。正献公知之,大笑曰:"有如此下物①,一斗诚不为多也!"

——龚明之《中吴纪闻》卷二

上会留,此天以臣授陛下'",又拍桌子说道:"君与臣的遭逢际遇,竟然如此之难!"又端起一大杯酒一饮而尽。岳父正献公得知原来如此,大笑说:"有这么好的下酒物,一晚喝上一斗,确不为过。"

---

① 下物:下酒之物。

【宋】沈括

地理模型

宋代以前，中国的科学技术水平一直领先世界。但是，科技的知识从来不是科举考试的内容，这些知识也从未出现在学生的必修功课——儒家经典中，在国家的行政职务设置上，又极少科技官职。不在主流社会体系中，又从未被哪个朝代旗帜鲜明地倡导普及过科技知识，为什么却能硕果累累、领先世界呢？这是一个奇迹——一个人造的奇迹。这只能说明，在古代书生中，有相当多的"爱智者"，他们本着对知识和智慧的纯粹爱好，探究着世界的奥秘。正是这些"爱智者"——现在我们习惯称之为"科学家"，在相当长的历史时期内，代表着一个民族的智力水平，傲然于世。

沈括（1031~1095），字存中，晚号梦溪丈人，北宋钱塘（今杭州）人。沈括一生做过县令、武官、翰林学士乃至三司使（相当于现在的财政部部长）等诸多职务，只有一年时间（1072）做过与科技有关的工作，担任提举司天监，职掌观测天象，推算历书。沈括一生的著作多达几十种，但保存到现在的，主要是科学巨著《梦溪笔谈》，记载了他的许多发明、发现和真知灼见。仅凭他留给世人的这部书，他就可以当之无愧地称为天文学家、数学家、物理学家、化学家、生物学家、地理学家、地质学家、医学家……我们不知道沈括是不是"天才"，我们只知道，沈括的几乎所有的科学成就，都是他业余工作的结晶，纯粹出于自己的爱好，或者是敏感地觉察到社会的进步与需要。就像这次，他的身份是外交官，却在旅途上发明了木图，这是世界上最早的地理模型，直到十八世纪，欧洲人才开始做同样的事情。

予奉使按边①，始为木图，写其山川道路。其初遍履山川，旋以面糊木屑②，写其形势于木案上。未几寒冻，木屑不可为，又熔蜡

我奉命出使巡行边境，开始在木板上制作地形图，标记出山川道路。刚做的时候，我踏遍了千山万水，接着就用面糊和木屑，在木板上堆塑山川形势。不久，天冷面糊结冻，

———————
① 予奉使按边：我接受使命巡行边境。按，巡行。
② 旋：接着。

为之。皆欲其轻，易赍故也①。至官所，则以木刻上之。上召辅臣同观，乃诏边州皆为木图，藏于内府。

——沈括《梦溪笔谈》卷二十五

调和木屑制图的方法再不能采用，又把蜡烤化来堆塑。使用这些材料，都是因为轻便，容易携带的原因。

到了边境任所，我再用木板照样刻出呈送给朝廷。皇帝召集宰辅大臣一起来看，于是就下诏命令边防各州，都刻制木板地形图，收藏在中央机关。

---

① 赍（jī）：持物赠人。此处指携带。

【明】李时珍

寒号鸟①

李时珍（1518~1593）出自蕲州（今湖北蕲春）一个医学世家，他用二十七年时间，搜罗古籍，遍游山野，三易其稿，编定《本草纲目》。全书近两百万字，收载药物一千八百余种，药图一千余幅，药方一万余则，集我国16世纪以前药物学成果之大成。这一则有关"寒号鸟"的观察记录，有两个特别之处：其一，作者受经师解经的误导，将蝙蝠科的寒号鸟附会为经书中的曷旦，归入禽部。其二，对"禽言"的"翻译"形象鲜活，颇具文学色彩，有寓言风格。这两个特别之处，泄露了"药圣"李时珍到底脱不了"书生"本色。

盍旦乃候时之鸟也②。五台诸山甚多。其状如小鸡，四足，有肉翅。夏月毛彩五色，自鸣若曰："凤凰不如我。"至冬毛落如鸡雏，忍寒而号曰："得过且过。"其屎恒集一处③，气甚臊恶，粒大如豆。采之有如糊者，有粘块如糖者。人亦以砂石杂而货之④，凡用，以糖心润泽者为真⑤。

——李时珍《本草纲目》卷四十八

寒号鸟即经书中的曷旦，是夜里叫着等天亮的鸟。五台山中很多，体如小鸡，却有四足，还有皮膜如翅。夏天它有一身好看的毛，叫起来好像在自鸣得意：

凤凰不如我！凤凰不如我！

到冬天毛都脱落了，光着身子挨冻，又叫道：

得过且过！得过且过！

它的粪便（入药叫五灵脂）常堆积在一处，气味很难闻，外观像豆粒，有时黏结如糊如糖。采集出售的人往往掺入砂石，应选用无掺杂，润泽溏心的。

---

① 选自钟叔河编著《念楼学短》，湖南美术出版社2002年版。标题为译者所拟。（以下同一出处者，只注钟叔河译述）

② 盍旦，即曷(hé)旦。《礼记·坊记》引诗云：相彼曷旦，彼犹惠之。注疏云：曷旦，夜鸣求旦之鸟也。李时珍曰：杨氏《丹铅录》谓寒号虫即曷旦，今从之。

③ 恒：总是，经常。

④ 货：卖。

⑤ 以糖心润泽者为真：糖心，即"溏心"，即内部不凝结，半流动状。真：正品。

【南朝·宋】范晔

听 琴①

　　蔡邕（132~192），字伯喈，陈留圉（今河南杞县）人。东汉辞赋家、书法家。博学多识，书法精妙，尤工隶书。熹平四年（175），他书写《六经》经文，刻碑石立于太学门外，供天下学子校对，世称"熹平石经"。从史传中的这两则小故事看，他在音律方面的天赋近乎出神入化。从烈火中抢救出一段桐木，不亚于伯乐拯救一匹千里马。从琴声中听出"杀心"，这种听琴辨音的功夫真是神乎其技，简直让世人的耳朵都成了摆设。

　　范晔（398~445），字蔚宗，顺阳（今河南省南阳）人，南北朝时期史学家。所著《后汉书》，与《史记》《汉书》《三国志》并称"前四史"。

　　吴人有烧桐以爨者②，邕闻火烈之声，知其良木，因请而裁为琴③，果有美音，而其尾犹焦，故时人名曰"焦尾琴"焉。初，邕在陈留也，其邻人有以酒食召邕者，比往而酒已酣焉④。客有弹琴于屏，邕至门试潜听之⑤，曰："嘻！以乐召我而有杀心，何也？"遂反⑥。将命者告主人曰："蔡君向来，至门而去。"邕素为邦乡所宗⑦，主人遽自追而问其故，

　　吴地有用桐木为柴烧饭的人，蔡邕听到柴火噼啪爆裂的声音，知道这木柴是做琴的好材料。于是就讨来把它制成琴，琴音果然优美，而琴尾还是被烧焦了的，因此当时的人们给它取名叫作"焦尾琴"。早年，蔡邕住在陈留，有一位邻居邀请他去家里喝酒，等他到了邻家院里时，席间酒兴正浓。一位客人在屏风下弹起了琴，蔡邕走到门口想悄悄地听听琴声，心下吃惊地嘀咕道："哎呀！用音乐召我来饮酒可是又怀有杀意，这是怎么回事呢？"于是抽身而返。被打发去请客的人，禀

---

① 标题为编者所拟。

② 爨（cuàn）：烧火煮饭。

③ 邕：蔡邕（yōng），东汉著名书法家、文学家。裁：裁制，制作。

④ 比：及，等到。酒：饮酒，名词动用。

⑤ 潜：暗中。

⑥ 反：通"返"。

⑦ 邦乡：偏义复词，乡里。

邕具以告，莫不怃然①。弹琴者曰：
"我向鼓弦，见螳螂方向鸣蝉，蝉
将去而未飞，螳螂为之一前一却，
吾心耸然②，惟恐螳螂之失之也，
此岂为杀心而形于声者乎③？"邕
莞然而笑曰："此足以当之矣④。"

——《后汉书·蔡邕传》

告主人说："蔡先生方才来了，可是到了门口
又回去了。"蔡邕向来被乡里所尊崇，主人赶
紧亲自去追回他并询问来而复返的缘由，蔡
邕把详情告知了邻人，座中人无不莫名其妙。
弹琴的人说："方才我弹琴，看见螳螂正向鸣
蝉扑去，蝉将要飞走而还没飞走，螳螂为扑
它进进退退，我心下惊惧，唯恐螳螂捕不到
它。难道是我把杀心表现在琴声里了吗？"
蔡邕微微一笑说："你的这种心境足以弹出
隐含杀机的乐音了。"

---

① 怃然：失望的样子。
② 耸然：吃惊，担心。
③ 形：表现。
④ 莞然：微笑的样子。

【唐】李肇

草圣"张颠" ①

在世界诸种文字中，只有汉字的书法成了一门艺术。而汉字，也是全世界硕果仅存的象形文字。汉字是如此洗练、准确、生动、明快、渊博、典雅，形、声、义兼备，一个汉字就是一幅画、一首诗。以往，我们总是以"四大发明"自豪；此后，我们或许会以汉字为更大的自豪。放眼更辽远的历史长河，科技的发明总有过时的时候，文化的发明却历久弥新。汉字，或许是中国人贡献给人类的最伟大的发明。

中国书法名家代有其人。比如，唐朝的柳公权，名气传到了国外，外邦来进贡时，常常另附一笔钱，注明："此购柳书。"（《旧唐书·柳公绰传》）写字的状态就是创作的状态，不免怪态百出，如苏轼自白："仆醉后辄作草书十数行，觉酒气拂拂，从十指间出也。"（《跋草书后》）而书法家中最具传奇色彩的，莫过于张旭(675? ~750?)了。先把自己灌醉了，然后用头发蘸墨写草书，这与近年来国际挺时髦的先锋派自动写作、身体绘画如出一辙，也是一种实验艺术吧？只不过古人认为他"颠"，没承想他无意间成了千百年之后先锋艺术的祖师爷。张旭从"公主担夫争路"和"公孙氏舞剑器"，悟出草书笔意，却是古人津津乐道的"师法自然"的出色例子。

张旭草书得笔法②，后传崔邈、颜真卿。旭言："始吾见公主担夫争路而得笔法之意，后见公孙氏舞剑器，而得其神③。"旭饮酒辄草书，挥笔而大叫，以头揾水墨中而书之④，天下呼为"张颠"。

张旭深通草书写字运笔的奥妙。后来把这种技巧传授给了崔邈、颜真卿。张旭说："当初我看到公主担夫争路而行的情景，受到启发而悟出草书用笔的意态风格；后来又看见公孙氏舞剑而悟到了草书的神韵。"张旭每饮酒就要创作草书，挥动着笔大呼大

① 标题为编者所拟。
② 得：领悟，掌握。
③ 公孙氏舞剑器：唐开元间教坊的著名舞伎公孙大娘，善舞剑器，杜甫有《观公孙大娘弟子舞剑器行》一诗。
④ 揾（wèn）：浸入。

醒后自视，以为神异，不可复得。
后辈言笔札者[1]，欧、虞、褚、薛或
有异论，至张长史，无间言矣[2]。

————李肇《国史补》卷上

叫，把头发浸入墨中而用头作笔写草书，天下
人都叫他"张颠"。酒醒后自己看醉中之作，
觉得非常神奇，再也写不出那么好的字。后
世那些书法评论家对欧阳询、虞世南、褚遂
良、薛稷等人的书法，或有微词，至于对张旭
的书法，就没听到批评意见了。

———————————

① 笔札：札，原是写字用的木片，后笔札指文章，此处指书法。

② 长史：官名。间（jiàn）言：非议，批评的话。

【宋】陆游

陆游读诗①（2则）

一个少年对诗歌产生喜爱是一种什么情景呢？对文字的初恋？对诗意的神往？在那个十三岁的夏日，陆游在藤床上拾起的，仅仅是一部陶渊明诗集吗？人到壮年时，他醉卧躺椅上，听孩子们朗读的，仅仅是岑参的诗歌吗？将成皤然一老翁之时（作者前一年刚从抗金前线退任），他收集岑参的诗刻印出书，又是要还一个什么心愿呢？恬淡的隐士诗篇与雄豪的边塞诗篇会如何共存在一个读者的心间，而且持续一生？

陆游（1125～1210），字务观，号放翁。越州山阴（今浙江绍兴）人。南宋著名爱国诗人。自幼好学不倦，自称"我生学语即耽书，万卷纵横眼欲枯"。

忆儿时

吾年十三四时，侍先少傅居城南小隐②。偶见藤床上有渊明诗，因取读之，欣然会心。日且暮，家人呼食。读诗方乐，至夜，卒不就食③。今思之，如数日前事也。庆元二年岁在乙卯④，九月二十九日，山阴陆某务观书于三山龟堂⑤，时年七十有一。

——《渭南文集》卷二十八

还记得十三四岁的时候，我跟着先父住在城南的别墅里。有次偶然在藤床上见到一部陶渊明的诗集，拿着看看，觉得有味，便慢慢地开始读。一读读到天色向晚，家里人喊我去吃晚饭。我正读得高兴，三喊四催，总不肯把书放下，直到天黑，硬是没有去吃这一餐。

如今回想起来，这件事情还是清清楚楚的，就像几天前才发生的一样。可今年已是庆元乙卯年，十三四岁的小孩早已变成七十出头的衰翁了。

---

① 钟叔河译述。

② 少傅：官名，作者的父亲陆宰，曾赠官少傅。小隐：隐居于山林。此处指暂且闲居。

③ 卒不就食：到底还是没吃饭。

④ 庆元二年岁在乙卯：庆元是南宋宁宗年号，意谓庆元二年是乙卯年。

⑤ 三山龟堂：三山在绍兴城南之镜湖。陆游于宋孝宗乾道二年迁居于此。龟堂是陆游的堂名。

还 愿

予自少时，绝好岑嘉州诗。住在山中，每醉归，倚胡床睡[1]，辄令儿曹诵之，至酒醒或睡熟乃已。尝以为太白子美之后，一人而已[2]。今年自唐安别驾来摄犍为[3]，既画公像斋壁，又杂取世所传公遗诗八十馀篇刻之，以传知诗律者。不独备此邦故事[4]，亦平生素意也。

——《渭南文集》

从少年时代起，我就十分喜欢岑参的诗。住在乡下时，在外面喝了酒，带醉归来，往睡椅上一躺，总爱叫孩子们朗诵岑诗。听着听着，不觉移情，慢慢酒意便消，或竟颓然入睡，身心都安适了。

我觉得，除了李白、杜甫，在诗的世界里，成就没有比岑参更伟大的了。

今年从江源调来嘉州，这里是岑参工作和生活过的地方。于是我在公廨里为他画了像，又辑录他的遗诗八十多首，刻印成书，供爱好并懂得诗歌的人来读。这不仅是为嘉州保存文化历史，也是替自己还愿——还我这一生中对岑参许下的心愿。

---

① 胡床：一种可以折叠的轻便坐具，也叫交椅、交床，由少数民族胡人传入，故名。

② 太白：唐代诗人李白的字。子美：唐代诗人杜甫的字。

③ 唐安：今四川崇庆县。别驾：官名，原为州刺史的佐吏。宋置诸州通判，其职务近似古之别驾，世遂别称通判为别驾。摄：摄官，临时代理某官。犍为（qián wéi）：即嘉州，在今四川乐山县。

④ 故事：典故。

【宋】苏轼 洪迈

东坡说文①（3则）

学习写作的人总想知道：作文有什么高招？大文豪是否有什么独门绝技？苏东坡这回"金针度人"，只怕你又不爱听。至真至高的道理，其实多半是最平实的。这三则东坡说文的小品，其一是夫子自道：作文是顺其自然的事，心中有话要说，就像地下有泉水要冒出地面，水满则溢，水干则止。文章的格式、篇幅、字数等等都是无须强求的，提笔时任其自然，文章就会如行云流水般畅达。所以，写作不是为写而写，不要无病瞎呻吟。其二，教育一位千里迢迢跑到流放地海南岛来求学的学子：有钱才能买到东西。那么，读书，就是建立你的银行账户，读得越多，储蓄越多；到了写作时，你有感而发，就是给文章"立意"；有了"意"，就像你知道自己要买什么东西，该准备多少钱，经典书籍中的材料就可以任你调遣使用，何愁作文没有材料呢？如果说前二则较适合创造性的写作者，那么第三则更适合初学写作者。对于学生而言，要提高作文水平，欧阳修的经验之谈就很实用了："无他术，唯勤读书而多为之，自工。"多读多写，就这么简单。大文豪的一句大实话，苏东坡看出了其中的奥妙：欧阳老师是将自己写作的摸索过程坦然相告，所以特别有人情味。

苏轼（1037～1101），字子瞻，号东坡居士，眉州眉山（今属四川）人。在诗、词、文、书、画诸多方面皆独树一帜，是中国文化巨人。

自评文

吾文如万斛泉源②，不择地皆可出。在平地滔滔汩汩③，虽一日千里无难。及其与山石曲折，随物赋形，而不可知也。所可知者，常行于所当行，常止于不可不止，

我的文章，如同蓄积在地下的大股清泉，不用挑选地方，随便从哪里都能冒出。在平地冒出的就会滔滔不绝、汩汩而出，即使在一天之中，倾泻千里那也是易事。文势如水，遇到山石的阻挠或曲折的河道，它就会随所

---

① 标题为编者所拟。

② 斛（hú）：量器，原来本为十斗，后改为五斗。

③ 滔滔汩汩：滔滔不绝汩汩而出。滔滔，大水滚滚，无边无际；汩汩，水流动的声音。

如是而已矣！其他，虽吾亦不能知也。

——《苏文忠公全集》卷六十六

遇山石、河道的形势而表现出自己的状貌，而这是事先不能预料的。我所能把握得住的，只是让我的文字走在它应该走的地方，总是收笔在不可不收笔之处，也不过如此罢了。至于此外之事，即使是我，也不得而知了。

记六一语

顷岁孙莘老识欧阳文忠公①，尝乘间以文字问之②，云："无它术③，唯勤读书而多为之，自工④。世人患作文字少，又懒读书，每一篇出，即求过人，如此少有至者。疵病不必待人指摘，多作自能见之。"此公以其尝试者告人，故尤有味。

——《东坡志林》

前些年孙莘老结识了欧阳修，曾借机会问欧阳修如何写好文章。欧阳修说："没有别的办法，唯有勤读书勤写作，文章自然就会作得精致。世人苦于作文章少，又懒得读书，每写出一篇就想超过别人，像这样就很少能如愿。文中的疵点、毛病不必等着别人挑，作多了自己就能发现。"

欧阳公把他自身摸索出的写作经验告诉别人，所以特别耐人寻味。

得钱取物

江阴葛延之，元符间，自乡县不远万里省苏公于儋耳，公留之一月。葛请作文之法，诲之曰："儋州虽数百家之聚，而州人之所须，取之市而足，然不可徒得也，必有一物以摄之⑤，然后为已用。所谓一物者，钱是也。作文亦然。天下之事散在经、子、史中，不可徒使，必得一物以摄之，然后为己用⑥。

江阴的葛延之，在宋哲宗元符年间，从故乡不远万里到儋州来拜访苏东坡，东坡款留他一个月。葛延之向苏东坡请教作文之法，苏东坡教导他说："儋州虽然聚居着几百户人家，而全州的人所需要的用品，可从市场中获取足用，可是不能平白无故地获得，一定要具有另一物才能换取它，这样以后才成为自己的东西，为己所用。所说的另一物，就是钱。写作文章也是这样，天下的掌故，散见于

---

① 顷岁：前些年。

② 乘间：趁机会，趁闲，得便。

③ 术：办法，方法。

④ 工：技术娴熟，指文章做得好。

⑤ 摄：拉，索引。摄取。

⑥ 徒：白白地、无来由地。摄：执持，拿取。

所谓一物者,意是也①。不得钱不可以取物,不得意不可以用事,此作文之要也。"葛拜其言,而书诸绅②。

——宋·洪迈《容斋随笔·四笔》

经书、诸子、史著中,而这些掌故又不能被无端地驱使,也必须得用一物获取它。这里所说的一物,便是文章的立意。没有钱不能买回东西,没有思想就不能驾驭材料,这就是作文的关键。"

葛延之拜服苏东坡的高论,而把东坡的话写在衣带上。

① 意:含义,意思。
② 绅:衣带,古代士大夫束在腰间的大带子。

【清】金圣叹

读《水浒传》法①

一本好书要成为名著，需要读者的认可。在好书与读者之间有一种给书做媒的人，就是文学批评家。他们一般是挑剔的读者，又是别具只眼的批评家。要从多如牛毛的书里选出值得向大众推荐的、有传世价值的那一小部分，这很考验"书媒"的鉴赏力。金圣叹就是一位眼光独具的"书媒"。他给世人挑出"六才子书"：《离骚》《庄子》《史记》、杜诗、《水浒传》与《西厢》，并对后两部书做了详细的个性化点评。一部是写农民"造反"的小说，一部是写男女"私情"的戏剧，都是不合时宜的文字，金圣叹却倾注一腔心血放胆鼓吹。由于点评的动人，这两部书得以广泛流播，至今仍为不可动摇的古典名著。由于爱憎强烈，他甚至越俎代庖，将一百二十回的《水浒传》削减为七十回，删去七十一回以后关于受招安、征方腊等内容，增入卢俊义梦见梁山头领全部被杀死情节，以结束全书。成书之时为明代崇祯末期，正是明清朝代更替之际，金圣叹是将点评提升为创作，所以将朱墨变作了刀笔。说到底，真正的阅读都是"个性化"的体验。这篇《读第五才子书法》是对《水浒传》点评的开场白，让我们有机会感知一番什么是"个性化阅读"。

金圣叹（1608~1661），名采，字若采，明亡后改名人瑞，字圣叹。吴县（今属江苏）人。平民书生。明末清初文学批评家。以哭庙案被杀。

大凡读书，先要晓得作书之人，是何心胸。如《史记》，须是太史公一肚皮宿怨发挥出来②，所以他于游侠、货殖传，特地着精神，乃至其余诸记传中，凡遇挥金杀人之事③，他便啧啧赏叹不置。

凡是读书，首先要晓得作者是怎样的胸襟。比如《史记》，是因为司马迁有满腹积怨要发泄出来，所以他对《游侠列传》《货殖列传》格外用心着力，以及在其他各传记中，一写到散财挥刀杀人之事，他就不停地啧啧赞叹。唯有"缓急人所时有"这六个字是他

① 标题为编者所拟，原题《读第五才子书法》。
② 宿怨：积久的怨愤。
③ 挥金：散财。

一部《史记》，只是"缓急人所时有"六个字①，是他一生著书旨意。《水浒传》却不然。施耐庵本无一肚皮宿怨要发挥出来，只是饱暖无事，又值心闲，不免伸纸弄笔，寻个题目，写出自家许多锦心绣口，故其是非皆不谬于圣人。后来人不知，却于《水浒》上加忠义字，遂并比于史公发愤著书一例，正是使不得。

或问施耐庵寻题目写出自家锦心绣口，题目尽有，何若定要写此一事②？答曰：只是贪他三十六个人，便有三十六样出身，三十六样面孔，三十六样性格，中间便结撰得来。

《水浒传》方法，都从《史记》出来，却有许多胜似《史记》处。若《史记》妙处，《水浒》已是件件有。

《水浒传》不是轻易下笔，只看宋江出名，直在第十七回，便知他胸中已算过百十来遍。若使轻易下笔，必要第一回就写宋江，文字便一直帐，无擒放③。

某尝道《水浒》胜似《史记》，人都不肯信，殊不知某却不是乱说。其实《史记》是以文运事，《水浒》是因文生事。以文运

一生著书的用心所在。《水浒传》却不是这样的，施耐庵本来就没有一肚子积久的怨愤要宣泄，他只不过是饱暖无事，又赶上心情闲逸，不免铺纸捉笔，找个题目，挥写出自己的许多锦心绣口，所以写出的是是非非和圣人的观念毫无乖违。后来读《水浒传》的人不了解这一点，却在《水浒》前加了"忠义"二字，于是和司马迁发愤著书等同起来，这是使不得的。

有人会问施耐庵找题目要写出他的锦心绣口，可写的题目许许多多，为什么一定写这一件事？我认为：他对事件中的三十六人便有三十六种出身背景情有独钟。三十六人的三十六个形象面目，三十六种不同的性格搭成了架构，至于其中的一些情节故事，作者就比较容易穿插撰写得出了。

《水浒传》的结构布局的方法，都是从《史记》中借鉴得来，可是又有许多胜过《史记》之处。至于《史记》中的种种神妙之点，《水浒》中已是样样都有。

《水浒传》不是轻易下笔开篇的，仅从宋江这个主要人物看。他第一次出现，竟然是在第十七回书中，由此就可知道他在心口已盘算过不知多少遍。设若他轻易下笔，一定在第一回书中就写宋江，要是这样，小说就成了平铺直叙的流水账，那就收不到欲擒故纵的艺术效果。

我曾说《水浒传》比《史记》写得还好，人们都不肯相信。但他竟不知道我并不是乱说的，实际上《史记》主要是要记述事件，而文字只是事件的载体。《水浒传》主要是表

---

① 缓急人所时有：急迫、困难的事是人人经常遇到的。

② 何若：何必，怎么。

③ 擒放：欲擒故纵。

事，是先有事生成如此如此，却要算计出一篇文字来，虽是史公高才，也毕竟是吃苦事。因文生事即不然，只是顺着笔性去，削高补低都由我。

《水浒传》并无之乎者也等字，一样人，便还他一样说话，真是绝奇本事。

《水浒传》一个人出来，分明便是一篇列传。至于中间事迹，又逐段逐段自成文字，亦有两三卷成一篇者，亦有五六句成一篇者。

《水浒传》写一百八个人性格，真是一百八样。若别一部书，任他写一千个人，也只是一样，便只写得两个人，也只是一样。

《宣和遗事》[①]，具载三十六人姓名，可见三十六人是实有。只是七十回中许多事迹，须知都是作书人凭空造谎出来，如今却因读此七十回，反把三十六个人物都认得了，任凭提起一个，都似旧时熟识，文字有气力如此。

《水浒传》只是写人粗卤处，便有许多写法。如鲁达粗卤是性急，史进粗卤是少年任气，李逵粗卤是蛮，武松粗卤是豪杰不受羁靮[②]，阮小七粗卤是悲愤无说处，焦挺粗卤是气质不好。

现文采，为表现文采而虚构出事件来。用文字做事件的载体。是作文之先就已发生了如此这般的事件，再计划以这些事件为内容写文章，即使太史公司马迁高才，这毕竟也是苦事。为表现文采虚构事件就不一样了，只是由着自己的笔法风格写开去，如何裁高补低，都自己任意。

《水浒传》并不多用"之乎者也"的文言字。不同类的人，都让他说出合乎自己身份、性格的话，真是绝对奇特的本领。

《水浒传》中一个人物出场，分明便是一篇列传，至于其中的故事，又各自都有完整的情节独立成篇。也有两三个故事合成一篇的，也有五六句就成一篇的。

《水浒传》写一百零八个人，真是写出了一百零八样性格。如果另一部书，任凭他写上一千个人物，也只是同一种性格，即便只写两个人，也只是同一种性格。

《宣和遗事》，详细记载了三十六人的姓名，可见这三十六人实有其人。只是七十回书中的许多事迹，要知道那是作者虚构出来的，如今我们凭读这七十回书，就把这三十六个人物都认得了。随便提出其中的任何一位，都好像是老相识，这部书的文字有如此大的魅力。

《水浒传》即使写人的粗鲁，也有许多不同的写法：比如鲁达的粗鲁是性格急躁，史进的粗鲁是少年气盛，李逵的粗鲁是野蛮，武松的粗鲁是豪杰的气概不受人拘束，阮小七的粗鲁是悲愤没处可说，焦挺的粗鲁是气质不好。

---

① 《宣和遗事》：一名《大宋宣和遗事》，成书于宋代的笔记小说辑录，自尧舜叙至宋高宗定都临安，很似讲史。

② 羁靮(dí)：拘束。

李逵是上上人物，写得真是一片天真烂漫到底。看他意思，便是山泊中一百七人，无一个入得他眼。孟子富贵不能淫，贫贱不能移，威武不能屈①，正是他好批语。

看来作文，全要胸中先有缘故②，若有缘故时，便随手所触，都成妙笔。若无缘故时，直是无动手处，便作得来，也是嚼蜡。

只如写李逵，岂不段段都是妙绝文字，却不知正为段段都在宋江事后，故便妙不可言。盖作者只是痛恨宋江奸诈，故处处紧接出一段李逵朴诚来，做个形击③。其意思自在显宋江之恶，却不料反成李逵之妙也。此譬如刺枪，本要杀人，反使出一身家数。

阮小七是上上人物，写得另是一样气色。一百八人中，真要算做第一个快人，心快口快，使人对之，龌龊都销尽④。

吾最恨人家子弟，凡遇读书，都不理会文字，只记得若干事迹，便算读过一部书了。虽《国策》《史记》，都作事迹搬过去，何况《水浒传》。

李逵是一等人物，他的性格真是纯粹的天真烂漫，看他的心思，山泊中的其他一百零七人，就没一个他能看得入眼。孟子的富贵不能淫，贫贱不能移，威武不能屈，正是对他的恰切的评语。

看来作文时，首先心中要有写作用意，明确了写作目的，随便涉及什么材料，都能成为妙笔。如果心中没有清楚的构想，真是让人无处下手，即使写得出，也是味同嚼蜡。

仅以写李逵的文字为例，岂不段段都是绝妙的文字，但人们不知道正是因为段段都写在宋江之后，所以就妙不可言。可能是作者痛恨宋江奸诈，所以才用李逵的诚朴相接相衬，做个形象的对比。他的意图本在突显宋江的恶劣，却没想到成了写李逵的妙笔。这就好像用枪，本意是要杀人，反倒把家传武艺的招数用了个淋漓尽致。

阮小七也是一等人物，写出他与众不同的性格，一百零八人中，真要数他是第一个爽快的人，他心快口快，使人在他的面前，把自己心中的肮脏都去除净尽。

我最遗憾人家子弟，大凡读书的时候，全不理解作者遣词造句的用心。只记得书中的故事，就算是读了一部书了。即使他们读《国策》《史记》，也只是把它们当故事来搬弄，更何况他们读故事性很强的《水浒传》呢！

---

① "富贵不能淫"三句：语出《孟子》，意谓富贵不能惑乱其心，贫贱不能改变其志，威势暴力不能使其屈服。

② 缘故：原因，此指写作用意、构思。

③ 形击：形象对比。

④ 龌龊（wò chuò）：不干净、脏。

【春秋】孔丘

君子之风（《论语》10则）①

　　两千五百年前，孔夫子用道德与才学的两项标准要求弟子，希望自己的学生成为品德高尚、才华卓著、内心和谐的"君子"，而不是成为品格低下、巧言令色、内心龌龊、成事不足败事有余的"小人"。此后，"君子"与"小人"这一组相对概念，成为中国读书人自我约束的杠杆，也成为评价人的两个常用词，一直沿用至今。把人群分为君子与小人，似乎有些简单与武断，尤其是作为社会评判标准时，它不具备客观性和公正性。但是，作为一个"青年成才指引"，它又是如此简洁明快，两千多年来，一直在提升着中国人的品质。

　　君子的形象应该是这样的：他不是某种器具，只有单一的作用，君子应该胸怀天下，对社会有普遍的作用——后人引申为"天下兴亡，匹夫有责"；他文质彬彬，行为有礼有节，乐于成人之美，而内心朴素，以学习和交友为乐，胸怀坦荡，光明磊落，不会整天凄凄惶惶，患得患失；他注重提高自身的德能才识，却不刻意追求别人的赏识，更不会花言巧语、奴颜媚骨去获取一己的私利；他不"乡愿"，不是好好先生，不会明哲保身，不屑同流合污，他是爱憎分明、表里如一、敢于承担的人。

　　我臆想《论语》一书的核心，也是孔子一生的用心所在即是造就一种新人——"君子"，如同后世尼采呼唤"超人"的用心相同。以革新人种为目的，教化天下，造就新人，这种中国新人的模样就是君子。从孔子的学生群体开始，当整个中国知识界都成为君子，等他们凭着个人品德和学识进入管理阶层（这无形中消解了官僚世袭制度，让平民中的优秀分子进入统治集团），就有机会上行仁政，约束统治者；下化民风，让百姓富足有礼，以道义管理家国，让人民过上小康生活。然后，达到人类社会的理想境界："大道之行也，天下为公。"改朝换代叫"革命"，让君子群体进入统治阶层，从而改变整个统治集团的素质，这是一场持久的静悄悄的革命。

　　孔子的教育目标是造就君子，而仁义礼乐诗教等等不过是指向目标的路径。后人买椟还珠，孜孜求索路径，结果歧路亡羊。

---

① 标题为编者所拟。

　　《易经》乾坤二卦的卦辞是："天行健，君子以自强不息；地势坤，君子以厚德载物。"1914年，梁启超先生在清华大学演讲，讲题为"君子"，对卦辞进行诠解，勉励学生做"真君子"。此后，清华大学就以卦辞中的八字作为校训："自强不息，厚德载物。"这是对君子的要求，沿用至今。

　　孔丘（前551~前479），字仲尼，春秋鲁国（今山东曲阜）人。中国春秋末期思想家和教育家、儒家学派的创始人。《论语》是他的弟子所编辑的孔子及其弟子的语录。

　　子曰："君子不器①"。

孔子说："君子不可以像器具一样只有一种用途。"

　　子曰："质胜文则野，文胜质则史②。文质彬彬，然后君子③。"

孔子说："如果一个人的质朴超过了这个人的文采，这人就显得粗野；文采要是超过了质朴，这人就显得浮夸虚饰。人的质朴和文采配合恰当，然后才称得上君子。"

　　子曰："学而时习之，不亦说乎！有朋自远方来，不亦乐乎！人不知而不愠，不亦君子乎④！"

孔子说："学习知识并不断付诸实践，不也是高兴的事吗！有朋友从远方来切磋学问，不也是快乐的事吗！人家不明白我的观点意见，我也不懊恼，不也是君子的风度吗！"

　　子谓子夏曰："女为君子儒，无为小人儒⑤。"

孔子对子夏说："你要做君子式的儒者，不要做小人式的儒者。"

　　子曰："君子坦荡荡，小人长戚戚⑥。"

孔子说："君子的心胸开阔，坦坦荡荡，小人总是忧心忡忡，失意哀伤。"

　　子曰："君子成人之美，不成

孔子说："君子成全他人的好事，不帮人

　　① 子曰：孔子说。子，古代对有地位、有学问、有道德修养的人，尊称为"子"。《论语》中专指孔丘。器：器具，只有一种固定用途的东西。比喻人只具备一种知识、一种才能、一种技艺。

　　② 质：质地，质朴、朴实的内容，内在的思想感情。文：文采，华丽的装饰，外在的礼仪。孔子认为，仁义是质，礼乐是文。史：本义是宗庙里掌礼仪的祝官，官府里掌文书的史官。这里指像"史"那样，言辞华丽，虚浮铺陈，心里并无诚意。含有浮夸虚伪的贬义。

　　③ 彬彬：文质兼备相称；文与质互相融和，配合恰当。

　　④ 说（yuè）：同"悦"，高兴，喜悦。愠（yùn）：怨恨，恼怒。

　　⑤ 女：通"汝"，你。君子儒："儒"古时本指为人们主持办理喜事丧事礼节仪式的一种专门职业，即赞礼者（也称"相"）。"君子儒"，指通晓周礼典章制度，道德品质、人格高尚的儒者；反之，就是"小人儒"。

　　⑥ 坦：安闲，开朗，直率。荡荡：宽广，辽阔。长：经常，总是。戚戚：忧愁，哀伤，局促不安，患得患失。

人之恶。小人反是。"

子曰："乡愿，德之贼也①。"

子曰："巧言，令色，足恭，左丘明耻之，丘亦耻之②。匿怨而友其人，左丘明耻之，丘亦耻之③。"

孔子曰："益者三友，损者三友。友直，友谅，友多闻，益矣。友便辟，友善柔，友便佞，损矣④。"

子曰："知者乐水，仁者乐山⑤。知者动，仁者静。知者乐，仁者寿。"

做坏事。小人与此相反。"

孔子说："不辨是非、不分善恶，谁也不得罪的老好人，是败坏道德的人。"

孔子说："花言巧语、一脸假笑、态度过分地恭敬，左丘明认为做这种人可耻，我也认为可耻。把对他人的怨恨隐藏起来，而表面上却与他亲近，左丘明认为做这种人可耻，我也认为可耻。"

孔子说："有三种有益的朋友，有三种有害的朋友。朋友耿直，朋友讲诚信，朋友见闻广，对人有益。朋友走歪门邪道，朋友善于阿谀奉承，朋友善于花言巧语，对人有害。"

孔子说："聪明的人喜欢水，仁厚的人喜欢山。聪明的人活泼灵动，仁厚的人端庄沉静。聪明的人快乐，仁厚的人长寿。"

养成一名君子

---

① 乡愿：特指那种不分是非，同于流俗，言行不一，伪善欺世，处处讨好，谁也不得罪的"老好人"。"愿"，谨厚，老实。贼：败坏，侵害，危害。

② 左丘明：春秋时鲁国人，担任过鲁国的太史（朝廷史官），乃楚左史倚相之后，与孔子同时或较早于孔子。相传左丘明曾为《春秋》作传（称为《左传》）。又传说，左丘明是个瞎子，故有"左丘失明"之说。巧言，花言巧语。令色，谄媚的神色。足恭，过分谦恭讨好人。

③ 匿：隐藏起来，不让人知道。

④ 谅：诚信。便辟（pián pì）：逢迎谄媚的样子。善柔：善于阿谀奉承，内心却无诚信。便佞（pián nìng）：善于花言巧语，而言不副实。

⑤ 知者乐水：水流动而不板滞，随岸赋形，与智者相似，故曰。仁者乐山：山形巍然，屹立而不动摇，宽容而承载万物，与仁者相似，故曰。

佚名

大学之道①

读书识字、掌握各种技艺，只是"小学问"，还有一种"大学问"，教育一个人如何成为治国之才，这就是《大学》的内容。一本薄薄的小册子，原文不过千字，是古代（南宋以后）儒生的必读书。相传《大学》的"经文"章，是孔子的学生曾参记录孔子的话，"传文"十章，是曾参自己的阐述，这里选的是"经文"章。什么是人生的大学问呢? 孔夫子为后代的学者留下了清晰的路标：修身——齐家——治国——平天下。这是一个中国书生一生的坐标，一步步登高，境界越来越宏大，个人的素质与家国的命运紧密相连，让自己成为对天下有用的人。千里之行，起于足下。远大的抱负，从修炼自身开始。"修身"，是人生的第一课，也是终其一生的功课。修身又有一条路标：格物——致知——诚意——正心，一步步自我炼钢，确立自我。大学之道，不仅是人生大学问，也是世间大学问。孔子是有大气象的人，他的毕生功业在于教化天下。你亲近一下这种大学问，即使成不了治国平天下的大人物，至少可以成为一名内心踏实的诚实君子，而不至于萎缩成为无益于人的小人。《大学》的深意之一，是告诫人们：人生并没有终极目标，生命只是一个过程，请你走好每一步。

大学之道，在明明德，在亲民，在止于至善②。

《大学》的宗旨，在于使人们的美好的道德品质，得以发扬显明，在于使民众的观念革旧更新，在于使人们的思想达到至善的境界。

知止而后有定③，定而后能静，静而后能安，安而后能虑，虑

人们知道"止于至善"这个终极目标，而后志向才能明确坚定；志向坚定，而后心情

① 《礼记》为西汉人戴圣编定，共四十九篇，采自先秦旧籍。有汉郑玄注及唐孔颖达正义。《大学》为《礼记》篇名之一。（作者已不可考，可能是孔子的儒学传人之一。）道：指道理、原理、原则、纲领，含有人生观、世界观、政治主张和思想体系之意。

② 明明德：前一个"明"为使动词，使……显明。后一个"明"为形容词，清明的、光明的之意。亲民：亲，当作"新"，为使动词，使……革新。至善：最好的思想境界，善的最高地步。

③ 知止：能够知道所当止的地步。指上文所说的"止于至善"。

而后能得①。物有本末，事有终始，知所先后②，则近道矣。

古之欲明明德于天下者，先治其国；欲治其国者，先齐其家③；欲齐其家者，先修其身；欲修其身者，先正其心；欲正其心者，先诚其意；欲诚其意者，先致其知④；致知在格物⑤。

物格而后知至，知至而后意诚，意诚而后心正，心正而后身修，身修而后家齐，家齐而后国治，国治而后天下平。自天子以至于庶人，壹是皆以修身为本⑥。

其本乱，而末治者⑦，否矣。其所厚者薄⑧，而其所薄者厚，未之有也。

——《礼记·大学》

才能宁静；心情宁静，而后才能安处；能够安处，而后才能思考；能够思考，而后才能有收获。世上一切事物都有始终本末，人们能理顺本末先后，就接近《大学》的宗旨了。

古时候想要把美德显扬于天下的人，先要治好他的国家；想要治好国家的人，先要整治好他的家族；想要整治好他的家族的人，先就要修炼好自己的品德；想要修炼好自身品德的人，先就要端正自己的思想；想要端正自己思想的人，先就要使意念诚实；想要使意念诚实的人，先就要获得理性知识；想要获得理性知识的人，先就要推究事物的原理法则。

推究事物的原理法则，而后获得理性知识；获得理性知识，而后意念诚实；意念诚实，而后思想端正；思想端正，而后提高了自身品德的修养；提高自身品德修养，而后才能整治好家族；整治好家族，而后才能治理好国家；治理好国家，而后天下才能平定。从天子而至普通百姓，一律都是以修养自身的品德为根本的。

一个人的思想品德这个根本如果败坏了，却想要治理好末梢——齐家、治国、平天下，那是不可能的。看重轻微的末梢，看轻重要的根本，这种做法，是从古而今所没有的。

① 得：获得（至善）。《孟子·告子上》："心之官则思，思则得之，不思则不得也。"
② 知所先后：意指能够知道道德修养和齐家、治国、平天下的先后次序。
③ 先齐其家：齐，有治理之意。家，指家族。意为使家族齐心协力、和睦平安。
④ 先致其知：致，至。知，认识。先使认识达到明确。
⑤ 格物：推究事物的原理。据朱熹解释："言欲致吾之知，在即物而穷其理也。"（《四书集注》）
⑥ 庶人：西周起称农业生产者。春秋时，其地位在士以下，工商皂隶之上。秦汉以后泛指没有官爵的平民。壹是：一切，一律，一概。壹，一。
⑦ 本乱：乱，紊乱，破坏。本乱，意为本性败坏。末治：意指家齐、国治、天下平。
⑧ 其所厚者薄：厚，重视，尊重，重重。薄，不重要，次要，轻。

【战国】孟轲

大丈夫·民为贵

孟子像孔子一样，率领门徒游说列国，在狂热争霸的战国各国之间鼓吹德行仁政，结果也像孔子一样处处碰壁。两人的性情不同，孔子温柔敦厚，孟子则尖锐刚猛。他说："我善养吾浩然之气。"（《公孙丑》）这是指做人的自信自足的底气，行事的不屈不挠的勇气，面对世界的光明正大的心气，做文章和游说权贵时不随人俯仰、特立独行的意气。缘于这种"浩然之气"，他提出做人要做"大丈夫"，进而以大丈夫的口吻，掷地作金石声，举手敲碎君王的琉璃宝座："民贵君轻!"

孟轲（前372?~前289?），邹（今山东邹县）人，生在战国前期，继承并弘扬了孔子的学说，成为儒家的"亚圣"。

大丈夫

居天下之广居，立天下之正位，行天下之大道。得志，与民由之[1]；不得志，独行其道。富贵不能淫[2]，贫贱不能移[3]，威武不能屈：此之谓大丈夫。

——《孟子·滕文公章句下》

大丈夫应住在"仁"这所宽敞的居室里，站在"礼"的端正的位置上，行进在"义"的宽广的大道上。如果能顺利实现自己的远大志向，那就同民众一起去实行"仁、礼、义"；如果不能顺利实现自己的远大志向，那么自己也要把"仁、礼、义"坚持下去。富贵不能惑乱他的心志，贫贱不能改变他的志趣，淫威残暴不能摧折他的节操，这种人才配称作大丈夫。

045

---

① 与民由之：和民众一起实行它（道）。由，实行。

② 富贵不能淫：富贵不能惑乱他的心志。淫，惑乱。

③ 贫贱不能移：贫困的生活，低卑的地位，不能改变他的志趣。移，改变。

民为贵

孟子曰：民为贵，社稷次之^①，君为轻。是故得乎丘民而为天子^②，得乎天子为诸侯，得乎诸侯为大夫。诸侯危社稷，则变置。牺牲既成^③，粢盛既洁^④，祭祀以时，然而旱干水溢，则变置社稷。

——《孟子·尽心下》

孟子说："黎民百姓是最可富贵的，国家在其次，相形之下国君是最微不足道的。因此能得到人民信任的就成为天子，能得到天子信任的就成为诸侯，能得到诸侯信任的就成为大夫。诸侯危害国家，就撤换他。如果祭祀的牲礼准备好了，祭祀时用的谷物簸扬得干干净净（表明对神的恭敬），并且是在适宜的时间，然而不是干旱就是水涝，那么就变更国家的统治。"

---

① 社：土神。稷，谷神。古时均设坛庙祭祀，是国家的象征，后代指国家。
② 丘：古代划分田地、区域的单位。《周礼·地官·小司徒》："九夫为井，四井为邑，四邑为丘。"此指土地。
③ 牺牲：宰杀用来祭祀神祇的牲畜。
④ 粢盛（zī chéng）：装在祭器中祭祀神祇的谷物。

【清】顾炎武

廉 耻

廉耻，是做人的底线。一个人不知世上有羞耻事，则不齿于人。知识分子是一个国家的大脑，这个群体集体无耻，整个民族就会大难临头；官员是国家秩序的维护者，这个群体集体无耻，结果就是改朝换代。本文有删节。

顾炎武（1613~1682），昆山亭林（今属江苏）人，世称亭林先生。明末"复社"领袖，反清复明义士，明清之际著名学者，著有《日知录》等。

《五代史·冯道传·论》曰①：礼义廉耻，国之四维，四维不张，国乃灭亡②。善乎，管生之能言也！礼义，治人之大法；廉耻，立人之大节；盖不廉则无所不取，不耻则无所不为。人而如此，则祸败乱亡，亦无所不至；况为大臣而无所不取，无所不为，则天下其有不乱，国家其有不亡者乎？然而四者之中，耻尤为要。故夫子之论士，曰："行己有耻③。"孟子曰："人不可以无耻。无耻之耻，无耻矣。"又曰："耻之于人大矣，为机变之巧者，无所用耻焉④。"所以然者，

《五代史·冯道传·论》说："'礼义廉耻，是治国的四纲，四纲不张，国家将灭亡。'好啊，管子善于立论！礼义是治理人民的大法；廉耻是为人立身的大节。大凡不廉便什么都可以拿；不耻便什么都可以做。人到了这种地步，那么灾祸、失败、逆乱、死亡，也就都随之而来了；何况身为大臣而什么都拿，什么都做，那么天下哪有不乱，国家哪有不亡的呢？"然而在这四者之中，耻尤其重要。因此孔子论及怎么才可以称为士时，说："个人处世必须有耻。"孟子说："人不可以没有耻，对可耻的事不感到羞耻，便是真无耻了。"又说："耻对于人关系大极了，那些搞阴谋诡计耍花样的人，是根本谈不上耻的。"

养成一名君子

047

---

① 此指北宋欧阳修所撰《新五代史·冯道传》，见卷五十五。传主冯道，先后任后唐、后晋、后汉、后周四朝六个皇帝的宰相，居相位二十余年，为后世所鄙。

② 四维：指礼、义、廉、耻。维，本指结物的大绳。此指维系人们言行的规范。以上四句，见《管子·牧民》篇。下文管生，即管仲，春秋齐桓公时贤相。

③ 行己有耻：见《论语·子路》。孔安国注此句说："有耻者有所不为。"

④ 人不可以无耻以下三句及"又曰"的引文：均出于《孟子·尽心》。无耻之耻，意即对可耻的事不感到耻辱。机变之巧：指以不正当方法取胜者。

人之不廉，而至于悖礼犯义，其原皆生于无耻也。故士大夫之无耻，是谓国耻。

吾观三代以下①，世衰道微，弃礼义，捐廉耻，非一朝一夕之故。然而松柏后凋于岁寒②，鸡鸣不已于风雨③，彼昏之日，固未尝无独醒之人也！顷读《颜氏家训》有云④："齐朝一士夫尝谓吾曰：'我有一儿，年已十七，颇晓书疏，教其鲜卑语⑤，及弹琵琶，稍欲通解，以此伏事公卿，无不宠爱。'吾时俯而不答。异哉，此人之教子也！若由此业自致卿相，亦不愿汝曹为之。"嗟乎！之推不得已而仕于乱世，犹为此言，尚有《小宛》诗人之意⑥，彼阘然媚于世者⑦，能无愧哉！

罗仲素曰⑧：教化者朝廷之先务，廉耻者士人之美节，风俗者天下之大事。朝廷有教化，则士人有廉耻；士人有廉耻，则天下有风俗。

——《日知录集释》，上海古籍出版社影印本

其所以如此，因为一个人不廉洁，乃至于违背礼义，究其原因都产生在无耻上。因此士大夫（官僚阶层）的无耻，可谓国耻。

我考察自三代以下，社会和道德日益衰微，礼义廉耻被抛弃，不是一朝一夕的事了。但是寒冬的凛冽中有不凋的松柏，风雨如晦中有警世的鸡鸣，那些昏暗的日子中，实在未尝没有独具卓识的清醒者啊！最近读到《颜氏家训》上有一段话说："齐朝一个士大夫曾对我说：'我有一个儿子，年已十七岁，颇能写点文件书牍什么的，教他讲鲜卑话，也学弹琵琶，使之稍为通晓一点，用这些技能侍候公卿大人，到处受到宠爱。'我当时低首不答。怪哉，此人竟是这样教育儿子的！倘若通过这些本领能使自己做到卿相的地位，我也不愿你们这样干。"哎！颜之推不得已而出仕于乱世，尚且能说这样的话，还有《小宛》诗人的精神，那些卑劣地献媚于世俗的人，能不感到惭愧么！

罗仲素说：教化是朝廷首先要做好的工作，廉耻是士人优良的节操，风俗是天下的大事。朝廷有教化，士人便有廉耻；士人有廉耻，天下才有良风美俗。

---

① 三代：指夏、商、周，古人以为那时是道德昌明的盛世。

② 松柏后凋：语本《论语·子罕》："岁寒，然后知松柏之后凋也。"比喻君子能经受环境的考验。

③ 鸡鸣不已：语本《诗·郑风·风雨》："风雨如晦，鸡鸣不已。"

④ 《颜氏家训》：北朝齐、隋之间人颜之推著。

⑤ 鲜卑：我国古代少数民族，南北朝鲜卑族各系曾多次建立王朝统治华北，上文所指"齐朝"，即北齐，即是统治华北的一个鲜卑族政权。下"琵琶"是鲜卑人喜爱的乐器。

⑥ 《小宛》：《诗·小雅·小旻之什》篇名，诗意是诗人自勉要保持操守，无愧于先人。

⑦ 阘然：屈意迎合。

⑧ 罗仲素：名从彦，北宋时曾师事理学家程颐和杨时，为当时名儒。南宋绍兴（1131～1162）中卒，学者谥为豫章先生。著有《遵尧录》，以下各句即出此书。

【明】洪应明

菜根谭（10则）

　　宋儒汪革说："咬得菜根，百事可成。"菜根是人们厌弃的，就像贫穷也是人们厌弃的，以吃菜根过日子，还不怨恨，还要觉得"性定菜根香"，这就与众不同了，就像孔子的大弟子颜回一样："一箪食，一瓢饮，在陋巷。人不堪其忧，回也不改其乐。"（《论语·雍也》）连贫穷都不怕，还怕什么？《菜根谭》，就是一本关于如何磨炼自我、蔑视苦难、放开怀抱做人的语录体著作。这里选录的十则语录，可以看出作者并没有饿着肚子喊口号，敢于吃苦，不等于追求清苦。他有高度的自尊，却又体贴人情；他有入世的心念，又表现为潇洒的意趣。人生活趣良多，自当优雅从容。全书气韵流丽，语言明快。

　　洪应明，生平不详，明万历间在南京生活过。字自诚，号还初道人，《菜根谭》成书于明朝万历年间。

　　交友须带三分侠气，作人要存一点素心①。

　　跟朋友相处必须带有几分患难与共、拔刀相助的侠义情怀，而做人要有一颗天真纯朴的赤子之心。

　　立身不高一步立，如尘里振衣②，泥中濯足③，如何超达④？处世不退一步处，如飞蛾投烛，羝羊触藩⑤，如何安乐？

　　立身处世不站得高一些，看得远一些，就好比在尘土里拍打衣服，在泥水里洗涤双脚，如何能够超凡脱俗超出普通人的境界呢？处理事物不留一些余地就好比飞蛾扑火，公羊顶篱笆被卡住犄角，又怎么能够使自己的身心摆脱困境而感到愉快呢？

---

　　① 素心：素，本来是指未经染色的纯白细绢，引申为纯洁，指心地淳朴。据陶渊明《归园田居》诗："素心正如此，开径望三益。"

　　② 尘里振衣：振衣是抖掉衣服上沾染的灰尘，故在灰尘中去抖尘土会越抖越多，比喻做事没有成效，甚至相反。

　　③ 泥中濯足：在泥巴里洗脚，必然是越洗越脏，比喻做事白费力气。濯，洗。

　　④ 超达：超脱流俗，见解高明。

　　⑤ 飞蛾投烛：飞蛾是一种喜欢近火的昆虫。因此又名"灯蛾"，每当飞蛾接近灯火往往葬身火中，比喻自取灭亡。羝羊触藩：羝，指公羊。藩是竹篱笆，公羊雄健鲁莽，喜欢用犄角顶撞，往往把犄角卡住不能自拔。

学者有段兢业的心思，又要有段潇洒的趣味，若一味敛束清苦，是有秋杀无春生①，何以发育万物。

贫家净扫地，贫女净梳头，景色虽不艳丽，气度自是风雅。士君子一当穷愁寥落，奈何辄自废弛哉②。

世人为荣利缠缚，动曰尘世苦海。不知云白山青、川行石立、花迎鸟笑、谷答樵讴③，世亦不尘，海亦不苦，彼自尘苦其心尔。

徜徉于山林泉石之间，而尘心渐息；夷犹于诗书图画之内，而俗气潜消。故君子虽不玩物丧志，亦常借境调心④。

宠辱不惊，闲看庭前花开花

一个有学问的人，既要有一种缜密思考、刻苦敬业的精神，又要有潇洒脱俗的胸怀，这样才能保持生活的情趣。假如只知一味克制压抑自己，刻意过极端清苦的生活，那就会使人生像秋天一样，只有肃杀而了无生机，这又怎能培育万物的生长而开花结果呢？

一个贫穷的家庭要把地打扫得干干净净，贫家女子要把头梳得干干净净，摆设和穿着虽然算不上豪华艳丽，但是却能保持一种高雅脱俗的气度。因此君子一旦际遇不佳而处于穷困潦倒的时候，为什么要萎靡不振自暴自弃呢？

由于世俗之人都被虚荣心和利禄心所困扰，因此一开口就说人间是一个大苦海。然而他们却不知道世界的另一面是白云笼罩下的青山翠谷，奔流河水中的奇岩怪石，迎风招展的美丽花卉，呢喃歌唱的可爱小鸟，以及樵夫歌唱时的山鸣谷应，原来，人间既非尘嚣万丈，世界也非苦海一片，只是人们使自己的心落入尘嚣堕入苦海而已。

你如果经常漫步山川林泉岩石之间，就能渐渐使凡念退去；你如果能经常流连于诗词书画的雅境，就会使俗气消失。所以有才德修养的人，虽然不会沉迷于飞鹰走狗的玩乐而丧失本来志向，但是也需要经常找机会接近大自然来调剂身心。

对于荣耀屈辱应对从容，神定气闲，如

① 兢业：也可作兢兢业业，小心谨慎、尽心尽力之意。潇洒：清高绝俗，放荡不羁，不受任何拘束的风貌。敛束：收敛约束。秋杀（shā）：秋天气象凛冽，毫无生机，秋杀与春生对称。杀：凋谢。

② 寥落：寂寞不得志。昌温诗中有"独卧郡斋寥落意，隔帘微雨湿梨花"。废弛：败坏，松弛。王冕《剑歌行》中有"学书学剑俱废弛"。

③ 谷答樵讴：山谷回响着樵夫的歌声。讴，歌唱。樵，樵夫，砍柴的人。

④ 徜徉：徘徊。夷犹：徘徊流连的意思。潜消：消失于无形。玩物丧志：沉迷于玩赏珍奇宝物而丧失了本来志向。《尚书·旅獒》："玩人丧德，玩物丧志。"

落；去留无意，漫随天外云卷云舒[1]。

读书不见圣贤，如铅椠佣[2]；居官不爱子民，如衣冠盗[3]。讲学不尚躬行，为口头禅；立业不思种德，为眼前花。

不昧己心，不尽人情，不竭物力；三者可以为天地立心，为生民立命，为子孙造福[4]。

文章做到极处，无有他奇，只是恰好；人品做到极处，无有他异，只是本然[5]。

——《菜根谭》

同欣赏庭院中花开花落；对于升迁得失毫不在意，顺其自然，只将冷眼观看天上浮云随风聚散。

读书不领悟古圣先贤思想的精髓，最多只能成为一个写字匠；做官如果不爱护人民，只知道领取国家俸禄，那就像一个穿着官服戴着官帽的强盗。只知研究学问却不注重身体力行，那就像一个不懂佛理只会诵经的和尚；事业成功后不想为后人积一些阴德，那就像一朵眼下很艳丽却很快就凋谢的花儿。

不蒙蔽自己的良心，不丧失人的天真性情，不暴殄天物，做到这三点，可以为天地树立善良的心性，为世间百姓延续生机，为子孙后代播下幸福生活的种子。

文章写到登峰造极的水平，并没有什么奇特的地方，只是把自己的思想感情表达得恰到好处；人的品德修养如果达到炉火纯青的境界，就和平凡人没有什么特殊的区别，只是使自己回归到纯真朴实的本性而已。

养成一名君子

051

---

① 宠辱不惊：对于荣耀与屈辱无动于衷。去留：去是退隐，留是居官。

② 铅椠（qiàn）佣：铅是古时用来涂抹简牍错字用的一种铅粉。椠是不易捣坏的硬板，在没有发明纸笔的古代，就在板子上写字，因此铅椠就代表纸笔。铅椠佣就是写字匠。

③ 衣冠盗：偷窃俸禄的官吏。

④ 昧：昧是昏暗，此处作蒙蔽解。竭：穷尽。为天地立心：立是建立，心指自然本性。

⑤ 极处：登峰造极的最高成就。本然：本性，本来如此。

【清】席佩兰

送外入都①

　　"学成文武艺，货与帝王家。"十年寒窗，诗书满腹，如今要接受检验了。古人读书的等级大致是：童生、秀才、举人、进士。进京赶考的秀才，历来是戏剧故事的主角，这是鲤鱼跳龙门的一跃，个人的前途，家庭的命运，全在此一行了。临行前，有多少动人的画面在千家万户款款流转。比如，这位即将踏上命运旅程的儿子，母亲有病在身，他告别的心情免不了凄凉："老母三年病，儿仍千里行。秋风吹地冷，山月照霜明。未别泪先下，问归难应声。厨头有新妇（媳妇），数可问藜羹（粗茶淡饭）。"（明·沈明臣《别母》）丈夫明天一早就要启程，这位贫穷的农家媳妇正在连夜舂粮："新妇舂粮睡独迟，夜寒茅屋雨来时。灯前每嘱儿休哭，明日行人要早炊。"（明·高启《田舍夜舂》）而到了临行的一刻，千言万语又将从何说起？偏巧这一对都是诗人，女主人席佩兰还是名诗人袁枚的女弟子，她代许多有知识的女性表达出这种时刻特有的软语温存：为你打点行装已经快一个月了（细心，也是心理准备），今天真到了送别的日子（留恋）。良辰美景我有诗念给谁听（知音）？嘘寒问暖无人照料你可要自己小心（体贴）。突然间依依不舍不是因为长久别离，怕只怕你金榜题名后耽误了归期（担心、提醒、敲警钟）。敬奉双亲教子读书我自会把家安排妥当（贤惠），夫君如果寄家书回来千万请寄诗章（要用心写几句，平常话儿哪比得上诗）。

　　席佩兰，字韵芬，昭文（今江苏常熟）人。有《长真阁诗稿》，亦善画兰。丈夫孙原湘（1760~1829），清诗人，嘉庆进士。

　　　　　打叠轻装一月迟②，今朝真是送行时。
　　　　　风花有句凭谁赏③，寒暖无人要自知。

---

① 外：旧时夫妻相称曰外、内。此诗为作者送其夫孙原湘入京应试而作。
② 迟：过，久。
③ 风花：自然界的美丽景色。

情重料应非久别，名成翻恐误归期^①。
养亲课子君休念^②，若寄家书只寄诗。

① 料：估计。因非：非因，为合格律而倒序。翻恐：反倒担心。
② 课子：教子女读书。

【唐】温庭筠

商山早行

　　游子上路了。肩上书囊，腰里盘缠，青鞋布袜，丈量前程。一水渡过一水横，一山放过一山拦。路迢迢，心切切，意惶惶。古时地广人稀，汉唐制度，每隔三十里设一座驿站，供传递公文的公差及旅人休息。古人多徒步旅行，常常一走就走入荒无人烟之地，驿站就成为身心安歇之所。有人在驿站的墙壁上胡乱涂抹了一首词《红窗迥》安慰自己的脚："春闱（科考）期近也，望帝乡（京城）迢迢，犹在天际。懊恨这一双脚底，一日厮赶上五六十里。争气扶持吾去，博得官归。恁时，赏穿对朝靴，安排你在轿儿里。更选个弓样鞋，夜间伴你。"（《解人颐》）其情可怜，其心可鉴，路人见之，当会心一笑。未晚先投宿，鸡鸣早看天。驿车的铃铎惊醒了回乡的好梦，驿站的茅屋上还挂着一勾新月，黎明时分，鸡鸣声中，游子重上旅途，在早春落满寒霜的板桥上，拓出第一行清晰的脚印。

　　温庭筠（约812～约870），字飞卿，太原祁（今山西祁县）人。晚唐诗词名家。

晨起动征铎，　客行悲故乡①。

鸡声茅店月，　人迹板桥霜②。

槲叶满山路③，　枳花明驿墙④。

因思杜陵梦⑤，　凫雁满回塘⑥。

---

①　晨光中客店里催促启程的铃铎叮叮当当，在外漂泊的人因思念家乡而忧伤。铎：古乐器，形似大铃。

②　雄鸡报晓，茅店上空悬着残月，走上严霜覆盖的板桥，踩出一串足迹。

③　槲（hú）：落叶乔木。槲叶冬天干枯，仍留枝上，第二年早春树枝将发嫩芽时才纷纷脱落。

④　枳（zhǐ）：落叶灌木，春生白花。明驿墙：作者早起上路，天色尚未大明，淡白的枳花映着驿站的泥墙，显得格外明晰。

⑤　杜陵梦：杜陵，在长安南郊。作者曾寓居杜陵。

⑥　凫（fú）雁：野鸭一类飞禽。由眼前商山春寒料峭的景色，联想到杜陵一带当是春光早临，不禁触动了缕缕乡思情怀，想起了昨夜梦回杜陵，见到故居门前凫雁满塘的情景，历历在目。

【唐】王湾

次北固山下作①

中国国土辽阔，一位赶考的书生靠步行到达目的地，常常一走数月，乃至经年。杜审言诗云："独有宦游人，偏惊物候新。"岂止外出做官的人如此敏感，外出求官——赴考的人，一步步走向一个未知的领域，恐怕更容易感觉到景物的新奇，从而惊觉于时光的流逝吧。王湾是盛唐时期的洛阳人，他从北方来到江南，对景物变化敏感而不伤感，被人称许为"盛唐气象"。这虽然不是一首赶考途中的感怀之作，但是，我们可以想见，历史上定然有许多有志之士，是怀着志在必得的自信去赴考的，他们人在旅途的心情，一定是可以如此豪迈的。所以，我们把这首诗借放在这里，用以表达那些意气风发奔赴前程的士子的风貌。

王湾（？~750），河南洛阳人，唐玄宗先天年间进士，诗人。

客路青山外， 行舟绿水前②。
潮平两岸阔③， 风正一帆悬④。
海日生残夜， 江春入旧年⑤。
乡书何处达， 归雁洛阳边⑥。

---

① 次：停宿；北固山：在今江苏镇江长江南岸。

② 远行人的船在绿水上，但要走的路还远在青山外。

③ 阔：潮水上涨和两岸平行，江面显得格外开阔。

④ 风向正好吹帆前往，远远看去，船帆像悬在天上。有天地辽阔，任我独行的豪情。贺裳《载酒园诗话》卷一说"正"和"悬"字正相配合，"若使斜风，则帆欹侧不似悬矣。"

⑤ 海上升起一轮红日，是日子更替；新春出旧年，是年轮更迭。一种时间连绵而又万象更新的大好局面，正是"盛唐气象"的象征。诗人初到江南对南方近海处的这些物候格外敏感，观察细腻，色彩强烈，视野开阔。

⑥ 此句自问自答，家信寄到哪里？归雁飞到洛阳。

【汉】东方朔

上书自荐

瞧，这一位走来了。他直接写信向皇帝自荐，信中大言不惭、自吹自擂、用词生猛，似乎集天下英华于一身，完全是一篇惊心动魄的广告词。可皇帝居然吃他这一套，"上伟之"，认为他的确"奇伟"，令其"待诏公车"——在官府里住下，等候任命。这个故事发生在东方朔与汉武帝之间。这样的士人与这样的皇帝，都令人神往。这就是后人称颂不已的汉唐"壮大气象"——读书人满怀自信，行事壮伟，堪当大任；统治者胸襟阔大，气度非凡，不拘一格降人才。仔细读读这位二十二岁的青年的自荐书，他认为自己虽然二十出头，但已经书法、击剑、诗书、兵法无所不通，是文武全才，而且容貌堂堂，一身兼具人间美德，天下大臣，舍我其谁？这种一往无前的意气，令人想起俄国诗人马雅可夫斯基在他的名诗《穿裤子的云》中的壮语："我的灵魂没有一丝白发，/也没有老头儿的温情和想入非非。/我声如炸雷，震撼世界，/我来了——挺拔而俊美，/二十二岁。"这真叫青春朝气。

东方朔（前154~前93），字曼倩，平原厌次（今山东惠民）人。性诙谐幽默，善辞赋，汉武帝时大臣、文学家。

臣朔少失父母，长养兄嫂。年十二学书，三冬，文史足用。十五学击剑。十六学诗书，诵二十二万言。十九学孙吴兵法①，战阵之具②，钲鼓之教③，亦诵二十二万言。凡臣朔固已诵四十四万言④。

微臣东方朔小时候就失去父母，靠兄嫂把我抚养成人。十二岁开始学习写字，历经三载，积累了足够的文史知识。十五岁学习剑术，十六岁学习诗歌及经籍。可以背诵诗文二十二万字。十九岁学习孙吴兵法，作战布阵的才能，以及操练指挥部队的方法，也能背

---

① 孙吴兵法：战国时的孙武和吴起，以善用兵知名。后世多以孙吴并称。《史记·霍去病传》："天子尝欲教之孙吴兵法，对曰：'顾方略何如耳，不至学古兵法。'"

② 战阵之具：排兵布阵的才能。

③ 钲（zhēng）鼓之教：钲、鼓都是古军中乐器，此指用敲击钲、鼓为令来操练部队、指挥部队行动的方法。

④ 固：本来。

又常服子路之言①。臣朔年二十二，长九尺三寸。目若悬珠，齿若编贝；勇若孟贲，捷若庆忌，廉若鲍叔，信若尾生②。若此，可以为天子大臣矣。臣朔昧死，再拜以闻。

——《汉书·东方朔传》

诵得出二十二万字的兵书。我已把四十四万字烂熟在心。又佩服子路的话，经常把他的话放在心上。微臣朔现年二十二岁，身高九尺三寸。眼睛像悬挂的明珠，炯炯有神，牙齿像编排的玉贝，整齐洁白；像孟贲一样勇猛，像庆忌一样敏捷，像鲍叔一样清廉无私，像尾生一样忠诚守信。像我这样的人，应该可以做天子（汉武帝）您的大臣了。微臣我冒着死罪，恭敬地向天子您自荐。

---

① 常：通"尝"，曾经。服：佩服，放在心上不忘。

② 孟贲：古之勇士。庆忌：春秋吴王之子，以勇捷闻名。鲍叔：齐桓公臣，早年与管仲分财，总取其少者。尾生：传说中守信者，与女子约会桥下，水来不去，终于淹死。

【清】陈祥裔

陈子昂摔琴觅知音①

　　同为人中豪杰，广告妙法不同。陈子昂从偏远家乡来到京城长安，不为人知，居然摔琴觅知音，手法出奇制胜，广告费用也不菲，好在家底厚实。在陈子昂摔琴的举动中，有一股愤慨之气，令人刮目相看，这同样是唐人大气魄。

　　陈子昂（约659～700），字伯玉，梓州射洪（今属四川）人。唐诗革新的先驱。青年时轻财任侠，24岁举进士，官居右拾遗。陈祥裔，清代学者。

　　陈子昂初入京，不为人知。有卖胡琴者价百万，豪贵传视无辨者。子昂突出谓左右曰："辇千缗市之②。"众惊问，答曰："予善此乐。"皆曰："可得闻乎？"曰："明日可集宣阳里。"如期偕往，酒肴毕具，置胡琴于前。食毕，捧琴语曰："蜀人陈子昂，有文百轴，驰走京毂，碌碌尘土，不为人知，此乐，贱工之役③，岂宜留心。"举而碎之。以其文轴赠会者。一日之内，声华溢都④。

　　——清·陈祥裔《蜀都碎事》卷二

　　唐代著名诗人陈子昂刚从四川来到京城时，还默默无闻，没有什么名气，在市场上他遇见一个卖胡琴的，要价百万之巨，吸引来一帮豪强巨富、达官显贵传看这把琴，但没有人能辨识这琴有何可贵之处。陈子昂挺身而出，走上前去，对左右侍从说："回去用车载一千缗钱来买下它。"众豪富显贵很吃惊，问他为什么用这么大的价钱买这把琴，陈子昂回答他们说："我擅长这种乐器。"众人都说："您可以奏给我们听听吗？"陈子昂回答说："明天请到宣阳里一聚，再奉告各位。"第二天大家成群结伙地按约都来了，陈子昂准备了一席丰盛的酒菜，把胡琴摆在面前。进餐之后，捧起琴说道："我陈子昂是四川人，带有百篇文章，风尘仆仆地跑到京城，还不能被众人所了解，演奏胡琴是卑贱的乐工的差事，哪里值得各位贵宾关心！"举起琴来，摔了个粉碎。把他带来的文章赠送给到会的贵宾。一天之内，他就名满京都。

――――――――――――――――

① 标题为编者所拟。

② 辇（niǎn）：车。缗（mín）：古代把一千文铜钱穿为一串，称一缗。

③ 轴：卷轴，指书卷。京毂：代京城。役：差事。

④ 声华：名声才华。

【唐】薛用弱

王维"走后门" ①

王维的运气似乎挺好。他推销自己的时候，得到岐王李范的赏识，因而有机会接近炙手可热的太平公主，偏巧太平公主从小就是王维诗歌的读者。王维从小以神童名世，如今年未弱冠，读者却已经遍天下了。古人老说大器晚成，据此看来，出名还是要趁早啊。王维的行为，现在的说法，叫"走后门"。"走后门"是唐朝读书人普遍的行为，当时叫做"行卷"，把自己的诗文编成一册，赠送当世名士、权贵，那些有名有权的人也以发现人才相标榜。这个"后门"和那个"后门"可真不是一回事，最主要的区别，唐人敲开后门的，是诗歌，是才华，是惺惺相惜；今人掘破后门的，是糖衣炮弹，是裙带，是龌龊交易。

王维（701~761），字摩诘，祖籍太原，开元九年（721）进士。任太乐丞，后转尚书右丞，世称"王右丞"。工诗善画，精通音乐，打通画、乐、诗的疆界，登上中国山水诗的巅峰。

薛用弱，字中胜，河东（今山西永济西）人。长庆间任光州刺史。唐传奇作家，所著《集异记》被人评为"唐人小说之魁垒"，今散见于《太平广记》。

王维右丞年未弱冠②，文章得名。性闲音律，妙能琵琶。游历诸贵之间，尤为岐王之所眷重③。时进士张九皋声称籍甚④，客有出入公主之门者为其地⑤，公主以词牒

唐代尚书右丞王维在未成年时，就因文章写得好而出名，他很有音乐天赋，琵琶弹得精妙。同许多达官权贵交游，岐王特别爱重他。进士张九皋在当时名气很大，他有朋友可以出入公主之门给他疏通门路。公主用

---

① 标题为编者所拟。原题《王维》。

② 王维：字摩诘，唐代诗人、画家。开元年间进士，累官至给事中。安禄山陷长安，迫其任职，安史之乱平定后，官至尚书右丞。晚年退居蓝田辋川别业，以弹琴、赋诗、作画、诵佛为事。

③ 岐王：李范，唐睿宗之子，封为岐王，爱好文学艺术。

④ 张九皋：张九龄之弟，曾任岭南刺史、岭南节度使等职。

⑤ 为其地：替他铺垫门路，即走后门。

京兆试官①，令以九皋为解头②。维方将应举，言于岐王，仍求庇借。岐王曰："贵主之强③，力不可争，吾为子画焉。子之旧诗清越者可录十篇，琵琶新声之怨切者可度一曲，后五日至吾。"

维即依命，如期而至。岐王谓曰："子以文士请谒贵主，何门可见哉！子能如吾之教乎？"维曰："谨奉命。"岐王乃出锦绣衣服，鲜华奇异，遣维衣之，仍令赍琵琶④，同至公主之第。岐王入曰："承贵主出内，故携酒乐奉宴。"即令张筵，诸伶旅进。维妙年洁白，风姿都美，立于行。公主顾之，谓岐王曰："斯何人哉？"答曰："知音者也。"即令独奏新曲，声调哀切，满坐动容。公主自询曰："此曲何名？"维起曰："号《郁轮袍》。"公主大奇之。岐王因曰："此生非止音律，至于词学，无出其右。"公主尤异之。则曰："子有所为文乎？"维则出献怀中诗卷呈公主。公主既读，惊骇曰："此皆儿时所诵习，常谓古人佳作，乃子之为乎？"因令更衣，升之

文书通知京兆府的考官，命令让张九皋做京兆府考试的第一名。王维也正要参试应举，把想法告诉了岐王，请求岐王给予帮助。岐王说："公主势力很大，我的力量不能和她争衡，我给你筹划这件事。把你诗中最清新激越的篇目抄录十首，把新制的琵琶曲中最哀怨、悲切的曲子挑选一曲，五天后来见我。"

王维依照岐王的指点，五天后来见岐王。岐王说："你用文士的身份进见公主，哪里会有门路见到她呢！你能按我的指点去做吗？"王维说："恭敬地听从您的吩咐。"岐王拿出锦绣的衣服，很华丽、很新奇，让王维穿上它，又让他带上琵琶，一起到公主的宅第。岐王进入公主的屋子说："幸好赶上公主从内宫出来，所以带来酒席和乐队设宴侍奉。"就命令排上宴席，各个艺人一起进入宴席。王维年少脸庞白皙，风韵姿态优美，站在艺人行列中。公主注视他，对岐王说："这一位是谁呀？"岐王回答公主说："这是通晓音律的人。"就让王维单独地献上支新曲。声调哀婉悲切，满座的人都被打动。公主亲自询问王维说："这支曲子叫什么名？"王维起身回答说："叫作《郁轮袍》。"公主对王维感到非常好奇。岐王趁势说道："这位年轻人不仅通晓音律，至于诗文，没有人能超过他。"公主对王维更加惊奇。于是就说："你身边有你所写的诗文吗？"王维就从怀中取

---

① 京兆：即京兆府，管辖京城长安地区。

② 解头：乡试的第一名为解头。又称解元。

③ 贵主：指太平公主，唐高宗与武则天之女，初嫁薛绍，后改嫁武攸暨。她与李隆基发动兵变，杀死韦后及其党羽，拥立睿宗李旦即位，朝臣多依附她，先天二年（713）被玄宗杀死。王维开元年间中进士，先天二年即开元元年，太平公主此年被杀，与王维中进士时间相近。

④ 赍（jī）：带着。

客右^①。维风流蕴借^②,语言谐戏,大为诸贵之钦瞩。岐王因曰:"若令京兆府今年得此生为解头^③,诚为国华矣。"公主乃曰:"何不遣其应举?"岐王曰:"此生不得首荐,义不就试。然已承贵主论托张九皋矣。"公主笑曰:"何预儿事,本为他人所托。"顾谓维曰:"子诚取,当为子力致焉。"维起谦谢。公主则召试官至第,遣宫婢传教^④。维遂作解头,而一举登第矣。

——《太平广记》卷一七九《集异记》

出诗卷献给公主。公主读了后,惊骇地说:"这些诗都是我小时候习诵过的,从前一直认为是古人的优秀作品,竟然是你写的呀!"于是让王维换下艺人的服装,位次升至客位之首。王维风流含蓄幽默,说出话来诙谐有趣,大大受到诸位权贵的钦佩瞩目。岐王于是说:"如果京兆府今年用这人做解头,的确可以成为国家的精英。"公主就说:"为什么不让他去应举?"岐王说:"这个年轻人如果不被推荐头名,就决不参加考试。可是听说公主已决定推荐张九皋为头名了。"公主笑着说:"哪儿干我的事,原本是受别人的请托。"回过头来对王维说:"你如果真的参加考试,我一定设法使你达到愿望。"王维起身谦逊地道谢。公主就召来主管考试的人到私宅,派宫中侍女传命令,王维于是就做了解头,并一举考中了进士。

---

① 客右:客人中最尊贵者的位置。古以右为尊。
② 蕴借:即蕴藉(jiè),(语言、文字、神情等)含蓄不显露。
③ 解头,即解元,乡试第一名的专称。
④ 教:公文的一种,公主发出的公文称教。

【唐】张固

白居易叩问长安①

一个崇尚智慧与美丽语言的时代，较之崇尚经济与财富的时代，不知哪一个更适合人性？当年年轻的白居易与名诗人顾况的一番知遇，就是智慧与诗情的一次美丽邂逅。偌大一个长安，优先给诗歌留有生存之地，今天想想，都是一种幸福。

白居易（772～846），字乐天，号香山居士、醉吟先生。唐朝新乐府诗歌运动的领袖。原籍山西太原，祖上迁下邽（今陕西渭南东北），生于郑州新郑（今河南新郑县），曾官居刑部尚书等，所以文中称"白尚书"。

白尚书应举初至京，以诗谒著作顾况②。顾睹姓名，熟视白公曰："米价方贵，居亦勿易。"乃阅卷首篇曰："离离原上草，一岁一枯荣。野火烧不尽，春风吹又生。"即嗟赏曰："道得个语，居即易矣。"因为之延誉③，声名大振。

——唐·张固《幽闲鼓吹》

尚书白居易当年应科举考试刚进京，用诗进见著作郎顾况。顾况看到白居易的姓名，仔细打量白居易说："长安的米价正贵，想居住下来也不容易呀。"于是阅读白居易呈上的书卷，第一篇写道："离离原上草，一岁一枯荣。野火烧不尽，春风吹又生。"立刻赞叹说："说得出这样的话，要居住下来就容易了。"于是为他播扬名誉，白居易的声名由此轰动京师。

---

① 标题为编者所拟。
② 谒：进见。著作：官名。
③ 延誉：播扬名誉。

【宋】沈括

诚实君子晏殊①

　　自荐、举荐之外，人才的选拔方式，从隋唐开始，最主要的还是科举考试。科举考试给中国的读书人闯开了机遇之门，让他们无论出身高低贫富贵贱，都有机会仅凭个人的才华出将入相，建功立业，这些源源不断输送到管理集团的新鲜血液，为中国社会的长期稳定发展形成了制度上的保障，也给西方社会建立文官制度作出了良好示范。后人诟病的多是科举考试的内容及具体操作的误差，而不是这种选拔人才的机制。

　　晏殊（991~1055），字同叔，临川（今江西抚州）人。他考进士时，碰见的正是自己刚刚写过的题目，这对一般应试者而言，是天上掉馅饼的事（今日的高考，老师和同学不是都以押中试题为荣吗），他居然要求重新命题。这种诚实不是愚蠢，而是自信。别人金榜题名后，是忙着雁塔题名、曲江宴饮："昔日龌龊不足夸，今朝放荡思无涯。春风得意马蹄疾，一日看尽长安花。"（孟郊《登科后》）新授官职以后，更要大大庆贺一番。而晏殊关起门来读书，他并不认为自己比别人更好学，更没有趁机抬高自己，反而老老实实向皇帝汇报：我也喜欢游玩的，只是因为自己没钱消费而已。这种诚实不是作秀，而是本色。晏殊后来官居宰相，谥元献。他还擅长小令，词风婉丽，多表现诗酒生活和悠闲情致，是北宋著名词人。无论是他的地位与词风，似乎都与上述老实本分的故事不太合拍，这就显得尤其珍贵。

　　晏元献公为童子时，张文节荐之于朝廷，召至阙下。适值御试进士②，便命公就试。公一见试题，曰："臣十日前已作此赋，有赋草尚在，乞别命题。"上极爱其不隐。

　　元献公晏殊还未成年的时候，张文节把他举荐给朝廷，受召来到皇宫里。恰好赶上皇帝主考进士（殿试），就让晏殊参加考试。晏殊一见到试题，说："我十天以前已经作过这篇赋，赋的草稿还保存着，请给我另命一个题目吧。"皇帝非常欣赏他不隐瞒。

① 标题为编者所拟。
② 阙下：宫阙之下。宫阙指皇帝起居、办公之所。御：皇帝。

及为馆职，时天下无事，许臣僚择胜燕饮①。当时侍从文馆士大夫各为燕集，以至市楼酒肆，往往皆供帐为游息之地。公是时贫甚，不能出，独家居，与昆弟讲习。一日，选东宫官，忽自中批除晏殊，执政莫喻所因②。次日进复，上谕之曰："近闻馆阁臣僚，无不嬉游燕赏，弥日继夕，唯殊杜门与兄弟读书，如此谨厚，正可为东宫官③。"

公既受命，得对，上面谕除授之意。公语言质野，则曰："臣非不乐燕游者，直以贫无可为之具④；臣若有钱亦须往，但无钱不能出耳。"上益嘉其诚实，知事君体，眷注日深。仁宗朝，卒至大用⑤。

——宋·沈括《梦溪笔谈》卷九

等到他做了馆阁的官员时，正值国泰民安，朝廷允许官员们选择好去处，聚饮行乐。当时文馆士大夫及侍从都相聚宴乐，以至市区亭楼馆阁酒店，到处都供设帷帐作为他们游乐栖止之所。晏殊这时很贫穷，不能出去玩乐交游，独居在家，和兄弟讲习学问。一天，朝廷铨选东宫（太子宫）官员，忽然从宫内批示授官晏殊。主管铨选的官员莫名其妙。第二天入宫复命，皇帝告诉他说："最近听说各馆阁的官员，没有不宴乐游赏的，夜以继日嬉戏，只有晏殊闭门和兄弟读书，如此恭敬朴厚，正可以做东宫的官。"

晏殊就接受任命，得到机会面见皇帝。皇帝当面说明授予他官职的缘由，晏殊说话朴质无华，他说："我不是不乐意宴饮游乐，只是因为贫穷没钱筹办这种事；我如果有钱也一定会去的，只是没钱不能出去罢了。"皇帝更加赞赏他的诚实，明白事君的道理，对其关怀有加。仁宗时，终于重用了他。

① 馆职：唐宋时在史馆集贤馆等处供职，都称馆职。择胜：选择风景优雅美好的去处。

② 除：任命官员。执政：主管事务的人。喻：明白。

③ 馆阁：宋代设昭文馆、史馆、集贤院，称三馆，掌图书经籍修史之事，又有秘阁、龙图阁、天章阁，主要是藏经阁、图书、历代御制典籍，统称馆阁。弥日：整天。杜门：闭门。东宫：指太子府。

④ 得对：得到回答垂询的机会。质野：质朴无华。直：只。

⑤ 卒：终。

【唐】范摅

廖有方

既然是考试，自然有人得意，有人失意，而从人数上看，失意者总是更多些。科场失利是人生一大挫折，古人编进了顺口溜。人生得意者有四种情形："久旱逢甘雨，他乡遇故知。洞房花烛夜，金榜题名时。"好事者续写了四句失意诗："寡妇携儿泣，将军被敌擒。失恩宫女面，下第举人心。"（《容斋随笔·四笔》）唐人传奇中的这一则故事，反映了落第士子的凄凉，也表现了主人公廖有方的义气，所谓"同是天涯沦落人，相逢何必曾相识"（白居易），廖有方为一个素昧平生的同道卖马瘗葬，是民间所谓"路见不平，拔刀相助"，古人把这种行为称为"义举"；行义举之人，人称"义士"。而驿站站长的行为，也属传统美德，是"知情知义、有恩必报"。

范摅，唐僖宗时吴（今江苏吴县）人，自号五云溪（即若耶溪）人。有笔记小说《云溪友议》。

廖有方，元和乙未岁，下第游蜀。至宝鸡西，适公馆，忽闻呻吟之声①。潜听而微惙也②，乃于间室之内，见一贫病儿郎。问其疾苦行止。强而对曰："辛勤数举，未偶知音。"眄睐叩头③，久而复语，唯以残骸相托，余不能言。拟求救疗，是人俄忽而逝。遂贱鬻所乘鞍马于村豪，备棺瘗之④，恨不知其姓字。苟为金门同人，归岐凄断⑤，

廖有方，在唐宪宗元和十年，考进士落榜后去游历四川。走到宝鸡的西边，住进驿站宾馆，忽然听到痛苦呻吟的声音。暗暗细听，呻吟的声音气息微弱，于是在隔壁屋子里看见一位贫病交加的年轻人。询问他有什么疾苦，从哪儿来到哪儿去，这位年轻人勉强地回答说："辛辛苦苦地参加了几次考试，却遇不到一位赏识我的人。"他用眼斜视廖有方并给他磕头，好一会儿才又对廖有方说：希望把尸骸托付给他，其他的话已经说不出来

① 元和乙未：唐宪宗元和十年（815）。宝鸡：县名，今陕西宝鸡市。适：到、住进。
② 惙（chuò）：气息微弱的样子。
③ 偶：遇，值。眄睐（miàn lài）：斜眼看。
④ 鬻（yù）：卖。瘗（yì）：掩埋。
⑤ 归岐凄断：在归家险途中凄惨地断送了性命。

复为铭曰：

　　嗟君殁世委空囊，
　　几度劳心翰墨场。
　　半面为君申一恸，
　　不知何处是家乡。

　　后，廖君自西蜀回，取东川路，至灵龛驿。驿将迎归私第，及见其妻，素衣，再拜呜咽，情不可任。徘徊设辞，有同亲懿。淹留半月，仆马皆饫①，掇熊虎之珍，极宾主之分。有方不测何缘，悚惕尤甚②。临别其妻又悲啼，赠赆缯锦一驮③，其价值数百千。驿将曰："郎君今春所葬胡绾秀才，即某妻室之季兄也。"始知亡者姓字。复叙平生之吊，所遗物终不纳焉。少妇及夫，坚意拜上。有方又曰："仆为男子，粗察古今，偶然葬一同流，不可当兹厚惠。"遂促辔而前。驿将奔骑而送，复逾一驿，尚未分离。廖君不顾其物，驿将执袂，各恨东西，物乃弃于林野。

了。廖有方想给他求医救治，可这人突然就死了。于是把自己的马匹贱卖给村中的富豪，买口棺材埋葬了他，遗憾的是还不知道此人的名姓。廖有方揣摩，他也是和自己一起求取功名又一起落第的同科举子，现在他在归途中赔上了性命，该是多么凄惨。于是又给他题写了墓志铭，铭文写道：哀叹你死了只留下一副躯壳，你曾几度在考场费尽心力去拼搏。只因你我的半面之缘替你抒写悲伤，不知哪里是你想归而没归去的家乡。

　　后来，廖有方从西蜀回来，走东川路，到灵龛驿。驿站的头目把他接到自己的家，等见到驿站头目的妻子，只见穿着丧服，她拜了两拜泣不成声，悲伤得好像支持不住了，整天不离有方左右陪伴他聊天，就和至亲一样。廖有方在此逗留了半个月，主人备办熊掌虎肉那样珍贵的食品款待他，连仆人马匹也都受到优厚的招待，极尽宾主情分。有方也揣度不出这是一种什么情分，心里很是恐惧警惕。临别之时驿站头目的妻子又悲伤地哭起来了。赠送财物缯锦一驮，价值数百千钱。驿站头目说："您今年春季埋葬的胡绾秀才，就是我妻子的小哥。"有方这才得知死者的姓名。又凭吊了一回，主人所赠财物到底还是不收。主人夫妇拜献，决意请他收下。有方又说："我是男子汉，对古今道理人情粗知一二，偶然间安葬了一位同科应举的学友，不

---

① 亲懿（yì）：至亲。饫（yù）：饱。
② 悚（sǒng）惕：心中害怕而警惕。
③ 赠赆（jìn）：赠送财物。

乡老以义事申州,州将以表奏朝廷。文武宰僚,愿识有方,共为导引。明年李逢吉知举①,有方及第,改名游卿。声动华夷,皇唐之义士也。其主驿戴克勤,堂帖本道节度,甄升至于极职②。克勤名义,与廖君同远矣。

——《云溪友议》卷九

可以受如此厚赠。"于是抖动马缰策马前行。灵虼驿头目驰马相送,又过了一驿,还没告别。廖有方看都不看一眼所赠礼物,灵虼驿的头目拉着他的衣袖执意要给他,双方都不肯留着这些东西,赠礼竟弃掷在荒野丛林。

同乡父老认为廖有方所为是仁义之举,申报到州里,州长官写表章申奏给朝廷。文武官员,宰辅大臣,都愿结识廖有方,一同向皇帝推荐。第二年李逢吉主考,廖有方中了进士,改名叫游卿。他的美名震动了全国,成了大唐的著名义士。那位灵虼驿头目戴克勤,宰相给他所居之道发出文牒,归道长官节制调度,把他选拔提升至最高职位。戴克勤的名声和节义,和廖有方同样远播。

---

① 李逢吉:字虚舟,唐朝大臣。《旧唐书》卷一六七、《新唐书》卷一七四有本传。

② 堂帖:唐宰相所下判事之书。道:古代行政区划名。唐全国分为十道。甄(zhēn)升:选拔,提升。甄,鉴别,选拔。

【明】徐渭

与马策之

　　科举制度到了明清之际，路越走越窄，当八股文盛行的时候，考试变成猫捉老鼠的游戏，一点生机丧失殆尽。真正有学问有才华的人被排斥在野，民族的活力被自我戕害，国运的衰朽则指日可待。科举的大道走不通，民间生活空间又太小，英雄少有用武之地，士子们只好纷纷走小路：有的去做了官府的幕僚，有的去人家坐馆教书、或者自己开办私塾，有的靠卖字画为生，有人回家种田，有人四处飘零。徐渭是明朝杰出的书画家、文学家，却屡举不中，终生潦倒，一直漂流在外，直到"发白齿摇"，仍然握一支秃笔，奔走千里之外去坐冷板凳，过的是寄人篱下的日子，写的是无聊的应酬文字，满腹才华，沤烂肚里，岂不叫人仰天长叹？在这封写给家乡弟子的信中，作者描绘了一个老病泪下依旧在耕田不辍的老牛形象，衰瑟悲凉，唯一令人温暖的是想起江南的春天，池塘水面菱芡清圆，竹笋新煮香气弥漫，一点自由快活何日再来？元朝散曲作家陈草庵的一声叹息，千百年来余音绕梁："晨鸡初叫，昏鸦争噪，那个不去红尘闹。路遥遥，水迢迢，功名尽在长安道。今日少年明日老。山，依旧好；人，憔悴了。"（《中吕·山坡羊·叹世》）。

　　徐渭（1521~1593），字文清、文长，号天池山人，又有田丹水、天池生、天池渔隐、青藤老人、金垒、金回山人、山阴布衣、白鹇山人、鹅鼻山侬等别号。晚年号青藤道士，或署名田水月。山阴（今浙江绍兴）人。二十岁考取山阴秀才，后来连应八次乡试都名落孙山，终身未取功名。中年任浙、闽总督幕僚军师。一度精神失常，先后九次蓄意自杀，自杀方式令人毛骨悚然：用利斧击破头颅、锤碎肾囊，"以利锥锥入两耳，深入寸许，竟不得死"。晚年专事书画诗文戏剧创作，自称"吾书第一，诗二，文三，画四"。生活穷困交加，在"几间东倒西歪屋，一个南腔北调人"的境遇中了此残生。死前身边唯有一狗相伴，床上连一铺席子都没有。徐渭的寂寞可以用他的诗作《题墨葡萄诗》来概括："半生落魄已成翁，独立书斋啸晚风。笔底明珠无处卖，闲抛闲掷野藤中。"中国古代佯狂的艺术家不少，可真如荷兰的凡·高那样，生时寂寞发疯，死后为后人顶礼膜拜的大家却屈指可数——徐渭就是这样一个惊世骇俗的一代名家。徐渭死后二十年，"公安派"领袖人物袁宏道写下《徐文长传》。其后追随者不计其数，有八大山人朱耷、甘当"青藤门下牛马走"的郑板桥，近代艺术大师齐白石则说："恨不生三百年前，为青藤磨墨理纸。"

发白齿摇矣，犹把一寸毛锥[1]，走数千里道，营营一冷炕上。此与老牿跟跄以耕、拽犁不动、而泪渍肩疮者何异[2]！噫，可悲也！每至菱笋候，必兀坐神驰，而尤摇摇者，策之之所也[3]。厨书幸为好收藏，归而尚健，当与吾子读之也[4]。

——《徐渭集》

我的头发斑白、牙齿摇落了，还仍然攥着一管毛笔奔波几千里的路程，在异境他乡的一铺冰凉的土炕上辛苦谋生。这和一头老牛磕磕绊绊东摇西晃地去耕田，拽不动犁，而悲苦的泪水顺着肩疮往下流淌那种情景有什么区别！唉，可悲啊！每当到春天菱荇长苗、竹笋上市的时节，常常一人孤独地坐着而心神早就飞回了江南。尤其使我心神摇荡的，那就是你居住的地方。希望你把我那一柜书籍收藏好，如果南归之后我身体还好，一定会同你共同读它。

---

① 一寸毛锥：指毛笔，笔头约寸把长。

② 老牿：老牛。

③ 菱笋候：指菱荇长苗、竹笋上市的春季。尤摇摇者：指心神摇荡，向往江南。策之之所：据《徐文长三集》卷七之七言律诗《马策之奉母住凤凰山下之水楼》诗题，马策之住凤凰山，在今南京附近。兀坐：孤独坐着。

④ 厨书：驿站传送之书信，即徐渭写给马策之的信。吾子：称对方。

【明】归有光

归程小记①

名落孙山之后，士子一般都灰溜溜踏上归途。如果家中有这样嘴尖舌利的妻子，有人就干脆滞留他乡不归了：话说唐人杜羔应试又不中，欲归，妻书来，是一首诗："良人的的有奇才，何事年年被放回？如今妾面羞君面，君到来时近夜来。"杜羔果然不归，幸好再试得中，否则如何是好？这时妻子的诗信又来了："长安此去无多地，郁郁葱葱佳气浮。良人得意正年少，今夜醉眠何处楼？"天亮回来不对，天黑不回来就更不对了，杜羔先生麻烦大了（宋·钱易《南部新书》）。

归有光（1506~1571），明代最出色的个性化散文家之一，著有《震川集》等。别号震川，又号项脊生，人称"震川先生"。昆山（今属江苏）人。他自从嘉靖十九年（1540）中举后，八次进京会试，全都落榜，直到60岁才得中进士。可以想见，他一次又一次铩羽而归，要心情潇洒不太容易。好在他家有贤妻，本人又有真才学，所以对落第不太在意。本文是作者《己未会试杂记》文中一段，己未即嘉靖三十八年（1559），作者已然五十四岁，第七次落第。虽然文章美名，早已流布江南，应试文章还是做不合格，眼前的"俗物"却一个个鲤鱼跳了龙门。他喜爱独行，喜爱山水，只为有一段傲骨在支撑着，敢于"不以物喜，不以己悲"。没有足够的心力，有人就选择放弃，比如宋人晁冲之的《夜行》诗："老去功名意转疏，独骑瘦马取长途。孤村到晓犹灯火，知有人家夜读书。"有人金榜题名，有人沉沦江湖，有人又在奋起，人生代代相续，又一个轮回开始……

予每北上，常翛然独往来②。一与人同，未免屈意以徇之③，殊非其性。杜子美诗："眼前无俗

每次进京会试，我总是独往独来。因为旅行也是个人的生活，如果随行结伴，总不免要迁就别人，委屈自己，这是我很不乐意的。

出发—人迹板桥霜

---

① 此则为钟叔河译述。
② 翛（xiāo）然：自然超脱貌。
③ 徇：依从。

物，多病也身轻。"子美真可语也。昨自瓜洲渡江，四顾无人，独览江山之胜，殊为快适。过浒墅，风雨萧飒如高秋[1]。西山屏列，远近掩映；凭阑眺望，亦是奇游。山不必陟乃佳也[2]。

——《震川先生别集》卷六

杜甫诗云：

眼前无俗物，多病也身轻。

宁愿生病，也不愿跟气味不相投的人搞在一起。老杜若是还在，和我倒也许会有共同的语言。

此次从瓜洲渡大江，船上未载旁人，四顾茫茫，江天尽归眼底，畅快之极。接着走运河，过浒墅关，尽管有风有雨，秋气已深，我却凭船栏饱看了太湖山色，远近高低，相映成趣。不劳腿脚，便可游山，也算不虚此行了。

---

① 浒墅：在江苏吴县西北，今称浒墅关。萧飒：同"萧瑟"，秋风声寂寞凄凉；高秋：指晚秋。

② 陟（zhì）：登。

【三国·魏】曹操

短歌行①

　　在三国首批风云人物里，只有曹操与诸葛亮有文集传世（曹丕、曹植及"建安七子"已经是晚一辈人物），其余英雄似乎更近草莽武夫。曹操当年对刘备所说的"名言"，恐怕要改为："天下英雄，唯诸葛与曹耳。"曹操诗文的大气魄是前所未有的，虽说不能以文论人，但能写出这样诗文的人，怎么也不像后世小说和戏剧中的白鼻子奸人。历史学家的评定早已与小说家言不同，曹操在乱世中收拾残局，离一统天下功亏一篑，否则史书就由他来写了。一首《短歌行》，心思却渺远得很：从人生短暂，功业未就入手，把一股苍凉之情和着酒气泼洒出来。然后化用《诗经》中的句子，不动声色地传递一点古道热肠的感觉，表示求贤若渴之意，这比刘邦的"安得猛士兮守四方"要含蓄，且平易近人——曹操可是用情歌式的抒情语句（"青青子衿"云云）来软化人的，在座的嘉宾难得无动于衷吧？然后又是：忧伤如月光拂之不去，人要念旧恩不要离心；忧思如夜间的乌鹊，拣尽寒枝不肯栖；世间有多少事情值得大干一场，我愿意废寝忘食，让天下统一。

　　曹操（155～220），即魏武帝。字孟德，小名阿瞒，谯（今安徽亳县）人。三国时政治家、军事家，诗人，又是建安时期的文坛领袖。

　　　　对酒当歌，人生几何？　譬如朝露，去日苦多。
　　　　慨当以慷，忧思难忘②。何以解忧？唯有杜康③。
　　　　青青子衿，悠悠我心④。但为君故，沉吟至今⑤。

---

① 这是用于宴会的歌辞，属《相和歌·平调曲》。

② 在慷慨豪迈的生命中，总有忧思袭来，如人生苦短、贤才难得、大志未遂等等。

③ 何以：用什么，怎么。杜康：此处是酒的代称。

④ 衿：衣领。青衿是周代学子的服装，借代手法，以衣喻人。"悠悠"，长貌，形容思念之情。以上二句用《诗经·子衿》成句，表示对贤才的思慕。

⑤ 君：指所思慕的人。沉吟：深念。

呦呦鹿鸣，食野之苹①。我有嘉宾，鼓瑟吹笙。

明明如月，何时可掇②？忧从中来，不可断绝。

越陌度阡，枉用相存③。契阔谈宴，心念旧恩④。

月明星稀，乌鹊南飞， 绕树三匝，何枝可依⑤？

山不厌高，海不厌深⑥。周公吐哺，天下归心⑦。

---

　　① 呦呦：鹿鸣声。苹：艾蒿。以下四句用《诗经·鹿鸣》成句。《鹿鸣》本是宴宾客的诗，这里借来表示招纳贤才的意思。

　　② 掇：采拾。一作"辍"，停止。明月是永不能拿掉的，它的运行也是永不能停止的，"不可掇"或"不可辍"都是比喻忧思不可断绝。

　　③ 陌、阡：田间的道路。古谚有"越陌度阡，更为客主"的话，这里用成语，言客人远道来访。枉：枉驾，劳驾。用：以。存：省视。言劳驾友人远道来会。

　　④ 契阔：契是投合，阔是疏远，这里是偏义复词，偏用契字的意义。"契阔谈宴"就是说两情契合，在一处谈心宴饮。旧恩：往日的情谊。

　　⑤ 匝：周围。乌鹊无依似喻人民流亡。也可理解为天下未定，作者忧思难安。

　　⑥ 比喻贤才多多益善。

　　⑦ 吐哺：周公曾自谓："一沐三捉发，一饭三吐哺，起以待士，犹恐失天下之贤人。"（《史记·鲁周公世家》）"哺"，口中咀嚼着的食物。篇末引周公自比，说明求贤建业的心思。

【唐】王翰

凉州词①

　　一代代热血男儿，龙腾虎跃，建功立业。"了却君王天下事，赢得生前身后名，可怜白发生！"（宋·辛弃疾《破阵子》）宋代国势柔靡，诗人难得雄起。唐人就不同了，以强大国家为背景，吼出来的战地曲都是中气十足的，这种慷慨赴死的英雄壮歌，糅合着赴沙场如往醉乡的自嘲，这是一首只可能出现在唐朝的诗篇。当代诗人绿原的妙译准确传达了这种神韵："酒，酒，葡萄酒！杯，杯，夜光杯！杯满酒香让人饮个醉！饮呀，饮个醉——管它马上琵琶狂拨把人催！要催你尽催，想醉我且醉；醉了，醉了，我且枕戈睡。醉睡沙场，谁解个中味？古来征夫战士几个活着回？"

　　王翰（687~？），字子羽，并州（今山西太原）人。唐景云元年（710）进士。性豪迈，喜纵酒，盛唐诗人，诗情慷慨。

　　　　葡萄美酒夜光杯②，欲饮琵琶马上催③。
　　　　醉卧沙场君莫笑，　古来征战几人回。

---

　　① 凉州，在今甘肃武威。

　　② 葡萄酒与传说中的夜光杯皆产于西域，用这两个物象开篇，边塞风情扑面而来。

　　③ 美酒醉人，琵琶催人。"醉"是美好生活的享受，"催"是建功立业的慷慨。出征的军士，在这欲往还留的矛盾激情中，吼出了"醉卧沙场"的悲凉与豪放兼容的壮语、谐语。

【汉】龚遂

谕渤海吏民

　　"治国平天下"，说起来是很大一件事，做起来也就是一件件小事，许多于国于民有益的小事，累积起来，就是在"治国平天下"。尤其在和平年月——以往我们学历史，注重的总是朝代更替，战争事变似乎成了历史的主角，其实，从时间上计算，任何国家、任何朝代，它的和平岁月总是比战争年月要漫长得多，那些"平安无事"的岁月中的凡人小事，才是历史的真正主角。

　　这是汉代渤海太守龚遂告谕官民的一封信，要求民众卖掉刀剑，买回牛犊，化剑为犁，勤力农耕。一个地方官只要有所作为，总会给当地留下福祉，龚遂的告示就有移风易俗、发展民生的作用。

　　龚遂，字少卿，平阳（今山东邹县）人，生卒年不详。汉宣帝时任渤海太守。《汉书》说他"为人忠厚刚毅，有大节"，是"循吏"典范。

農桑衣食之源，而農為尤重。太守至郡，民有帶持刀劍，而家無畜牧者，是帶牛佩犢也。其賣劍買牛，賣刀買犢，以副太守之望，毋忽①。

　　种地养蚕是衣食的来源，而种地是尤其重要的。我到渤海做太守，见到有的百姓带刀持剑，而家中却没有耕地的牲畜，这等于佩带的是耕牛和牛犊啊。希望你们卖掉佩剑买头耕牛，卖掉佩刀买头牛犊，以实现我这个太守的愿望，请不要不放在心上。

---

① 副：合乎，符合。忽：不注意，不在意。

【清】柯劭忞

遵义丝绸的由来

为官一任，造福一方。古代多有这样的贤良官员。这位遵义知府下车伊始，就发现了一个让贫困庶民解困的办法，他眼中的树木，不是风景，全是救命树。相反的官员，老百姓已经准备好骂词等着："上任时惊天动地，上任后昏天黑地，下台时寞天寂地。"（明谣谚）

柯劭忞（1850~1933），近代著名史学家。总纂《清史稿》。独力编修《新元史》，列为正史之一，与二十四史合称二十五史。

德荣在贵州兴蚕桑，为百世之利。时遵义知府陈玉璂①，山东历城人，到郡见多檞树，土人取为薪炭。玉璂曰："此青莱树也，吾得以富吾民矣。"乃购历城山蚕种，兼以蚕师来，试育五年，而蚕大熟，获茧八百万②，自是遵绸之名大著。

——《清史稿·循吏二·陈德荣附陈玉璂传》

陈德荣在贵州大力兴办蚕桑事业，泽被后世。当时的遵义知府陈玉璂是山东历城人，一到遵义看到许多檞树，当地居民砍伐它当柴烧。陈玉璂说："这是青莱树，我能用它来使我的百姓致富了。"于是从山东的历城购来蚕种，又带来了养蚕的技术员，试验培育了五年，而蚕终于大获丰收，收获蚕茧八百万斤，从此遵义丝绸大大有名。

---

① 璂（diàn）：玉色。此处用于人名。
② 八百万：指八百万斤蚕茧。

【宋】魏泰

二升米一条命①

　　用二升米就能挽救一条小生命,在饥荒年月,成本低,效率高,可是并不是每个官员都能做到的,否则历史上就不会有那么多饿殍千里的惨况出现。这里需要为官的良心,还需要行政的智慧。在天灾饥馑年头,官府的一般做法是开仓救赈,在闹市街头架一口大锅,煮一点救命粥之类。如果文中的刘彝也这么做,是完全符合规范的,向上申报也少不了一条业绩,可是,这种通常的做法并不能救活眼前的弃儿,所以需要变通,需要智慧,需要真正"救民于水火"。从广告、给米,到每月验看,赣州知府的做法非常到位。后蜀国君孟昶曾有一篇告诫全国官员的《颁令箴》,被宋太宗赵炅选出四句,刻成碑文,颁给全国各郡县,立在每个官衙厅堂的南面,每天告诫做官者:百姓是天下的父母。这就是"戒石铭",四句原文是这样的:"尔俸尔禄,民脂民膏;下民易虐,上天难欺。"(宋·洪迈《容斋随笔》)共产党提倡的"为人民服务",西方提倡的为选民、为纳税人服务,与古人的用意一脉相通。

　　魏泰,北宋学者,著有《临汉隐居诗话》《东轩笔录》。

　　刘彝所至多善政。其知虔州也②,会江西饥歉,民多弃子于道上。彝揭榜通衢③,召人收养,日给广惠仓米二升,每月一次,抱至官中看视。又推行于县镇。细民利二升之给,皆为子养,故一境凡弃子无夭阏者④。

　　——《东轩笔录》卷九

　　刘彝所到任所,都施行许多好的政策。当他做虔州知府时,正赶上江西年成歉收闹饥荒,许多百姓把自己的子女抛弃在道上。刘彝在大道上张榜,号召人们收养那些弃儿,每天从广惠仓出二升米供给收养弃儿的人;收养弃儿的人每月要抱弃儿到官府验视一次。又把此法推广到县镇。小民贪图官仓一日供给二升米的便宜,都把弃儿当亲生孩子养,所以全境所有的弃儿没有夭折的。

---

① 标题为编者所拟。

② 知:做州府的长官。虔州,今江西赣州。

③ 衢:大道。

④ 夭阏(è):夭折;阏,阻塞。受阻折而中断,指夭折。

【宋】洪迈

温公客位榜

官家的门总是比民家的门要阔大得多，而且官越高、门越大，因为求情送礼的人数与官员的权力大小成正比。做了宰相的司马光，却偏偏要把门"做小"：在客厅贴一张"来宾须知"，把所有"公事"拒之门外。公事自有办公事的地方，那就是朝廷、官衙。而私人住宅，一概不受理公事，这是本人过私生活的地方，请勿打扰。

洪迈（1123～1202），字景庐，别号野处。饶州鄱阳（今江西波阳县）人。绍兴十五年（1145）进士。学识博洽，著述繁富。《容斋随笔》是一部广涉历史、文学、哲学、艺术等方面的随笔集。《四库全书总目提要》称："南宋说部当以此为首。"

司马温公作相日，亲书榜稿揭于客位①，曰："访及诸君，若睹朝政阙遗，庶民疾苦②，欲进忠言者，请以奏牍闻于朝廷③，光得与同僚商议，择可行者进呈，取旨行之。若但以私书宠谕，终无所益。若光身有过失，欲赐规正，即以通封书简分付吏人，令传入，光得内自省讼④，佩服改行⑤。至于整会官职差遣、理雪罪名，凡干身计，并请一面进状，光得与朝省众官

北宋司马光担任宰相的时候，亲手写了一张告示张挂在客位上，告示中写道：

"来造访的各位，如果看到朝政有什么缺漏疏失，百姓疾苦，想进忠言的，请用奏章上奏给朝廷，我一定能和同僚们研究商量，挑选出可以实行的意见进呈皇帝，得到皇帝的批示加以推行。如蒙错爱只是以私人书信的方式晓谕我，终究无所补益。如果我自身有什么过错失误，想给予我规箴教正，就请用加封的书信分交给衙属官吏，让他们传入内衙，我一定会反躬自省，检讨

---

① 温公：司马光（1019～1086），字君实，号迂叟，北宋陕州夏县涑水乡（今山西夏县）人，世称涑水先生，官居宰相，身后追赠太师，封温国公，谥文正。撰史学巨著《资治通鉴》。榜稿：匾额字幅。

② 阙遗：阙通"缺"。缺漏、遗漏。庶（shù）民：百姓。

③ 奏牍：书写奏记的木简。

④ 通封：全部加封。省讼：检查反省责备。

⑤ 佩服：古代把饰物结在身上成为衣服的一部分，后指铭记于心的意思。

公议施行①。若在私第垂访，不请语及。某再拜咨白②。"乾道九年，公之曾孙伋出镇广州，道过赣，获观之。

——《容斋随笔》

自责，永远放在心上改正过错。至于事涉统一任免派遣官员、审理洗雪罪名，凡关系到人身进退的大事，请一律向朝廷进奏状，我一定会同朝廷及下设衙署的官吏共同讨论施行。如果光顾我私宅造访，请不提及此类事情。司马光恭敬地告启。"

乾道九年（1173），司马光的曾孙司马伋从京城去镇守广州，途经赣州，我得以阅读了这幅"来宾须知"。

① 朝省：朝廷和各官署。
② 咨白：咨通"兹"，这；白，禀告，陈述。

【宋】欧阳修

吕蒙正的脸①

岳飞有一句名言："文官不爱钱，武官不惜死，则天下太平。"清廉，是官员品德自律的底线。因为是道德自律，相应的法律制度又不配套，所以清官难得。明朝的海瑞去世时，别人收拾遗物，发现他的"宦囊"中只有"俸金八两，葛布一端（二丈），旧衣数件而已"。时人对他的评价是："不怕死，不爱钱，不立党。"（明周晖《金陵琐事》）百姓称他"海青天"，为官者公正无私，百姓才能拨云看日头、抬头见青天。春秋战国时期，有人给宋国的国防部长（司马）子罕送上一块宝玉，子罕的回答已经成为名言："我以不贪为宝，尔以玉为宝，若以与我，皆丧宝也，不若人有其宝。"（《左传·襄公十五年》）古人把品德看得比财宝更贵重。这一回，又有人送铜镜了，据说能照二百里，莫非是"照妖镜"？宋朝宰相吕蒙正，除了有机会展示自己的廉洁，还显示出幽默大度：我的脸不够大，用不着这么神气的玩意。读书人做了官，经常用平常心照照自己的脸，是有好处的。

欧阳修（1007~1072），字永叔，号醉翁、六一居士，吉州庐陵（今江西吉安）人。北宋古文运动的倡导者和领袖。

吕文穆公以宽厚为宰相，太宗尤所眷遇。有一朝士家藏古鉴②，自言能照二百里，欲因公弟献以求知。其弟伺间从容言之③，公笑曰："吾面不过碟子大，安用照二百里？"其弟遂不复敢言。闻者叹服。

——《归田录》卷二

吕蒙正以宽宏厚道的品格担任宰相的官职。皇帝宋太宗非常爱重他。朝中一位官员家收藏一面古镜，自称这面镜子能照见二百里之内的物像，他想借重吕蒙正的弟弟献给吕蒙正以求结识。吕蒙正弟弟找个机会把此事随意地告诉了哥哥。吕蒙正笑道："我的脸还没有一只碟子那么大，哪里用得着能照二百里的镜子？"宰相的弟弟不敢再提此事。听过这个掌故的人，都赞叹钦佩宰相的清廉。

---

① 标题为编者所拟。吕蒙正（944~1011），北宋河南洛阳人，太宗、真宗时三度为相，以敢言著称。谥文穆。

② 鉴：镜子。

③ 伺间：瞅机会。

【清】梁绍壬

韩公帕苏公笠①

　　韩愈因进谏反对迎佛骨，被贬为潮州刺史，潮州本地的文化因此而发达。苏轼的诗歌被人挑刺，所作诏令被诬"讥斥先朝"，贬官惠州，后人诗云："一自坡公谪南海，天下不敢轻惠州。"一个人杰所到之处，总是洒下一路芬芳。至于潮州的帕子、惠州的斗笠，未必是二公发明，不过土人缅怀先哲而已。看来，治国平天下，跟权力大小也不一定有关系。

　　梁绍壬，清代学者，钱塘人，著有《两般秋雨庵随笔》。

　　广东潮州妇女出行②，则以皂布丈余蒙头③，自首以下，双垂至膝，时或两手翕张其布以视人④，状甚可怖，名曰"韩公帕"。昌黎遗制也⑤。惠州、嘉应妇女多戴笠⑥，笠周围缀以绸帛，以遮风日，名曰"苏公笠"，眉山遗制也⑦。二物甚韵。

——《两般秋雨庵随笔》

　　广东潮州的妇女出门走路，就用丈余黑布蒙头，从头而下，两端下垂到膝部，时不时用两手开合蒙头布看人，样子很可怕，叫做"韩公帕"，是韩愈遗留后世的服饰制度。惠州、嘉应的许多妇女戴竹笠，竹笠周檐用帛装饰，用来蔽日挡风，名叫"苏公笠"，这是苏轼遗留后世的服饰制度。这两种饰物十分有韵味。

---

① 韩公，韩愈；苏公，苏东坡。
② 潮州：即潮州府，在今广东潮安县。
③ 皂布：黑布。皂：黑色。
④ 翕（xī）张：合起张开。翕，取、合。
⑤ 昌黎：即唐代文学家韩愈。韩愈，字退之，河南河阳（今河南孟县）人，但因昌黎是韩姓的郡望，他每自称"昌黎韩愈"。故后人也有称其为"昌黎"。
⑥ 惠州：惠州府，在今广东惠州市。嘉应：嘉应州，治所在今广东梅县。
⑦ 眉山：宋代文学家苏轼。苏轼，字子瞻，自号东坡居士，四川眉山人。

【宋】柳永

鹤冲天·黄金榜上①

子曰："三军可夺帅也，匹夫不可夺志也。"以"白衣卿相"（一品老百姓）自许的柳三变，原本也是想穿锦袍佩玉带的，可是仕途坎坷，屡试不第，写下这首《鹤冲天》自嘲。当朝皇帝宋仁宗认为他"好为淫冶讴歌之曲"，看不惯这位"青春偶像派"流行歌曲大师，便在进士考试中将他排除，并揶揄说：你柳永不是要"忍把浮名，换了浅斟低唱"吗？那就"且去浅斟低唱，何要浮名？"被皇帝开了个玩笑的柳永，顺势也给皇帝开了个玩笑，干脆打出招牌，用皇帝做广告："奉旨填词柳三变"（吴曾《能改斋漫录》、胡仔《苕溪渔隐丛话》）。广告效用不知是否真有效，柳永的通俗歌曲（宋词都配曲可唱，作词叫"填词"，柳永擅长自己作曲填词）倒真的流传天下，人称"凡有井水处，皆歌柳词"（南宋叶梦得《避暑录话》），也就是无人不会的意思。

柳永（987？～1055？），字耆卿，初号三变。排行第七，又称柳七。祖籍河东（今属山西），后移居崇安（今属福建）。景祐元年（1034）约五十岁才中进士，官至屯田员外郎，故世称柳屯田。宋词婉约派大师，有《乐章集》。

黄金榜上，偶失龙头望②。明代暂遗贤，如何向③。未遂风云便，争不恣狂荡，何须论得丧④。才子词人，自是白衣卿相⑤。　　烟花巷陌，依约丹青屏障⑥。幸有意中人，堪寻访。且恁偎红倚翠，风流事，平生畅⑦。青春都一饷，忍把浮名，换了浅斟低唱⑧。

---

① 鹤冲天：喜迁莺别名鹤冲天，与此调字句悬殊，或是柳永"因旧曲创新声"的创制。

② 黄金榜：指科举应试考中者的题名榜。偶失：偶然失去。龙头：指状元。

③ 明代：圣明时代。暂：偶尔、碰巧。遗贤：未被起用的人才。如何向：如何是好。

④ "未遂"二句：没能顺利实现风云之志，怎不恣意放纵？得丧（sàng）：得失。

⑤ 白衣：古代未做官的人穿白衣，犹后世称布衣。卿相：古代高级官员。白衣卿相，自封为"一品老百姓"。

⑥ 烟花巷陌：指妓女集中的地区。丹青屏障：绘有图画的屏风。

⑦ 且恁（nèn）：就这样。

⑧ 一饷（shǎng）：一会儿，短暂。句意：青春只是短暂片刻时光，干脆将虚名换成游戏歌唱。这里是心有不甘，故作潇洒。

【清】徐珂

蒲松龄写《聊斋》①

　　蒲松龄（1640~1715），字留仙，一字剑臣，号柳泉居士，世称聊斋先生，淄川（今山东淄博市）人。出身商人家庭，早岁即有文名，"观书如月，运笔成风"，19岁初应童子试，以县、府、道三个第一名补博士弟子员，一时文名鹊起，但此后屡试不第，直到71岁高龄，才援例成为贡生。提起科举，蒲松龄就恨得牙痒痒："天孙老矣，颠倒了天下几多杰士。蕊宫榜放，直教那抱玉下和哭死！……每每顾影自悲，可怜肮脏骨销磨如此！……数卷残书，半窗寒烛，冷落荒斋里。"（《大江东去·寄王如水》）一生蜗居乡村，长期穷愁潦倒，以教书糊口。如果他从此一生潦倒沉沦，最多不过在众多的牢骚文人堆中再增添无足轻重的一员。蒲松龄没有这样，他另辟蹊径，捕捉到一线生机，进而扩大为一个崭新世界，这就是穷其一生创作《聊斋志异》，"集腋为裘，妄续幽冥之录；浮白载笔，仅成孤愤之书。寄托如此，亦足悲矣！嗟乎！惊霜寒雀，抱树无温；吊月秋虫，偎阑自热。知我者，其在青林黑塞间乎！"（《聊斋自志》）他的知音，就在后世人间："写鬼写妖高人一等，刺贪刺虐入骨三分"（郭沫若）；"鬼狐有性格，笑骂成文章"（老舍）；"岂有真鬼狐，前贤形此箴世；安得装妖冶，后代剥它画皮"（吴作人）。

　　徐珂（1869~1928），字仲可，号纯飞馆主人。浙江杭州人。清光绪间举人，曾任（上海）商务印书馆编辑，编成《清稗类钞》一书。

　　蒲留仙先生《聊斋志异》，用笔精简，寓意处全无迹相，盖脱胎于诸子，非仅抗手于左史、龙门也②。

　　蒲松龄先生所著的《聊斋志异》，笔法精炼简括，文中蕴含深义之处全然不露痕迹。原来其笔法是从诸子著作中借鉴来的，不弱于《左传》作者左丘明及《史记》作者司马迁。

---

　　① 标题为编者所拟。

　　② 左史：即《左传》。龙门：《史记·太史公自序》："迁生于龙门，耕牧河山之阳。"后因以龙门为司马迁的别称。这里指马迁的《史记》。

书生意气

相传先生居乡里，落拓无偶①，性尤怪僻。为村中童子师，食贫自给，不求于人。作此书时，每临晨携一大瓷罂②，中存苦茗③，具淡巴菇一包④，置行人大道旁，下陈芦衬，坐于上，烟茗置身畔。见行者过，必强执与语，搜奇说异，随人所知。渴则饮以茗，或奉以烟，必令畅谈乃已。偶闻一事，归而粉饰之，如是二十余寒暑，此书方告葳⑤，故笔法超绝。

——《清稗类钞》

相传蒲松龄住在老家，穷困潦倒，没有志同道合者，性情特别怪僻，给村中孩子们当老师，缺衣少食，自己养活自己不求助于他人。写作《聊斋志异》时，一清早就携带一小口大肚罐子，里边盛满苦茶，备上一包烟草，放在人行大道旁，地上铺一块芦席，坐在上边，再把烟茶摆放身边。见到走路的人经过，一定硬拉住人家跟他说话，搜集奇异鬼怪的故事，听任客人尽兴讲述见闻。客人讲渴了，他就给客人茶喝，或者给人烟吸，一定使客人尽情讲完才作罢。偶尔听到一件事情，回到家加以润色，像这样坚持做了二十几年，这本书才告成功，所以其笔法超乎一般。

---

① 落拓：穷困失意，景况零落。

② 罂（yīng）：盛酒器，小口大腹。

③ 茗：茶。

④ 淡巴菇：烟草。

⑤ 葳（chǎn）：完成。

【明】支大纶

示 儿

　　明代史学家支大纶的诫子书，连说了五个"硬"，希望儿子炼一身硬骨头，成为有正气、有骨气的大丈夫。在权贵面前，脚不硬就会卑躬屈膝；在廉政机关任职，嘴不硬就不敢揭露黑幕；做史官，手不硬就不能秉笔直书；听到谗言，心不硬就会乱了方寸；面对诽谤，耳不硬就会成为小人的武器。

　　丈夫遇权门须脚硬，在谏垣须口硬①，入史局须手硬②，值肤受之愬须心硬③，浸润之谮须耳硬④。

　　　　——《赖古堂名贤尺牍新钞》

　　大丈夫遇到豪强权贵，要脚有根基，不可卑躬屈膝；在谏官署衙就职，要履行谏官的职责，仗义执言，不可投间逢迎；进入官修史书的部门，手腕要拿稳，秉笔直书；受到切肤之痛的诽谤攻击，要信心坚定，不能畏惧退避；对专事中伤他人的诬陷之词，耳根要硬，不可人云亦云。

---

① 谏垣：谏官的署衙。
② 史局：史馆，官修史书的机构。
③ 愬(sù)：同"诉"，诽谤。
④ 谮(zèn)：说坏话诬陷别人。

【明】袁宏道

与聂化南

做官不自在，何必尸位素餐？把乌纱帽扔给戏子，将官袍改做裙裤，"安能摧眉折腰事权贵，使我不得开心颜！"（李白）袁宏道这样劝别人，自己也的确多次自动辞官，做平民游。

袁宏道（1568~1610），字中郎、无学，号石公。荆州公安（今属湖北）人。与兄宗道、弟中道并称"公安三袁"。作文提倡"性灵"。

丈口碑在民①，公论在上，些小触忤，何足芥蒂②！且丈夫各行其志耳。乌纱掷与优人③，青袍改作裙裤，角带毁为粪箕④，但辨此心，天下事何不可为？安能俯首低眉，向人觅颜色哉！丈负大有用之姿，具大有为之才，小小嫌疑⑤，如洪炉上一点雪耳。无为祸始，无为福先，无为名尸⑥。珍重！

——《袁宏道集笺注》

您老人家在民众中口碑甚佳，皇天对您自有公正的评价，一点点小的拂逆不顺，哪值得心存芥蒂！况且大丈夫处世，只不过各行其志罢了。头上的乌纱抛给戏子去做行头道具，剪开官袍裁成裙裤，腰间的玉带毁作粪箕，只要心中明晰这种人生信条，天下什么事不能做？怎能俯首低眉侍奉他人、向人讨脸色看呢？您老人家颇有大家风范，具有经纶治世的才具，所遭际的一点点嫌怨，不过如同落在洪炉上的雪片一样，立刻销铄无存。不要做引起祸端之事，不要争先去抢占好处，更用不着做浮名的奴隶。请多多珍重。

① 丈：对长者尊称。
② 芥蒂：细小的梗塞物。比喻积在心中的怨恨或不快。
③ 优人：唱戏的人。
④ 粪箕：盛垃圾的器具。
⑤ 嫌疑：因事牵连而被怀疑。
⑥ 名尸：指尸位素餐、行尸走肉，占着官位不做事。

【明】王思任

让马瑶草①

　　韩愈说："大凡物不得其平则鸣。"不平则鸣，正是书生本色。明末，李自成攻陷北京，清兵入关，国势已衰，大厦将倾。权贵马士英与阮大铖专权，无心收拾残局，有力镇压民心，一点复国的希望眼见熄灭。清顺治二年（1645）五月，南京破，马士英奉太妃入浙，王思任上疏怒斥马士英祸国殃民，请立斩其头，传示各省。清军逼杭州，马士英欲渡江入越，王思任发布公开信，劝他"自刎以谢天下"。如果怕死，就把权力交付清正大臣。这些都做不到，如果你想逍遥江湖，污染山水，我告诉你：我们古越国从来就是报仇雪耻的国度，不会做藏垢纳污的地方。水神山鬼都会拒绝你的足迹踏进一步。绍兴失守，王思任走避乡村，不入城、不剃发，绝食而亡，时年七十二岁。

　　王思任（1575~1646），字季重，号谑庵，山阴（今浙江绍兴）人。二十岁中进士，一生三仕三黜。曾三次出任知县，担任过刑部及工部主事、礼部尚书等职。有《王季重十种》。

　　阁下文采风流，吾素景慕。当国破众疑之际，拥立新君，以定时局，以为古之郭汾阳、今之于少保也②。然而一立之后，阁下辄骄气满腹，政本自由，兵权独握，从不讲战守之事，而但知贪黩之谋。酒色逢君，门墙固党，以致人心解体，士气不扬。叛兵至则束手无措，强敌来而先期以走。致令乘舆

　　你满腹才华英俊特出，向来为我景仰倾慕。当国家破亡民众迷惑之时，你在南京拥立福王，而稳定了时局，心下认为您可以同建立定国安邦卓越功勋的唐代的郭子仪、当代的于谦相提并论。可是策立福王之后，你就满肚子的骄气，大政方针都由你出，独揽兵权，从来不讲御敌复国之事，而只知道做贪鄙污浊的打算，用酒色来邀宠，结党营私，壁垒森严，使人心涣散瓦解，士兵的斗志萎靡不

　　① 让：以词相责。马瑶草：马士英，字瑶草。李自成攻陷北京后，于南京拥立福王，任东阁大学士、太保，与阮大铖相勾结，专事报复复社诸君子。清兵破南京后，逃往浙江，被杀。

　　② 郭汾阳：即唐郭子仪，曾封汾阳王。于少保：即明于谦，封少保。

迁播①，社稷邱墟。阁下谋国至此，即喙长三尺②，亦何以自解也？

以职上计：莫若明水一盂，自刎以谢天下③，则忠愤节义之士，尚尔相原。若但求全首领④，亦当立解枢柄，授之才能清正大臣，以召英雄豪杰，呼号惕厉⑤，犹当幸望中兴。如或逍遥湖上，潦倒烟霞，仍效贾似道之故辙⑥，千古笑齿已经冷绝。再不然如伯嚭渡江⑦，吾越乃报仇雪耻之国，非藏垢纳污之地也。职当先赴胥涛，乞素车白马⑧，以拒阁下。

此书出，触怒阁下，祸且不测，职愿引颈以待钼麑⑨。

——《王季重十种》

振。叛军攻来你束手无策，强敌攻来你提前逃跑。以至使国君流落奔逃，国家社稷变成一片废墟。阁下管理国家弄到这个地步，即使你长三尺长的鸟嘴，你又怎么能为自己开脱呢？

依我上策，不如准备下自祭的一盆净水，抹脖子向天下人谢罪，那么心怀忠愤节义的人们，或许还能原谅你。如果只求保住脑袋，也应立刻撒手权柄，把权交给有才能的清廉正义的大臣，来召集英雄豪杰，呐喊时局的危机，还可侥幸期望国运中兴。假如你逍遥遁迹江湖之上，潦倒于山光水色之间，重蹈南宋末年权相贾似道的覆辙，必将贻笑千古，令人齿冷之极。再不，你就像春秋时的伯嚭一样，渡江弃楚逃吴，那么我越国是一个报仇雪耻之邦，而不是藏污纳垢的所在，我一定先赴钱塘潮中，求乞来素车白马，抵御阁下。

这信发出，触怒了你，将有不测之祸，我愿伸着脖颈等待你的刺客。

---

① 乘舆（yú）：皇帝所乘车，此用以指代皇帝。迁播：流落奔逃。

② 喙：嘴，鸟嘴。

③ 明水：净水。自刎：自杀。刎，用刀割脖子。

④ 首领：头和颈。

⑤ 惕厉：警惕，戒惧。亦作"惕励"。

⑥ 贾似道：南宁末权相。

⑦ 伯嚭（pǐ）：春秋时吴王夫差的太宰，从楚国逃至吴国，弄权误国，导致吴国灭亡。

⑧ 胥涛：指钱塘江涛。相传伍子胥死后为钱塘潮神，故称。素车白马：古时用于凶丧之事。

⑨ 钼麑（chú ní）：春秋时欲刺杀晋国大夫赵盾的刺客，此泛指刺客。

【宋】司马光等

史书的威力①（3则）

中国素称"历史大国"，一则历史悠久，二则史籍丰富，三则有纯洁的史官传统。史官的职责就是忠实记录事实，而统治者的脾性是愿意随心所欲捏造历史的，因此，史官是个危险的职业。许多人为了记录事实，入狱、受刑、被杀头、家破人亡，然而，一代代史官自觉维护着职业的尊严、历史的尊严，依旧忠实地记、忠实地写。统治者终究害怕了，他们不是怕小小的史官，他们在位时可以为所欲为，可是他们活不过时间，胜不了历史，灭不掉文字。他们有所顾忌，他们心虚，这是文字狱、杀头、灭族也灭不掉的恐惧。他们害怕文字的威力，历史的威力，时间的威力，这是天威集权也压服不了的威力。史书，有一个特别的空间——留待后人看！千秋评论，盖棺论定。"藏至名山，传之后世。"司马迁底气在焉。文字，有一种亦静亦动的力量——看似沉默，却永远出声；看似说话，但书者沉默。

唐太宗李世民是少有的开明君主，他有明晰的历史感觉，明白自己是活在历史中的，所以他与历史合作，端正自己的行为，以便在历史上留个好名声。桓温是东晋大臣，人还有情趣，曾发出过著名的感叹："木犹如此，人何以堪。"他又有篡位的野心，虽然没有实施，但对历史的敏感还是比一般人强，所以在乎一场战事的记录，恐吓要杀人。宋太祖赵匡胤是武夫出身，墨水不多，他随手一斧柄就打落大臣的两个牙齿，当大臣提到史官会记录时，"上悦，赐金帛。"司马光肯定搞错了，或者不敢直接揭当今皇帝祖宗的丑，用了"曲笔"，事实应该是："上惧，赐金帛。"

司马光（1019～1083），字君实，陕州夏县（今山西闻喜县）涑水乡人，世称"涑水先生"。宋仁宗宝元元年（1038）进士。用15年时间主编历史巨著《资治通鉴》。《涑水纪闻》是他的随笔集。

---

① 大小标题均为编者所拟。

天子不观史

（褚遂良）迁谏议大夫，兼知起居事①。帝曰："卿记起居，大抵人君得观之否？"对曰："今之起居，古左、右史也②，善恶必记，戒人主不为非法，未闻天子自观史也。"帝曰："朕有不善，卿必记邪？"对曰："守道不如守官③，臣职载笔，君举必书。"刘洎曰④："使遂良不记，天下之人亦记之矣。"帝曰："朕行有三：一，监前代成败，以为元龟⑤；二，进善人，共成政道；三，斥远群小，不受谗言。朕能守而勿失，亦欲史氏不能书吾恶也。"

——宋·欧阳修《新唐书·褚遂良传》

褚遂良官升谏议大夫，兼管记录皇帝起居生活琐事。唐太宗说："你记录我起居生活事务，一般地说当皇帝的可不可以阅览？"褚遂良回答说："现今记皇帝起居的官员就是古代周朝的左史官和右史官，皇帝的好坏言行都必须记，以警戒天子不做非法的事，没听说天子可以亲自阅览自己史记的。"唐太宗说："我有不好之处，你也非记不可吗？"回答说："坚持正道，莫过于恪守职责，我的职责就是秉笔直书，你的举止作为一定要记。"刘洎说："即使褚遂良不记皇帝的言行，天下的百姓也会记录的。"唐太宗说："我所作所为有三条原则：一是弄清前代成功失败的经验教训，作为我的借鉴；二是选拔任用品质优良的人，和我共同治理好国家；三是斥退远离小人，不听谗言。我能坚守这三条原则不出现差错，也就是希望我没有恶行可以让史官记录啊。"

秉笔直书难

（孙盛）著《魏氏春秋》《晋阳秋》，并造诗赋论难复数十篇。《晋阳秋》词直而理正，咸称良史焉。既而桓温见之，怒谓盛子曰："枋头诚为失利⑥，何至乃如尊君所说！若此史遂行，自是关君门户

孙盛著《魏氏春秋》《晋阳秋》，并且又写作诗赋论辩文章几十篇。史作《晋阳秋》语言正直，持理公平，人们都称赞它是优秀的史书。不久，桓温读了《晋阳秋》，怒冲冲地对孙盛的儿子说："我在枋头一战中确实失利了，但哪至于像你父亲所记的那样！如果

---

① 知起居事：掌管记录帝王言行的官。

② 左右史：周代设有左史官、右史官。左史官记行动，右史官记语言。一说左史记语言、右史记行事。《周礼春官》有大史、内史，大史即左史、内史即右史。后世称掌管皇帝言行的人为起居。隋设起居舍人，唐增设起居郎。

③ 守道不如守官：坚持正道莫过于恪守职责。

④ 刘洎（jì）：唐太宗朝官至侍中。

⑤ 监（jiàn）：通"鉴"，借鉴，弄清，明察。元龟：可为借鉴的往事。

⑥ 公元369年，桓温北伐前燕，进至枋头（今河南浚县西南），因粮草不继而败退。

事。"其子遽拜谢，谓请删改之。时盛年老还家，性方严有轨宪，虽子孙班白，而庭训愈峻。至此，诸子乃共号泣稽颡①，请为百口切计。盛大怒。诸子遂尔改之。盛写两定本，寄于慕容儁②。

——唐·房玄龄《晋书·孙盛传》

自有史官书之

太祖尝弹雀于后园，有群臣称有急事请见，太祖亟见之，其所奏乃常事耳。上怒，诘其故，对曰："臣以为尚急于弹雀。"上愈怒。举柱斧柄撞其口，堕两齿，其人徐俯拾齿置怀中。上骂曰："汝怀齿欲讼我邪？"对曰："臣不能讼陛下，自当有史官书之。"上悦，赐金帛慰劳之。

——宋·司马光《涑水纪闻》

此书流传开来，当然会是你家灭族的大事。"孙盛的儿子赶紧下拜谢罪，说回去请求父亲删改《晋阳秋》。当时孙盛已告老还乡，他的性格方正严格，一言一行都有规矩，虽然他的子孙们头发斑白，可是家教更加严厉。事到如此地步，儿子们只得一起哭号着下跪磕头，请求老父为家中老少百余口人的生命考虑。孙盛勃然大怒。儿子们终于还是删改了此书。孙盛写成了两份定稿，寄送给前燕王慕容儁。

091

宋太祖赵匡胤在御花园中用弹子打鸟雀，有位大臣声言有紧急的事请求见皇帝。等太祖赶快召见他，他所奏的事竟不过是平常的事而已。太祖发怒，责问他（大臣）为什么谎称有急事，大臣回答说："我认为我所奏之事比你打鸟雀还是急一些。"皇帝更加恼怒，抡起长斧柄打在大臣嘴上，打落两颗门牙。大臣慢慢地弯腰捡起牙齿揣在怀中。太祖骂道："你把牙揣在怀里是想告我的状吗？"大臣回答说："我不能告陛下的状，可陛下所为自有史官记载它。"太祖莫名其妙地高兴了，赏赐给这位大臣金帛，抚慰他。

---

① 稽颡（qǐ sǎng）：一种表示极度悲痛或感激的跪拜礼。屈膝下拜，以额触地。
② 慕容儁：（319～360），继父慕容皝位为燕王，永和八年称帝，庙号烈祖，史称前燕。枋头之役发生在慕容儁时，慕容儁其时早已死亡。"儁"可能是"晖"之误。

【清】吴藻

乔 影①

读书人就是书生，一个女才子却还不是"书生"——她只是一个女人，书生所拥有的一切希望对于她只是梦幻：书生可以出将入相，治国平天下，她的世界只有闺阁绣房，窗外的三两株芭蕉；书生博取功名失利，还可以琴棋书画诗酒唱和玩潇洒，玩得好一样青史留名，她也可以琴棋书画，却只在幕后、无人喝彩；她纵有天才绝慧，也只能泪洒诗笺梦落孤枕，而不可进入社交场合访师拜友切磋诗艺，更无缘跻身诗坛留名史册。中国历史上的"女书生"现象压抑了多少才女，没有与男儿公平竞争的机会，满腹才华只换做满腹委屈，极少数人寄情文字，顽强地为生命留痕。卓文君（汉）敢爱敢恨，决绝《白头吟》；班婕妤（汉）后宫寂寞书《团扇》；她的后辈班昭（汉）有才华修补《汉书》，却偏要写一部《女戒》来修理女性，告诫女人天生不能和男人平等；蔡文姬（东汉）流亡番国，哀痛谱写《胡笳十八拍》；谢道韫（晋）七岁便有"咏絮才"，成年后诗才蒸发；薛涛（唐）、鱼玄机（唐）出身微贱，以官妓与道姑之身显露性情；花蕊夫人（五代）在国破之际，只能骂一声"十四万人齐解甲，宁无一个是男儿"！李清照（宋）词盖两宋，因为太杰出了，世人才不至于无视她的存在；而朱淑真（宋）对情感生活稍有不满，就屡遭诟病……忍辱负重为妻为妾、为营妓歌妓，个性生命不得张扬，中国女性的的确确被造就成了"第二性"。到了明清，漫长的文化积淀日益深厚，民间生活逐渐活跃，有修养的女作家群集出现，终于有一个女才子喊出了"幻化由天，主持在我"的金石之音。

一个才女乔装男儿，饮酒读《离骚》，一副名士派头，并且把这个样子画下来自我欣赏，这是作者的自画像。杂剧充分运用了心理现实主义的描写。男性化追求："闲愁借酒浇"，非一般闲愁，无关诗酒风流，是对"第二性"的否定；自弃女儿身："羞把蛾眉扫"；自叹："侠气豪情，问谁知道？"天大牢骚："肘后系《离骚》"；自我安慰：女书生把"狂奴样子新描"；自恋："风流貌比莲花好"；自负："眼空当世，奇气可吞云梦"，她岂止是想做男儿，这是把凡间

---

① 选自华玮编《明清妇女戏曲集》，台北"中央研究院"中国文哲研究所，2003年。

俗世匹夫匹妇统统不放在眼里了；自励："我待拨铜琶向江上歌……"性别置换："只少个伴添香红袖"，作男儿的好处实在太多，令人向往；身为女性对生命的大质疑：搔首问天，"我谢絮才将来湮没无闻，这点小魂灵，缥缥缈缈，究不知作何光景？"对生命无痕的恐惧以幻象作结：人与画合一，要为男儿身，要做男儿事，"影和形同化了"。她的种种心曲，只是想做一个有自我价值的人，一个真正的可以走到历史前台的书生。

吴藻（1799~1862），清代女词人、杂剧作家。字苹香，号玉岑子，浙江钱塘人，先世徽籍。著有词集《花帘词》《香南雪北词》，杂剧《乔影》（一名《饮酒读骚图》）等。在清嘉、道年间的文坛享有盛名，与徐灿、顾太清、吕碧城同为清代四大才女，人誉为"夙世书仙"。

吴藻生于巨贾之家，22岁嫁做商人妇，早慧多才，能诗能词能度曲能绘画，一生清高气傲，最后郁郁而终——这几乎是一个通俗故事了。令她不通俗的不只是才华，她的特立独行更引人注目，一个不受常礼拘束的奇女子，不是寻常裙钗。江南文人雅集，袁枚、陈文述等诗坛盟主往往邀约女才子参与，吴藻不肯困居闺房，常常出席这些诗酒雅集，凭借才华得到公平的认同。她不喜欢女孩儿的传统冤屈模样："愿掬银河三千丈，一洗女儿故态。收拾起断脂零黛，莫学兰台愁秋语，但大言打破乾坤隘；拔长剑，倚天外。"（《金缕曲》）她有时打扮作翩翩美少年，喝花酒，调笑歌妓，自身角色置换为男性，或者说，是同性恋中的"男性"一方，给心仪的歌妓写词："一样扫眉才，偏我清狂，要消受玉人心许。正漠漠烟波五湖春，待买个红船，载卿同去。"（《洞仙歌》）她根本不甘心做一个被人赏玩的女才子，而是直接质疑自己的性别地位，公然以一名世俗标准的"书生"自居，一阕《金缕曲》，直白："英雄儿女原无别"，"愁是吾家物"！质疑上苍磨灭人的才性："闷欲呼天说。问苍苍、生人在世，忍偏磨灭？"她的情思与心魂集中表现在杂剧《乔影》中，创词、度曲，吴中好事者被之管弦，一时传唱。晚年的吴藻，离群索居，自守空灵，生活情态见诸笔墨："一卷离骚一卷经，十年心事十年灯；芭蕉叶上听秋声。欲哭不成强翻笑，讳愁无奈学忘情；误人枉自说聪明。"（《浣溪沙》）亦骚亦佛，忘情问天，愤火冷焰，难得糊涂。

（小生巾服上）

【北新水令】疏花一树护书巢，镇安排笔床茶灶。随身携玉斝，称体换青袍。裙屐丰标，羞把那蛾眉扫。

（坐介）百炼钢成绕指柔，男儿壮志女儿愁。今朝并入伤心曲，一洗人间粉黛羞。

我谢絮才①，生长闺门，性耽书史；自惭巾帼，不爱铅华。敢夸紫石镌文，却喜黄衫说剑②。若论襟怀可放，何殊绝云表之飞鹏？无奈身世不谐，竟似闭樊笼之病鹤。咳！这也是束缚形骸，只索自悲自叹罢了。但是仔细想来，幻化由天，主持在我，因此日前描成小影一幅，改作男儿衣履，名为"饮酒读骚图"。敢云绝代之佳人，窃诩风流之名士。今日易换闺装，偶到书斋，玩阅一番，借消愤懑。（立起，走场角介）

【南步步娇】优孟衣冠③凭颠倒，出意翻新巧。闲愁借酒浇，侠气豪情，问谁知道？（袖出书介）肘后系《离骚》，更红兰簇簇当阶绕。

（场上先挂画，摆桌椅，放酒杯上介）（小生看画介）你看玉树临风，明珠在侧，修眉长爪，乌帽青衫，画得好洒落也！

【北折桂令】你道女书生直甚无聊，赤紧的幻影空花，也算福分当消。恁狂奴样子新描，真个是命如纸薄，再休提心比天高。似这放形骸笼头侧帽，煞强如倦妆梳约体轻绡。为甚粉悴香憔，病永愁饶？只怕画儿中一盏红霞，抵不得镜儿中朝夕红潮。

（饮酒介）昔李青莲诗云："花间一壶酒，独酌无相亲。举杯邀明月，对影成三人。"这等看起来，这画上人儿，怕不是我谢絮才第一知己？（走过右边看介）

【南江儿水】细认翩翩态，生成别样娇。你风流貌比莲花好，怕凄凉人被桃花笑，怎不淹煎命似梨花小！絮才，絮才，重把画图痴叫，秀格如卿，除我更谁同调？

啐！想我眼空当世，志轶尘凡。高情不逐梨花，奇气可吞云梦。何必顾影喃喃，作此憨态！且把我平生意气，摹想一番。（立中场做介）

【北雁儿落带得胜令】我待趁烟波泛画桡，我待御天风游蓬岛；我待拨铜琶向江上歌，我待看青萍在灯前啸。呀！我待拂长虹入海钓金鳌，我待吸长鲸赏酒解金貂；我待理朱弦作幽兰操，我待着宫袍把水月捞。我待吹箫，比子晋还年少④；我待题糕，笑刘郎空自豪，笑刘郎空自豪⑤。

---

① 东晋谢道韫曾以"柳絮因风起"的诗句拟写雪花飞舞，后世称女才子为"咏絮之才"。

② 紫石镌文：勒石刻碑，指建功立业。黄衫说剑：指侠义武功之事。

③ 优孟衣冠：指登台演戏，比喻单纯模仿。

④ 传说萧史善吹箫，能引来孔雀、白鹤。秦穆公将女儿弄玉妻之。王子乔字子晋，善吹笙作凤凰鸣，修炼成仙。

⑤ 笑刘郎空自豪：刘禹锡写诗不敢用"糕"字，受人嘲笑。宋·邵博《邵氏闻见后录》："刘梦得（禹锡）作《九日诗》，欲用糕字，以五经中无之，辄不复为。宋子京（祁）以为不然。故子京《九日食糕有咏》云：'飚馆轻霜拂曙袍，糗粗花饮斗分曹。刘郎不敢题糕字，虚负诗中一世豪。'遂为古今绝唱。糗饵粉餈，糕类也，出《周礼》。诗豪，白乐天目梦得云。"

咳！一派荒唐，真是痴人说梦。知我者，倘怜标格清狂；不知我者，反谓生涯怪诞。怎知我一种牢骚愤懑之情，是从性天中带来的哟！（泪介）

【南侥侥令】平生矜傲骨，宿世种愁苗。休怪我咄咄书空如殷浩①，无非对旁人作解嘲，对旁人作解嘲。

似这等开樽把卷，颇可消愁。怎生再得几个舞袖歌喉，风裙月扇，岂不更是文人韵事！

【北收江南】呀！只少个伴添香红袖呵，相对坐春宵。少不得忍寒半臂一齐抛，定忘却黛螺十斛旧曾调。把乌兰细抄，更红牙漫敲，才显得美人名士最魂销。

（大笑介）快哉！浮一大白！（饮酒介，看书介）我想灵均②千古一人，后世谅无人可继。若像这憔悴江潭，行吟泽畔，我谢絮才此时与他也差不多儿。

【南园林好】制荷衣香飘粉飘，望湘江山遥水遥。把一卷《骚》经吟到，搔首问碧天寥，搔首问碧天寥。

（痛哭介）我想灵均，神归天上，名落人间，更有个招魂弟子，泪洒江南，只这死后的风光，可也不小！我谢絮才将来湮没无闻，这点小魂灵，飘飘渺渺，究不知作何光景？

【北沽美酒带太平令】黯吟魂若个招，黯吟魂若个招？神欲往梦空劳。古人有生祭者，有自挽者，我今日里呵，纸上春风有下梢，歌楚些酌松醪。能几度夕阳芳草，禁多少月残风晓？题不尽断肠词稿，又添上伤心图照。俺呵，收拾起金翘翠翘，整备着诗瓢酒瓢，呀！向花前把影儿频吊。（收画介）

【清江引】黄鸡白日催年老，蝶梦何时觉？长依卷里人，永作迦陵鸟③，分不出影和形同化了。

---

① 咄咄（duō）书空：形容失志、懊恨之态。《晋书·殷浩传》载：殷浩虽被黜放，口无怨言，但终日书空作"咄咄怪事"四字。

② 灵均，屈原字。

③ 迦陵鸟：产于印度，本出自雪山，山谷旷野亦多。其色黑似雀，羽毛甚美，喙部呈赤色，在卵壳中即能鸣，音声清婉，和雅微妙，为天、人、紧那罗、一切鸟声所不能及。在佛教经典中，常以其鸣声譬喻佛菩萨之妙音。或谓此鸟即极乐净土之鸟，在净土曼荼罗中，作人头鸟身形。

【宋】文天祥

过零丁洋①

文人并不等于文弱，即便他手无缚鸡之力，但他的心力却总是要澄清天下。唐朝默默无闻的平民诗人刘叉，写过这样一首诗："日出扶桑一丈高，人间万事细如毛。野夫怒见不平处，磨损胸中万古刀。"诗题《偶书》，但诗中那股"路见不平，拔刀相助"的意念肯定由来已久。人世间令人愤慨的事情的确太多，这把要摆平人间不平的"刀"，的确在善良的人们心中打磨千万年了。你瞧，连和尚都忍不住要出手管管俗世的闲事，诗僧贾岛云："十年磨一剑，霜刃未曾试。今日把示君，谁有不平事？"古代文人多有侠义心肠，古代武人却多有锦绣诗心。像岳飞，他"怒发冲冠"的时候，一手用刀，一手用词来表达自己（《满江红·写怀》）。金戈铁马阵中有缠绵箫心，青灯黄卷堆里有寒光剑气。中国的将军也是诗人，就是所谓儒将；中国的书生也有一腔豪气，所谓文心侠骨。于是，书生难免对自己的"角色"产生疑问，像陆游，他做梦都想着驰骋沙场，却总是被贬官后方，这回，诗友范成大镇蜀，邀陆游至幕中任参议官。诗人就有此一问："此身合是诗人未？细雨骑驴入剑门。"（《剑门道中遇微雨》）一言以蔽之，文心侠骨，就是对民生疾苦的切肤敏感，悲悯人间的侠骨柔肠，并且敢于用行动来力挽狂澜，用生命来担当天下。

文天祥（1236~1283）是个典型的书生。初名云孙，字天祥，改字宋瑞，又字履善，号文山。吉州庐陵（今江西吉安）人。宋理宗宝祐四年（1256）进士第一，时年20岁，有一段诗酒风流的生活。宋恭帝德祐元年（1275）元军南侵，江淮告急，文天祥应诏勤王，入卫宋都临安（今浙江杭州）。次年，任右丞相，出使元营谈判，被扣留。后于镇江脱险，回温州拥立端宗，力图恢复，转战东南。景炎三年（1278），在五坡岭（今广东海丰北）被俘，拘囚大都4年，坚贞不屈，从容就义。我们看看文天祥的书生气如何表现：1. 应诏勤王之时，国家已没有了军力，要临时招募"义军"，当时吉州豪杰有万余人应召，面对强大的元军，无异于飞蛾扑火。友人劝阻他，他说："国家一旦有急，征天下兵，无一人一骑入关者，吾深恨于此。故不自量力，而以身殉之。"他与家乡众豪杰是以赴死之

_____
① 零丁洋：今广东中山南边的海面。

心救国的。2. 有心杀贼、无力回天之时，皇帝都投降了，他却说"君降，臣不降"，一直在福建、江西、广东一带坚持抗战，用生命验证"社稷为重君为轻"的书生理想。3. 文天祥就义后，人们发现他在狱中留下的一封遗书："孔曰成仁，孟曰取义，惟其义尽，所以仁至。读圣贤书，所学何事？而今而后，庶几无愧。"活是书生，死是书生，一个文心侠骨的本色书生。4. 这两句诗："人生自古谁无死，留取丹心照汗青。"一个书生，活着，要对得起历史；死后，要历史愿意记住他。

辛苦遭逢起一经[①]，干戈寥落四周星[②]。

山河破碎风飘絮，身世浮沉雨打萍。

惶恐滩头说惶恐[③]，零丁洋里叹零丁[④]。

人生自古谁无死，留取丹心照汗青[⑤]。

文心侠骨

① 起一经：指自己由科举出身。古代科举时，每人都要考试自己所专门研究的一种经书。文天祥考取状元，又做自丞相，但他所处的时代，宋帝国已经濒于危亡，他支撑残局，非常辛苦。

② 寥落：稀疏。一作"落落"，指抗元战斗士兵民牺牲很多，队伍稀少。周星：木星约十二年绕太阳一周，古人用它来纪年，称十二年为一周星。同时，地球则约十二个月绕太阳一周，相当于前者的十二分之一，也可借称十二个月为一周星。这里是用后一个解释。本诗作于帝昺祥兴二年（1279）正月十二日。四周星是指恭帝德祐元年（1275）到祥兴元年，共四年。

③ 惶恐滩：江西赣江由万安到赣州共有十八个滩，其中最险恶的一个是惶恐滩。惶恐：惶惑和恐惧，引申也有惭愧的意思。景炎二年（1277），文天祥在家乡吉水附近的空坑被侵略者打败。妻欧阳氏，妾颜氏、黄氏，次子佛生，女柳娘、环娘都被俘北去。只有母亲曾夫人和长子道生随着他经由赣江惶恐滩一带，退往汀州。这句是对当时感到惶恐的回忆。

④ 零丁洋，一作"伶仃洋"，在今广东中山县南。零丁：孤独貌。1278年，文天祥在今广东海丰的五坡岭被元将张弘范俘获。张弘范要继续追击在厓山的帝昺，强迫他随船前往。经过零丁洋时，文天祥就写了这诗。这句是写当时感到零丁的心情。

⑤ 丹心：红心，忠心。照汗青：照耀史册。汗青：在纸没有发明以前，古人写字用竹简，先将竹简用火烤干水分（竹汗），可以防蛀，称为汗青。这里指用竹简写的历史。

【明】张燧

张千载高谊

围绕文天祥的事件，有一个集体英雄主义的悲壮展示。当文天祥被俘时，他在家乡的朋友兼弟子王炎午做了一件奇怪的事：为活人写了一篇祭文——《生祭文丞相文》，在预计文被押解的必经之途，由南至北千里之遥的驿站、水铺、山墙、店壁，到处张贴，催逼"大丞相可死矣"。大厦已倾，唯有速死可以全节报国，王生不愧是真义士、真门生、真知己。本文中的张千载，在文天祥做官时不挨边，在文天祥落难时却迎难而上，真是患难见知己，可堪托死生。

张燧，字仲和，湖南潇湘人，生于明万历初年。他的《千百年眼》是一部富有创意的晚明史论随笔。张燧和朱舜水一样，前半生在中国，后半生寓居日本。

千载字毅甫，庐陵人。文山友也。文山贵显，屡以官辟①，皆不就。文山自广还，至吉州城下②，千载来见，曰："丞相赴京，某亦往。"遂寓于文山囚所侧近，日以美食奉之，凡留燕三年。潜造一椟，文山受刑后，即藏其首。仍寻访文山妻欧阳夫人于俘虏中，俾出③。火其尸。千载拾骨置囊弁椟南归④，付其家葬之⑤。次日，其子

张千载，字毅甫，庐陵郡人。他是文天祥的朋友。文天祥在朝做高官、地位显赫之时，多次用官位征召，他都不就任。文天祥在南方兵败被俘后，元军押解他从广州北上。到吉安城下，张千载来见他，说："丞相（文天祥）到燕京去，我也去燕京。"于是寓居文天祥关押处附近的地方，天天送好饭菜侍奉文天祥。从始至终留在燕京守候文天祥三年。千载私下造了一个木匣，文天祥受刑后，就用这木匣收藏起文天祥的头。再到俘虏群中

---

① 辟：征召。

② 吉州：今江西吉安市。

③ 俾：使。

④ 弁：放在前面。

⑤ 据刘文源编《文天祥研究资料集》（中国社科出版社1991年版）录《庐陵县志》中《文天祥妻欧阳氏传》："自天祥空坑之败，欧阳氏与子佛生等皆为俘虏。……比天祥授命明日，欧阳氏得旨收尸，与江南十义士奉柩葬于都城小南门外。后归故里。"与此略有出入。

梦文山怒云："绳炬未断①！"其子心动，毅然启视之，果有绳束其发。众服公英爽可畏②，而千载高谊，亦千载而下所不多见也！

——明·张燧《千百年眼》卷十一

寻访文天祥的妻子欧阳夫人，设法把她从俘虏群中营救出来。千载焚化了文天祥的尸身，然后收殓文天祥的骸骨装在口袋中背着木匣南归吉安，交给文天祥的家人埋葬。第二天，文天祥的儿子梦见其父愤怒地说："捆绑我的绳索没割断！"文天祥的儿子心下吃惊，毅然启匣而观，果见还有绳索绑着文天祥的头发。大家佩服文天祥英勇雄豪、可敬可畏，而张千载对朋友高尚的情谊，也是千年百代所仅见的！

---

① 炬：疑为"组"，绳索。

② 英爽：英勇、豪迈的气概。

【宋】谢翱

登西台恸哭记

在浙江桐庐富春山半山腰，有两个大磐石，东西相望，这就是严子陵钓台和谢翱哭台。东台是后汉严子陵远避尘嚣隐居垂纶的钓台，西台是南宋末年谢翱击石作歌泣拜文天祥的哭台。

谢翱（1249～1295），字皋羽，号晞发子，福州长溪（今福建霞浦）人。著有《晞发集》。元兵南下，中原沦陷，文天祥退战福建延平。谢翱布衣从戎，任咨议参军，从此两人结成生死之交。元世祖至元十九年十二月初九日（1283年1月9日），文天祥就义。隐居南方的谢翱，常在文天祥忌日，找个秘密的地方哭祭，有"死不从公死，生如无此生"之叹。写作本文时已经是第九个忌日了，谢翱和朋友在严子陵祠的西台，安放了文天祥的牌位，跪伏泣拜，长歌当哭。谢翱的歌哭中，有对事业的忠诚，有对朋友的信义，有亡国之痛，有亡友之痛，有生命失落的大悲痛。斯人一去，天地易色；知交零落，吾谁与归？天长地久有时尽，此恨绵绵无绝期！本文有删节。

先是一日，与友人甲、乙若丙约[1]，越宿而集。午，雨未止，买榜江涘[2]。登岸，谒子陵祠[3]；憩祠旁僧舍，毁垣枯甃[4]，如入墟墓。还，与榜人治祭具。须臾，雨止，登西台，设主于荒亭隅；再拜，跪伏，祝毕，号而恸者三，复再拜，

昨天，我和朋友甲、乙、丙相约，今天早晨聚会。到了中午，雨还没停，在江边租了一只小船。乘小船登上彼岸，拜谒严子陵的祠堂；在祠堂旁边的僧舍中休憩，墙垣坍塌，枯井干涸，好像走进了废墟坟墓之中。从子陵祠回来，和船工备办祭品。不一会儿雨停了，登上西台，在荒亭的一个角落设神主牌

---

① 与友人甲、乙若丙：此处作者将友人真名隐去而代以天干名号。据黄宗羲考证，甲为吴思齐，字子善，流寓桐庐，故下文云"别甲于江"。乙为严侣，字君友，系严子陵后裔，奉祀祖祠，家在江岸，故下文云"登岸宿乙家"。丙为冯桂芳，家在睦州（今浙江建德县境内），故下文云"与丙独归"。见《南雷文案》。

② 涘（sì）：水边。

③ 子陵祠：严子陵的祠堂，在浙江桐庐富春山。严子陵，名光，字子陵，会稽余姚人。少年时与刘秀同学，有高名，后刘秀当了皇帝（东汉光武帝），邀老同学共卧一榻，严子陵有"足加帝腹"的故事流传，后退隐富春山。

④ 甃（zhòu）：砖砌的井墙，此处代指井。

文心侠骨

起。又念余弱冠时①，往来必谒拜祠下。其始至也，侍先君焉②。今余且老。江山人物，朕焉若失③。复东望，泣拜不已。有云从南来，俺浥浡郁④，气薄林木，若相助以悲者。乃以竹如意击石⑤，作楚歌招之曰⑥："魂朝往兮何极？莫归来兮关塞黑⑦。化为朱鸟兮有味焉食⑧？"歌阕⑨，竹石俱碎，于是相向感喟⑩。复登东台，抚苍石，还憩于榜中。榜人始惊余哭，云："适有逻舟之过也，盍移诸⑪？"遂移榜中流，举酒相属⑫，各为诗以寄所

位；郑重地行了两次拜礼，跪下伏身在地，致过祝祷之辞，又悲痛大哭一阵，又行两次拜礼，才站起身来。又想起我还未成年时，往往来来要从此经过，一定到此拜谒。最初到此拜谒，是陪伴已故的父亲来。现在我也将年暮。面对山河，缅怀作古的英雄，心中眷念不已，怅然若失。又向东看，拜泣难止。有云气从南边天空弥漫过来，翻滚蒸腾，阴霾笼罩，云气压在林梢，好像更加重了心中的悲凉。于是拿着竹制如意拍击石块，仿屈原《招魂》而作歌而为他招魂："英魂啊，你早晨飞向了何方？晚上归来啊，关塞昏黑。你已化作南方天空的朱鸟星宿，即使有嘴，哪里

① 弱冠：《礼记·曲礼》："人生十年曰幼，学；二十曰弱，冠。"

② 先君：去世的父亲，指谢钥，性孝不仕，著有《春秋衍义》等书。

③ 朕：通"眷"，眷恋。

④ 俺浥(yǎn yì)浡郁：云气蒸腾，阴霾满天之状。

⑤ 如意：本为搔痒之具，后成为观赏之物，长约一二尺，状如弯曲的手臂，头部作云彩或灵芝草状，以竹、玉或金属制作。

⑥ 楚歌：屈原曾用楚歌体作《招魂》，此仿其体。

⑦ 莫：同"暮"。关塞黑：杜甫《梦李白》："魂来枫林青，魂返关塞黑。"此用其意，又作者《哭所知》诗："雨青余化碧，林黑见归魂。"

⑧ 朱鸟：火星名，在南。文天祥是南宋人，"臣心一片磁针石，不指南方不肯休"（文天祥《扬子江》诗），故作者认为文天祥死后也要化为南方的星宿。味(zhòu)：鸟嘴。这是从星名生发开来的想象意义。焉食：吃什么。因宋朝已亡，不能为文天祥立庙奉祀。

⑨ 阕(què)：终。

⑩ 喟(jiè)：叹息的声音。

⑪ 盍(hé)：何不。

⑫ 属：通"嘱"，劝。

思①。薄暮，雪作风凛，不可留，登岸宿乙家。夜复赋诗怀古。明日，益风雪，别甲于江，余与丙独归。行三十里，又越宿乃至。

——《晞发集》

还有什么供奉可以享用？"唱完，竹如意与石块俱碎，于是我等几个人相向唏嘘。我们又登上东台，抚摩一回青石，回到船上休憩。船工才为我们的恸哭而惊惧，船工说："方才有巡逻兵船从这里经过，我们何不赶紧离开这里？"于是我们的小船驶入中流，大家举起酒杯相劝，每个人都吟诗寄托哀思。天色将晚，下起大雪，寒风凛冽，不能继续在船上逗留，登上岸住在乙家。夜间我们又吟诗怀古。第二天，风雪更大了，和甲在江边分手，唯有我同丙一起返回。赶了三十里路，经一夜才到家。

---

① 为诗：谢翱诗即《西台哭所思》："残年哭知己，白日下荒台。泪落吴江水，随潮到海回。故衣犹染碧，后土不怜才。未老山中客，唯应赋《八哀》。"吴思齐亦有诗。

【明】郑二阳

烈 豆①

一锅绿豆中煮不烂的那一颗，人称"烈豆"。一个昏暗时局中挺身而出，用血点火，照亮时代的人，是"血性汉"。晚清维新志士谭嗣同，平生唯一的一首词，是十八岁那年写的，其中说："拔剑欲高歌。有几根侠骨，禁得揉搓？"（《望海潮·自题小影》）是啊，天下滔滔，有几根侠骨支撑世界？人生苦短，能消得几番风霜冰雪？"怨去吹箫，狂来说剑，两样销魂味。两般春梦，橹声荡入云水。"（龚自珍《湘月》）怕只怕，剑气箫心，都化作春梦了无痕。

郑二阳，字敦次，号潜庵，鄢陵（今属河南）人，明万历四十七年（1619）进士，军事学家、医学家。著有《益楼集》等。

煮绿豆中往往有煮之不烂者，人皆名为烈豆，亦曰铁豆，其名甚佳。夫以猛火沸汤之中，诸豆尽皆糜烂，而此豆独能坚挺如铁，完好自若，毫不为损，真可谓入水不濡，入火不焚者矣。称之曰烈，宜哉！

癸酉兰秋②，天中潘览德氏，抉我雀罗而来③，相与啗菜根，食新豆汤。偶言及此，览德避席逡巡④："回忆乙丙之季⑤，区区真不啻一粒之在沸汤也。"予曰："快

----

① 选自刘大杰编《明人小品选》，上海古籍出版社1995年版。

② 兰秋：农历七月。

③ 雀罗：捕捉麻雀的装置。门可罗雀，指门前冷落。抉，掀翻。全句意：打破了我家的寂静而来。

④ 避席：离开席位。古人席地而坐，当对人表示尊重时，则起身离席。逡巡：徘徊。

⑤ 乙丙之季：指天启四年（1624）东林党人杨涟等上疏弹劾魏忠贤揽权专政事，次年杨等被魏杀害。魏还制造假案，继续打击其他东林党人。

哉，所幸有此粒许耳。"每谓世道虽大坏极敝时，定有不敝不坏处，正赖却寻常耳目赫奕外①，当自有一辈血性汉在，未可谓一片清明世界，遂欲乘鹤轩而顶猴冠者②，糜烂坏尽。行矣览德，珍重自玉。庶令天下人，自此勿复以皮相举肥③，徒为有识者窃笑其邾娄莫辨耳④。

哇。"常言说世道即使是极破敝之时，也一定有不破敝之处，靠的正是除了鼎鼎有名的公众人物外，还自有一批血性男儿在，不可以说朗朗乾坤，就要被那些尸位素餐的衣冠禽兽败坏完了。你将走了，览德，多自珍重，但愿可使天下人从此不再凭外表好坏而判断本质的优劣，空被有识之士暗暗耻笑美丑不分。

---

① 赫奕：光显、赞美。

② 鹤轩：《左传》载，卫懿公好鹤，让鹤坐在大夫的车子上。轩，大夫乘坐的车。鹤轩比喻侥得禄位。猴冠：沐猴而冠，猕猴戴上帽子想要做人。

③ 皮相举肥：谓只从表面去看，不及内涵。

④ 邾娄：即邾，周时国名。邾也谓之邾娄，娄有二音，合同音为邾，合娄音念邹。这里用来比喻美恶不分。

【宋】阮阅 等

炼一颗文字丹^①（5则）

　　伟大的中国古人发明了一种伟大的生活方式："诗生活"。说它伟大，是因为这种生活方式极大地提升了人类生活的品质。我们先来感性认识这种生活：伤春悲秋，人之常情。"春归何处，寂寞无行路。若有人知春去处，唤取归来同住。"（黄庭坚《清平乐》）春天走了，春意却被词人留下了；"自古逢秋悲寂寥，我言秋日胜春朝。晴空一鹤排云上，便引诗情到碧霄。"（刘禹锡《秋词》）云中白鹤的翅膀一动，诗人的快乐就飞上了天，因为心灵插上了诗歌的翅膀。"船中活计只诗编，读了唐诗读半山（王安石号半山）。不是老夫朝不食，半山绝句当早餐。"（杨万里）诗句当"早餐"，比较"秀色可餐"何如？愁绪袭来时怎么办："杜诗韩笔愁来读，似倩麻姑痒处搔。"（杜牧）；肉体所需的可以是粗茶淡饭，精神所需的却是多多益善的精品文字："藜羹麦饭冷一尝，要足平生五车读。"（陆游）。可见，诗生活表现形式非常简单，不外乎写诗、读诗。可是它呈现的精神家园却是春色无边，风雅无限。

　　诗生活的妙处令人迷恋往返。其一，它的成本极低，获益却无价。追求生活幸福是人之大欲，而幸福从来只是一种自我感觉。诗句，精美的文字，非常方便、非常廉价、非常大方地源源不断给你精神的满足。其二，它容易获得。聪明的古人发明了简短的诗歌形式，更聪明更古老的古人发明了简洁的汉字，所以，中国人独享一大方便法门，从有韵的童年到诗意的成年，中国人可以每天、每时、每处，张嘴即来诗句，不亦快哉。其三，它让生活变得风雅有味。美妙的诗句可以给人愉悦，也可以净化自己的内心。古代参与创造这种诗生活的人数众多，使用范围广泛，提高了民族整体素质，给平凡的日子注入高雅的诗意。其四，它是无害的喜悦、无痛苦的幸福、无副作用的精神能量，它是健康社会的最好选择、人性真善美的最美丽的表现形式。比拼诗句与比拼财富、智慧竞争与经济竞争，心灵发育与科技发达，中西方走的是不同的道路，西方文明带给我们日新月异的物质享受与满足，却让人性之恶无止境地膨胀；中国古典文明贡献了诗生活这种无害竞争的人类生存方式，带给人们历久弥新的精

① 标题为编者所拟。

神活力、审美感知、美丽心情以及社会风俗的美好选择。

明白这些，就能明白为什么古代有那么多诗人在那里推推敲敲，立意在中国文字的风火炉里炼出一颗丹来。

推 敲

贾岛初赴举，在京师①。一日于驴上得句云："鸟宿池边树，僧敲月下门。"又欲"推"字，炼之未定，于驴上吟哦，引手作推敲之势，观者讶之②。时韩退之权京兆尹③，车骑方出，岛不觉行至第三节，尚为手势未已。俄为左右拥至尹前④。岛具对所得诗句，"推"字与"敲"字未定，神游象外⑤，不知回避。退之立马久之⑥，谓岛曰："'敲'字佳。"遂并辔而归，共论诗道，留连累日，因与岛为布衣之交⑦。

——宋·阮阅《诗话总龟》

当初贾岛到京城赶考，一天骑在毛驴上吟得两句诗："鸟宿池边树，僧敲月下门。"又想把"敲"字换成"推"字，反复锤炼未能决定取舍，于是在驴上吟咏，用手比划着"推"、"敲"的动作姿势。旁观的人对他的举动感到惊讶。当时韩愈代理京兆尹（京城地方长官），他的车马仪仗正从此经过，贾岛不知不觉骑驴走进了仪仗队的第三节，还在不停地做着推敲的手势。不一会儿，他被侍从捉到韩愈的面前。贾岛把所吟得的诗句详细地告诉韩愈，并说"推"字与"敲"字该用哪个还不能确定，他的精神游离在眼前景象之外，没意识到应回避长官。韩愈停住车马很长时间，对贾岛说："'敲'字好。"于是韩贾二人并驾回官衙，共同谈论作诗的道理。贾岛在韩愈那儿住了几日，对韩愈留恋不止，舍不得离开，于是韩愈同贾岛结成了平民之交。

满城风雨近重阳

黄州潘大临工诗，多佳句，然甚贫，东坡、山谷尤喜之。临川谢无逸以书问有新作否，潘答书曰：

黄州人潘大临擅长作诗，诗中佳句很多，可是他很贫困。苏东坡和黄庭坚特别喜欢他。临川的谢无逸寄信问他有没有新的诗

---

① 贾岛：(799~843)，唐朝诗僧，苦吟诗人。京师：京城。

② 炼：此处指用心琢磨，使诗句简洁优美。讶之：对贾岛的行为感到惊讶。

③ 韩退之权京兆尹：韩退之即韩愈，唐朝大文学家；权，代理；京兆尹，京城地方长官。

④ 俄：不久，此指时间很短。

⑤ 神游象外：神，精神；游，离开；象，眼前事物。精神已离开眼前事物之外。

⑥ 立马久之：立马，停下车马；久之，很长时间；之，句末助词。

⑦ 辔(pèi)：缰绳，此处代马。留连：舍不得离开。布衣之交：老百姓之间的交情，这时贾岛还没有做官，所以这样说。

"秋来景物，件件是佳句，恨为俗氛所蔽翳①。昨日闲卧，闻搅林风雨声，欣然起，题其壁曰：'满城风雨近重阳。'忽催租人至，遂败意，止此一句奉寄。"闻者笑其迂阔。

——宋·惠洪《冷斋夜话》

作。潘大临写信回答谢无逸说："入了秋件件景物都是佳句，遗憾的是这些景物都被世俗的气氛所遮蔽。昨天我闲躺着，听到风雨搅扰树木的声音，欣然起身，在墙上题写道：'满城风雨近重阳。'突然，催租的税吏来了，于是败了作诗的雅兴，仅有这一句寄给您。"听到此故事的人都笑他性情迂远不合时宜。

柳诗蛇足

余尝谓：柳子厚"渔翁夜傍西岩宿"一首末二句蛇足，删作绝句乃佳。东坡论此诗亦云。末二句可不必。

——明·王士禛《分甘馀话》卷一

柳宗元所作七古《渔翁》的前四句，写人在景中，意味十足：

渔翁夜傍西岩宿，晓汲清湘燃楚竹。

烟销日出不见人，欸乃一声山水绿。

岂不是一首极妙的七绝？不知为什么要加上：

回看天际下中流，岩上无心云相逐。

便近乎画蛇添足了。苏东坡在谈此诗时，也说过末尾两句可以不要，看来不只我有这样的看法。

诗词改字

王荆公②绝句云："京口瓜洲一水间，钟山只隔数重山。春风又绿江南岸，明月何时照我还。"吴中士人家藏其草，初云"又到江南岸"，圈去到字，注曰不好，改为过，复圈去而改为入，旋改为满，凡如是十许字，始定为绿。黄鲁直诗："归燕略无三月事，高蝉正用一枝鸣。"用字初曰抱，又改曰占、曰在、曰带、曰要，至用字始定。

——宋·洪迈《容斋随笔·续笔》

王安石一首绝句写道："京口瓜洲一水间，钟山只隔数重山。春风又绿江南岸，明月何时照我还？"吴中一位读书人家中收藏着他这首诗的草稿，草稿上最初写道："又到江南岸。"圈去了"到"字，批注说这"到"字不好，改成"过"字，又圈去"过"字而改成"入"字，接着又将"入"字改为"满"字，像这样改动了十字左右，才酌定为"绿"字。黄庭坚的诗："归燕略无三月事，高蝉正用一枝鸣。"其中的"用"字最初写作"抱"，又改作"占"，改作"在"，改作"带"，改作"要"，到换作"用"字时才确定。

---

① 翳（yì）：羽毛做的华盖，引申为遮蔽。

② 王荆公：王安石（1021~1086），字介甫，号半山，抚州临川（今属江西）人，北宋政治家，唐宋八大家之一，封荆国公。

桃杏嫁东风

宋范公偁①《过庭录》云：张先子野②《一丛花》词末云，"不如桃杏，犹解嫁东风。"一时盛传，欧公尤爱之。子野至都谒永叔，永叔倒屣迎之，曰："此乃桃杏嫁东风郎中③。"

——民国·上海广益书局
《古今笔记精华录》

宋代范公偁的《过庭录》中说：张先的词《一丛花》末尾两句："不如桃杏，犹解嫁东风"，盛传一时，欧阳修先生尤其喜爱这一句。张先到京师拜见欧阳永叔，永叔匆忙间倒穿了鞋迎接他，说："这就是桃杏嫁东风郎中。"

---

① 范公偁：范仲淹的玄孙，著有笔记文集《过庭录》。
② 张先：字子野，宋代词人。
③ 郎中：官职名。

【清】袁枚 等

诗歌姻缘①（3则）

诗歌成就姻缘，历来是社会佳话。唐明皇不愧多情天子，对人对己都有这一份情，才有了宫女与边关将士一诗成姻缘的动人故事。皇宫排水沟中流出的一片红叶，就像人们抛向海中的一个漂流瓶，被人拾得的可能性非常渺茫，居然被人拾得，宫女居然外放，嫁的居然就是那个拾得红叶，并读懂了红叶上墨写的诗句的人，这就是古人所信奉的缘分，有缘有分。唐人孟棨《本事诗》又载：顾况在洛乘门，游于苑中，坐流水上，得大梧叶，上面有诗："一入深宫里，年年不见春。聊题一片叶，寄与有情人。"况明日于上游，亦题诗叶上，放于波中："花落深宫莺亦悲，上阳宫女断肠时。帝城不禁东流水，叶上题诗欲寄谁？"后十余日，又得诗："一叶题诗出禁城，谁人酬和独含情？自嗟不及波中叶，荡漾乘春取次行。"生活故事像虚构的小说，没有结局。女子缠脚是劣习，喜好小脚也是男人的恶癖，这位脚有点大的李姓女子用诗句狠狠地骂掉了一段恶姻缘，不亦快哉。

今生缘

开元中②，赐边将军士纩衣③，制于宫中。有兵士短袍中得诗曰："沙场征戍客，寒苦若为眠！战袍经手作，知落阿谁边？留意多添线，含情更着绵。今生已过也，重结后生缘。"兵士以诗白帅，帅进呈。明皇以诗遍示宫中曰："作者勿隐，不汝罪也。"有一宫人，自言万死。明皇深悯之，遂以嫁得诗

唐玄宗开元年间，朝廷赏赐给守边将士丝绵衣，在后宫中制作。有一位士兵在短袍中得到了一首诗："沙场征战的人儿哪，你们睡在苦寒里！这领战袍由我亲手做成，不知得到它的会是哪位阿哥？我留心在意把针线缝得细密，饱含深情又多续些丝绵。今生已经断了指望，只能期待来生重结姻缘。"士兵把这首诗上交给统帅，统帅把这首诗又进呈给皇帝。唐明皇把诗逐个地给宫女看，说：

---

① 大小标题均为编者所拟。

② 开元：唐玄宗李隆基年号。

③ 纩（kuàng）衣：丝绵衣。

者，谓之曰："吾与尔结今生缘。"
边人感泣。

——宋·刘斧《翰林名谈》

"作诗的人不要隐瞒，我不怪罪你。"有一个宫女，坦白说犯了万死不赦的大罪。明皇非常怜悯她，于是把她嫁给得到这首诗的士兵，对宫女说："我帮你同那位士兵结成今生的姻缘。"守卫边疆的兵士们都感动得流下泪来。

红叶题诗

卢渥舍人应举京师。偶临御沟，见一红叶，上有一绝云："流水何太急，深宫尽日闲。殷勤谢红叶，好去到人间。"卢得之，藏之巾箧。及宣宗有旨许宫人从人，卢所获人，因睹红叶而吁怨久之，曰："当时偶题，不谓君得之。"

——宋·李颀《古今诗话》

卢渥舍人当年到京城应科举考试。偶然来到御沟边，看到沟中有一片红叶，叶上有一首绝句："流水为什么淌得这么匆忙，宫中的人儿却整天闲得凄惶。我诚心诚意地嘱咐红叶，祝你自由自在地去到民间。"卢渥拾取它，收藏在衣箱里。到后来宣宗下诏允许宫人嫁到民间，卢渥娶了一位宫女，她见到这片红叶，感慨万千，说："当初偶然题写此诗，想不到让你得到了。"

关于小脚

杭州赵钧台买妾苏州，有李姓女，貌佳而足欠裹。赵曰："似此风姿，可惜土重。"——土重者，杭州谚语：脚大也。媒妪曰："李女能诗，可以面试。"赵欲戏之，即以《弓鞋》命题①。女即书云："三寸弓鞋自古无，观音大士赤双跌②。不知裹足从何起？起至人间贱丈夫！"赵悚然而退。

——清·袁枚《随园诗话》

杭州赵钧台到苏州买妾，有一姓李的女子，相貌长得好而脚却没裹。赵钧台说："像这样好的风度姿态，可惜土重了一点。"——"土重"，这句话是杭州的方言：脚大的意思。做媒的老太婆说："姓李的姑娘善于作诗，可以当面试一试。"赵钧台想捉弄李姑娘，就用"弓鞋"作题目让李姑娘作诗。李姑娘随即写道："自古以来本没有三寸的弓鞋，观音菩萨也是光着一双大脚。不知道裹足之风从何而起，我想一定是起于俗世的臭男人。"赵钧台见势不妙，吓得赶紧溜了。

———

① 弓鞋：小脚女人穿的鞋子。
② 跌(fū)：通"跗"，足背，这里喻指观音也是一双大脚。

【宋】何薳

雍丘驱蝗诗

诗歌在古代社会生活中，就像一种"精神货币"，不仅在读书界流通，也在民间流通。不懂诗歌的人无法在同一层面交流，孔夫子所说的"不学诗，无以言"，从学习《诗经》到学习五言、七言的精炼格律诗，再到对联、赋、铭、说唱文学、民间谣谚等等诗歌的变体，学诗从学会"外交辞令"的用意不断发扬光大，真正深入人心，成为普通人生活的重要内容。世界上没有哪个民族像汉民族这样热爱诗歌，这样广泛地在社会交往中运用诗歌，这样以美妙的韵文传达复杂的情意。清朝宰相张英，收到家乡来信，家人与邻居因为盖房争界墙，家人想搬动宰相进行干预，张英以诗代信，语言浅白如话："一纸书来只为墙，让他三尺又何妨？长城万里今犹在，不见当年秦始皇。"家人见诗，退让三尺；邻居也退让三尺，空出的六尺地，成为"六尺巷"，至今犹存。一段纠纷，化解于由诗句诱发的谅解之中，还有什么解决问题的做法比这更美妙呢？这回，宋代书画名家米芾碰到一件怪事，邻县闹蝗灾，竟然把"球"踢到米芾的县里来，说是米芾把蝗虫赶过县界的。米芾是谁？人称"米颠"者是也，他写了一首诗回复邻县：如果说蝗虫是本县驱逐出境的，就麻烦你把它押解回来。这样的应答，就是诗啊。不知邻县官员读了米芾这封情趣盎然且书法灵动的回信，是什么表情？把一个"皮球"踢得这么漂亮，只有诗人才有这等功夫。

米元章为雍丘令①。适旱蝗大起，而邻尉司焚瘗后遂致滋蔓②。即责里正并力捕除③。或言尽缘雍丘驱逐过此。尉亦轻脱④，即移文

米元章做雍丘县县令。适逢发生蝗灾，而邻县县尉把捕的蝗虫焚烧掩埋后，蝗灾反而扩展蔓延。就责成乡里小吏里正合力捕蝗。里正中有人说，我县的蝗虫都是雍丘驱

---

① 雍丘：古地名，今河南杞县。米元章：米芾（1051~1107），字元章。宋代著名书画家。行多违世异俗，人称"米颠"。

② 尉：县尉。地位低于县令。瘗（yì）：埋葬。

③ 里正：古代乡里小吏。

④ 轻脱：轻率随便。

载里正之语致牒雍丘①，请各务打扑收埋本处地分，勿以邻国为壑者。时元章方与客饭，视牒大笑，取笔大批其后付之云："蝗虫元是空飞物，天谴来为百姓灾。本县若还驱得去，贵司却请打回来。"传者无不绝倒。

——《春渚纪闻》

赶过来的。县尉也是轻率随便，就把里正的说法写入公文发至雍丘，请求各自务必把本县的蝗虫捕打埋葬干净，切不可以邻为壑。当时米元章正和朋友吃饭，看毕公文大笑，拿过笔来在公文背面加了一个批文交给信吏说："蝗虫原本是空飞物，是上天打发它来危害百姓的。如果我能把它驱赶到你们那里去，就请你们把它再给我撵回来。"传扬此事的人都为米元章的幽默智慧倾倒。

---

① 移文：以公文发往平行机关。牒：书札。此指官府公文。

【宋】李颀

前度刘郎今又来

刘禹锡(772~842),字梦得,洛阳人。21岁中进士,因参与政治改革,33岁被贬,十年后被召回京师,在郊外的玄都观赏花,写了一首话里有话的诗:"玄都观里桃千树,尽是刘郎去后栽。"讽刺满朝都是新贵。当朝者不高兴了,刘禹锡再次被贬。十四年后,诗人又回到京师,又游玄都观再赋诗:"种桃道士归何处,前度刘郎今又来。"诗人有屡扑屡起的倔劲,也有不屈不挠的诗兴,还有顽固不化的幽默精神。诗歌记录了诗人的命运,给诗人惹过祸,也给过诗人舒畅的深呼吸。

《古今诗话》已佚,亦不见诸家著录。《宋史·艺文志》有《古今诗话录》七十卷,作李颀撰,一般认为即此书。宋人诗话多有引用,今人据以考证其成书约在北宋哲徽时。作者李颀亦北宋人,与唐诗人李颀非一人。

刘禹锡自屯田员外郎左迁鼎州司马①。凡十年,始召还。方春,赠看花者云:"紫陌红尘拂面来,无人不道看花回。玄都观里桃千树,尽是刘郎去后栽。"不日传于都下②。好事白执政,诬其怨愤。他日,见时宰③,与坐,慰劳久之。既而曰:"近日新诗,未免为累。"不数月,迁连州刺史④。其自叙云:"贞元二十一年春⑤,余为屯田员

唐代诗人刘禹锡从屯田员外郎贬官为鼎州司马。一共贬了十年才被朝廷召回。正值春天,(当时京城居民有春季赏花习俗)于是刘禹锡写了一首七绝赠看花人:"紫陌红尘拂面来,无人不道看花回。玄都观里桃千树,尽是刘郎去后栽。"没几天这诗在京都就传开了。以弄闲事为能的人把刘禹锡这首诗告诉了执政的人,诬陷他诗中含有怨恨不满。之后,有一天,刘禹锡拜会当朝宰相,一起坐下来,宰相抚慰他好一会儿。接着说:"近日你作的

① 左迁:被贬官。鼎州:今湖南常德市。
② 玄都观(guàn):道观名。观,道士修行起居之所。都下:京都城下。
③ 时宰:当时宰相。
④ 连州:今属广东省。
⑤ 贞元:唐德宗李适(kuò)年号。

外郎，时玄都观未有花。是岁牧州①，至荆南，又贬鼎州司马。居外十年，召至京师。人言有道士手植仙桃，满观盛开，遂有前篇，以识一时之事②。既出牧十四年，始为主客郎中，重游是观，再书二十八字以俟后游③，时大和二年三月也：百亩庭中半是苔，桃花净尽菜花开。种桃道士归何处，前度刘郎今又来。"

——《古今诗话》

新诗，恐怕会拖累你。"没几个月，又被调职做连州刺史。他自己叙述说："贞元二十一年春，我任屯田员外郎，当时玄都观中没有桃花。那年我被贬做州牧，到荆南，又贬到鼎州任司马。在京外住了十年，才被召至京城。人们说有位道士亲手栽种下的仙桃，花开满了玄都观，于是我才作了前面那首诗，用以记录此时此事。此后又被贬出京做了十四年州牧，才又回京做了主客郎中，再次游玄都观，又写二十八字用以等待以后来游观的人，时间是大和二年三月：百亩庭中半是苔，桃花净尽菜花开。种桃道士归何处，前度刘郎今又来。"

① 牧州：做州牧，一州的行政长官。

② 识（zhì）：通"志"，记。

③ 俟（sì）：等待。

【唐】薛用弱

旗亭唱诗

旗亭唱诗，仿佛一次神仙聚会呢。几位大牌诗人，一边饮酒，一边听艺伎唱诗。诗写得好，引起人们共鸣，被谱成歌曲的机会就大。所以，谁的诗被唱得多，谁的名气也就最大。赛诗的结局并不重要，令人神往的是唐人诗酒风流的雅趣，飘逸豪纵的性情，还有涵盖这一切的雍容鼎盛的大唐气象。

开元中诗人，王昌龄、高适、王之涣齐名①，时风尘未偶，而游处略同②。一日，天寒微雪。三诗人共诣旗亭，贳酒小饮③。忽有梨园伶官十数人④，登楼会宴，三诗人因避席隈映⑤，拥炉火以观焉。俄有妙伎四辈，寻续而至，奢华艳曳⑥，都冶颇极⑦。旋则奏乐，皆当时之名部也⑧。

昌龄等私相约曰："我辈各擅诗名⑨，每不自定其甲乙，今者可

唐朝开元年间，诗人王昌龄、高适、王之涣齐名，当时他们都艰辛跋涉在求仕的征途中，尚未得到赏识而常在一起交游。一天，天冷下起了小雪，三位诗人一同到酒楼消遣，赊了点酒喝上一杯。忽然有戏班子里的乐官十几人，登上楼来会宴，三位诗人于是离开席位隐蔽在一个角落里，围着火炉观看。

不一会儿有四位出色的艺伎，陆续到来，服饰奢华艳丽，摇曳生姿，极其优美妖冶。接着奏乐歌唱起来，都是当时名曲。

王昌龄等人私下商量说："我们几人各

---

① 开元：唐李隆基（玄宗）年号。公元713~741年。王昌龄：太原人。曾任校书郎、龙标尉等职。被刺史闾晓丘杀害。原集散佚，明人辑有《王昌龄集》五卷。高适：唐渤海蓚（今河北景县）人。曾在节度使哥舒翰府掌书记。安禄山反叛入长安，高适奔赴行在，累官至谏议大夫。后任蜀、彭二州刺史。有《高常侍集》十卷。王之涣：并州（今山西太原）人。少年时击剑使酒，以任侠著称，曾任文安尉，与王昌龄、高适等同为盛唐著名诗人，但作品多散佚，今仅存诗六首。

② 风尘：谓行旅艰辛。偶：遇，受人赏识。

③ 旗亭：酒肆。贳（shì）酒：赊酒。

④ 伶官：乐官。

⑤ 避席隈映：离开席位躲在角落里。隈，角落；映，隐。

⑥ 寻：相继。奢华艳曳：服饰华丽，艳丽飘曳。

⑦ 都冶：美丽妖冶。都，优美的样子。

⑧ 名部：有名的乐曲。

⑨ 擅：占有。

以密观诸伶所讴，若诗人歌词之多者，则为优矣。"俄而一伶，抚节而唱曰[1]：

自都享有诗名，总是自己排不定次序，现在可以暗中观察名位艺伎所唱的歌曲，如果哪一个诗人的歌词多，那就是三人中最优秀的。"

不一会儿，一个艺伎打着拍子唱道：

> "寒雨连江夜入吴，
> 平明送客楚山孤。
> 洛阳亲友如相问，
> 一片冰心在玉壶[2]。"

> 寒雨连江夜入吴，
> 平明送客楚山孤。
> 洛阳亲友如相问，
> 一片冰心在玉壶。

昌龄则引手画壁曰："一绝句。"寻又一伶讴之曰：

王昌龄就抬手在墙上画了个记号，说："唱了我的一首绝句。"接着又一艺伎唱道：

> "开箧泪沾臆[3]，见君前日书。
> 夜台何寂寞，犹是子云居[4]。"

> 开箧泪沾臆，见君前日书。
> 夜台何寂寞，犹是子云居。

适则引手画壁曰："一绝句。"寻又一伶讴曰：

高适就伸出手去在墙上画了个记号，说："唱了我的一首绝句。"接着又有一位艺伎唱道：

> "奉帚平明金殿开，
> 且将团扇共徘徊。
> 玉颜不及寒鸦色，
> 犹带昭阳日影来[5]。"

> 奉帚平明金殿开，
> 且将团扇共徘徊。
> 玉颜不及寒鸦色，
> 犹带昭阳日影来。

昌龄则又引手画壁曰："二绝句。"

王昌龄又伸手在墙上画个记号，说："两首绝句。"

之涣自以得名已久，因谓诸人曰："此辈皆潦倒乐官，所唱皆《巴

王之涣认为自己出名已久，于是对另两个说："这些人都是潦倒不得意的艺伎，所

诗生活一 风雅的意趣

116

---

① 抚节：打拍子。

② "寒雨"诗：这是王昌龄任江宁县丞时所作的《芙蓉楼送辛渐》诗。

③ "开箧"诗：这是高适五古《哭单父梁九少府》的前四句。箧（qiè）：大曰箱，小曰箧。臆：胸。

④ 夜台：坟墓。子云居：子云，汉赋家扬雄的字。子云居当指子云亭。刘禹锡《陋室铭》："南阳诸葛庐，西蜀子云亭。"

⑤ "奉帚"诗：这是王昌龄《长信秋词》五首之一。昭阳：宫殿名。汉武帝后宫八区有昭阳殿。班固《西都赋》："昭阳特盛，隆乎孝成。"

人下里》之词耳①；岂《阳春白雪》之曲②，俗物敢近哉？"因指诸伎之中最佳者曰："待此子所唱，如非我诗，吾即终身不敢与子争衡矣。脱是吾诗③，子等当须拜床下，奉吾为师。"因欢笑而俟之。

须臾次至双鬟发声，则曰：

　　"黄河远上白云间，
　　一片孤城万仞山。
　　羌笛何须怨杨柳，
　　春风不度玉门关④。"

之涣即撤歈二子曰："田舍奴⑤，我岂妄哉！"因大谐笑。

　　诸伶不喻其故，皆起诣曰："不知诸郎君何此欢噱⑥？"昌龄等因话其事。诸伶竞拜曰："俗眼不识神仙，乞降清重，俯就筵席。"三人从之，饮醉竟日。

　　　　　　——《太平广记》引《集异记》

唱的都是《巴人下里》一类的庸俗之词罢了，至于像《阳春白雪》那样高雅的曲子，难道是他们平庸之辈敢沾边的吗？"于是指着群伎中最美丽的一位说："等这位所唱的如果不是我的诗，我就一生永远不敢与你们相比了。假如唱的是我的诗，你们两人就必须在床下跪拜，尊我为老师。"于是大家开怀大笑而等待那位最美丽的艺伎歌唱。

　　不大一会儿，轮到梳着双鬟的艺伎歌唱了，她居然唱道：

　　黄河远上白云间，
　　一片孤城万仞山。
　　羌笛何须怨杨柳，
　　春风不度玉门关。

王之涣立即嘲谑另两位诗人说："乡巴佬，难道我是胡说吗？"于是都戏谑大笑起来。

　　各位艺伎不明白他们为什么笑，都起身走到他三人跟前说："不知道几位公子为什么这样开怀大笑？"王昌龄等于是讲了方才打赌的事。各位艺伎争先恐后行礼说："我们眼俗不识神仙，请诸位屈尊，到席间来和我们共饮一杯。"三位诗人应邀入席，都喝得大醉，一天不醒。

---

①《巴人下里》：即《下里巴人》。古民间通俗歌曲。下里，乡里。巴，古国名，在今川东一带。

②《阳春白雪》：古乐曲名，被认为是高雅人欣赏的音乐。

③ 脱：倘或，也许。

④ "黄河"诗：这是王之涣的一首乐府诗，题为《出塞》，一作《凉州词》。

⑤ 撤歈（yé yú）：同揶揄，嘲弄。田舍奴：乡巴佬。

⑥ 欢噱（jué）：开怀大笑。

【唐】李商隐

李贺小传①

　　李贺以其瑰奇新丽的特异诗篇，赢得"诗鬼"的雅称。他只在人间停了二十六年，扔下一囊绝美的诗章，作为灵魂存在过的证物。他的一生是为诗歌而活着，呕出一颗心来吟诗。古人认为，人生有三种不朽的生存方式：第一立德，第二立功，第三立言。留下精妙绝伦的诗句，就是为人间立言吧？人们惋惜天才薄命，于是他的死也被神化，说是上帝召他去写作了，这样想，或许能给活着的人一点安慰。李商隐的追问犀利而沉痛，是一串怀疑的天问，一曲激奋的挽歌：如果真有一个上帝的话，上天应该有才华超过尘世的人才，为什么不让李贺多活几年？难道有奇才的人，无论尘世天堂都是难得的珍品？李贺生前不受重用，难道上天反而重用？假如上天都知道李贺值得重用，为何世人却偏偏不懂得爱惜奇才？

　　李商隐（约813~约858），字义山，号玉溪生，怀州河内（今河南沁阳）人。中过进士，做过小官，潦倒终身。诗风瑰迈奇古，是一位独辟蹊径的诗人。本文转述李贺的姐姐讲述的李贺的故事，写下这篇传文，有明显的惺惺相惜之意。本文有删节。

长吉细瘦，通眉，长指爪，能苦吟疾书②。最先为昌黎韩愈所知③。所与游者，王参元、杨敬之、权璩、崔植为密④，每旦日出与诸公游，未尝得题然后为诗⑤，如他

长吉身材细挑清瘦，双眉浓密相接，手指很长，写诗习惯反复推敲，下笔迅疾流畅。其才华最先被韩愈所了解。跟他过从甚密的人中有王参元、杨敬之、权璩、崔植等。每天早晨和各位朋友出游，不曾依照别人出的诗

---

　　① 李贺：(790~816)字长吉，河南福昌（今河南宜阳）人，家居昌谷（在宜阳镜内）。曾经做过奉礼郎。作诗善于运用神话传说，造境新奇瑰丽，文采华美，艺术上有独到的成就，人称"诗鬼"。

　　② 通眉：两眉相连。苦吟：写诗反复推敲。疾书：写得很快。

　　③ 韩愈：字退之，世称韩昌黎，唐代著名散文家、诗人。

　　④ 所与游者：他往来交游的人。王参元：进士，有才学，和柳宗元是朋友。杨敬之：字茂孝，文章曾受韩愈的称赞。权璩：字大主，做过中书含人等官。崔植：字公修，博学通经史，做过宰相。为密：算是最亲密。

　　⑤ 旦日：早晨，天明时。得题然后为诗：依照人家出的题目作诗。

人思量牵合，以及程限为意①。恒从小奚奴，骑距驴②，背一古破锦囊，遇有所得，即书投囊中。及暮归，太夫人使婢受囊出之，见所书多，辄曰："是儿要当呕出心始已耳！"上灯与食。长吉从婢取书，研墨叠纸足成之③，投他囊中。非大醉及吊丧日，率如此④。过亦不复省，王、杨辈时复来探取写去⑤。长吉往往独骑往还京、洛⑥，所至或时有著，随弃之，故沈子明家所余⑦，四卷而已。

长吉将死时，忽昼见一绯衣人，驾赤虬⑧，持一版，书若太古篆或霹雳石文者⑨，云当召长吉。长吉了不能读，欻下榻叩头⑩，言："阿婆老且病，贺不愿去⑪。"绯衣人笑曰："帝成白玉楼，立召君为记，天上差乐⑫，不苦也。"长吉独泣，边人尽见之⑬。少之，长吉

题作诗，也不曾像别人吟些句子穿凿在一起去附会题意，不曾把体裁、韵脚等程式限制放在心上。常常让小书僮跟随着，骑一匹骡子，背着一个陈旧破敝的锦囊，偶然得句，就书写投到锦囊中。到傍晚回家，母亲让婢女接过锦囊掏出所写诗句，看见写得多，就会说："这孩子定要呕出一颗心来才会罢休呵！"赶紧点了灯，让他吃饭。长吉从婢女手中接过诗条，再研墨裁纸把诗补足写成，投到另一个锦袋里。如果不是喝得大醉或给别人吊丧的日子，一般都是这样度过。过后也不再察看。王参元、杨敬之等人时常来从锦袋中搜出来抄写。长吉经常一人骑骡子在京都和洛阳之间来来往往，所到之处时常有所创作，但随手也就扔掉了，所以沈子明家所保留下来的，也仅存四卷罢了。

长吉将死的时候，大白天忽然看到一个穿红衣的人，骑着一条红色的龙，手拿一块书版，上面的字迹像远古时的篆文或雷击石裂的纹理，口称要召长吉归天。长吉一点也不认识那些文字。只见长吉忽然下床磕头，说："老妈年迈多病，我不愿离她而去。"穿红衣的人笑着说："天帝建成白玉楼，立即要召你去作记，天上的日子还算快乐，不苦。"长吉

---

① 思量牵合：想出些句子去凑合题意。程限为意：把体裁、韵脚等限制放在心上。

② 恒：常常。小奚奴：小书僮。距驴：骡。

③ 足成之：把它写成完整的作品。

④ 率：大致都是。

⑤ 过：事后。复省：再察看。王、杨辈：王参元、杨敬之等人。时复来：常来。

⑥ 京、洛：长安（今陕西西安）、洛阳（今河南洛阳）之间。

⑦ 沈子明：李贺的朋友，做过集贤殿学士。今存《李长吉歌诗》四卷，就是沈子明传写保存的。

⑧ 绯：红色。驾赤虬：骑着赤龙。

⑨ 太古篆：远古的篆字。霹雳石文：雷击后石上留下的纹痕。

⑩ 了：完全。欻（xū）：忽然。

⑪ 阿婆：同阿奶，这里指母亲。

⑫ 差乐：还算快乐。

⑬ 边人：在旁边的人。

气绝。尝所居窗中，勃勃有烟气，闻行车嘒管之声①。太夫人急止人哭，待之，如炊五斗黍许时②，长吉竟死。

呜呼！天苍苍而高也，上果有帝耶？果有苑囿、宫室观阁之玩耶③？苟信然④，则天之高邈，帝之尊严，亦宜有人物文采愈此世者，何独眷眷于长吉而使其不寿耶⑤？噫，又岂世所谓才而奇者，不独地上少，即天上亦不多耶？长吉生二十四年，位不过奉礼太常⑥，当世人亦多排摈毁斥之⑦，又岂才而奇者？帝独重之，而人反不重耶？又岂人见会胜帝耶⑧？

一个人在那里哭泣，旁边的人都见到此时情景。过一小会儿，长吉断气，他住房的窗中，烟气氤氲，还能听得到车轮碾过及歌吹的声音。长吉母亲马上止住众人嚎哭，等待着，大约有煮熟五斗小米的工夫，长吉终究死了。

唉！天色苍苍高高在上，天上果真有玉皇大帝吗？果然有园林花圃宫殿观阁那些玩好之物吗？如果的确真有，那么凭着高远缥缈的上天，尊贵的玉帝，天上也应该有超出凡世的文采卓越的人物，那么又为什么偏偏盯住长吉不放手而使他不能尽享天年呀？噫，又难道如世人所说奇特的天才，不仅地上少有，即使天上也不多吗？长吉活于人世二十四年，不过是奉礼侍郎芝麻粒那么大个小官，当代也有好多的人排斥诋毁他，他又哪里是出奇的天才？难道唯独天帝爱重他，而俗人反而不爱重他吗？难道俗人之见又反而高明于天帝吗？

① 少之：过了一会儿。勃勃：旺盛的样子。嘒（huì）管：吹奏乐器。

② 炊五斗黍许时：大约烧熟五斗小米的时间。

③ 苑囿：畜养禽兽的地方，大的叫苑，小的叫囿。

④ 苟信然：如果当真是这样。

⑤ 邈：远。愈：超过。眷眷：依恋向往貌。

⑥ 奉礼太常：奉礼侍郎属于太常寺，是从九品的小官。

⑦ 排摈：排挤。

⑧ 人见：世人的见解。

【清】张潮

幽梦影（9则）

诗生活推而广之，是以诗意的心态建设精致的生活，让生活艺术化、艺术生活化。它的精神内核是：人生在世是一大幸运，只可珍惜，不可虚度。活着不是受苦，活着是享受生命。有一些文人雅事，是每个读书人必备的素养：琴棋书画诗酒花；有一些俗人俗事，也可以化俗为雅：油盐柴米酱醋茶，有心人点点滴滴的精心营造，建筑起中华美食王国。如果说粗鄙地活着是对生活的厌弃，精致的生活就是对生命的情歌。凡间的一切琐细，吃的穿的用的玩的、看的听的思的念的爱的，都弄得有情有趣，细腻的敏感，精微的审美，珍惜那些值得珍惜的，追求那些令人愉悦的，人生即便是过客，也要有滋有味地活一场。

张潮（1650~?），字山来，号心斋，歙县（今属安徽）人。他的清言小集《幽梦影》是一本聪明的书，聪明人写的、给聪明人读的书。内容上，是中国文人生活情趣的小型百科全书，展览了中国文化精致之处；形式上，张潮主写，文友们点评，仿佛是网络时代的互动帖子。那些"网友跟帖点评"，谁也不甘示弱，逞舌斗巧，为全书增添异彩。后人读这本小册子，仿佛一头撞进一间古色古香的文化沙龙，在座的个个诗书满腹、机心巧慧。你会有点不自在，觉得自己的西装领带太滑稽、牛仔裤大不敬、手中的可口可乐简直是亵渎。你又会有一点羡慕，原来人可以用这么精美的眼光欣赏世界，可以有这么奢侈的情趣享受生活。

天下有一人知己，可以不恨。不独人也，物亦有之。如菊以渊明为知己①，梅以和靖为知己②，竹

天下只要有一人成为知己，就可以没有遗憾了。不单人是这样，万物都是如此。比如：菊花把陶渊明当作知己，梅花把林逋当

---

① 渊明：即陶渊明，东晋诗人。多咏菊之诗，如《饮酒二十首》之五云："采菊东篱下，悠然见南山。"
② 和靖：即林逋，北宋诗人。隐居西湖孤山，赏梅养鹤，终身不仕，也不婚娶，人称其"梅妻鹤子"。

以子猷为知己①，莲以濂溪为知己②，桃以避秦人为知己③，杏以董奉为知己④，石以米颠为知己⑤，荔枝以太真为知己⑥，茶以卢仝、陆羽为知己⑦，香草以灵均为知己⑧，莼鲈以季鹰为知己⑨，蕉以怀素为知己⑩，瓜以邵平为知己⑪，鸡以处宗为知己⑫，鹅以右军为知己⑬，鼓

作知己，翠竹把王子猷当作知己，莲花把周敦颐当作知己，桃花把避秦人当作知己，杏树把董奉当作知己，奇石把米芾当作知己，荔枝把杨贵妃当作知己，茶把卢仝、陆羽当作知己，香草把屈原当作知己，莼羹鲈脍把张翰当作知己，蕉叶把怀素当作知己，瓜把邵平当作知己，鸡把宋处宗当作知己，鹅把王羲之当作知己，鼓把祢衡当作知己，琵琶

---

① 子猷：王徽之，字子猷，东晋琅玡临沂（今属山东）人，王羲之子王献之兄。性傲不羁，尚清淡，爱竹。南朝宋刘义庆《世说新语·任诞》："尝暂寄人空宅住，便令种竹。或问：'暂住何须尔？'王啸咏良久，直指竹曰：'何可一日无此君。'"

② 濂溪：即周敦颐。北宋哲学家。筑室庐山莲山峰下的小溪上，取其生地濂溪为名，后人遂称为濂溪先生。其文《爱莲说》脍炙人口。

③ 避秦人：陶渊明在《桃花源记》中塑造了一个幽美的世外桃源，桃花源村民逃避秦朝暴政，隐居此间，过着自耕自食、富裕宁静而又饶有情趣的生活。

④ 董奉：三国吴侯官（今福建福州）人。善医道。"奉居山不种田，日为人治病，亦不取钱。重病愈者，使栽杏五株，轻者一株。如此数年，计得十万余株，郁然成林。"见晋代葛洪《神仙传》卷六。

⑤ 米颠：即米芾，字元章，号鹿门居士。北宋书画家。因举止癫狂，违世异俗，人亦称"米颠"。喜爱收藏金石古器，尤嗜好奇石，有元章拜石的说法。

⑥ 太真：即杨贵妃。初为寿王妃，后为女道士，号太真。入宫后得玄宗宠爱，封为贵妃。"妃嗜荔枝，必欲生致之，乃置骑传送，走数千里，味未变，已至京师。"见《新唐书·杨贵妃传》。

⑦ 卢仝：唐代诗人。他在《走笔谢孟谏议寄新茶》诗中写道："仁风暗结珠琲瑠，先春抽出黄金芽，摘鲜焙芳旋封里，至精至好且不奢……柴门反关无俗客，纱帽笼头自煎吃。碧云引风吹不断，白花浮光凝碗面。一碗吻润，两碗破孤闷，三碗搜枯肠，唯有文字五千卷；四碗发轻汗，平生不平事，尽向毛孔散；五碗肌骨清；六碗通仙灵；七碗吃不得也，唯觉两腋习习清风生。蓬莱山，在何处？玉川子，乘此清风欲归去。"甘露之变时，被宦官杀害。陆羽，唐代复州竟陵（今湖北天门）人。以嗜茶出名，对茶道很有研究，撰有《茶经》。后人称他为"茶神"。

⑧ 灵均：即屈原。战国楚人，名平，字原。又名正则，字灵均。楚怀王时任左徒、三闾大夫，主张联齐抗秦。后被靳尚等人诬陷，被放逐。作《离骚》，每以香草自况高洁忠贞品质。"扈江离与辟芷兮，纫秋兰以为佩。""余既滋兰之九畹兮，又树蕙之百亩。畦留夷与揭车兮，杂杜衡与芳芷。"

⑨ 季鹰：即张翰。西晋文学家。齐王司马冏任命他为大司马东曹掾。见政事混乱，知同将败，托辞秋风起，思念故乡菰菜、莼羹、鲈鱼脍，辞官回吴。事见《晋书·文苑传·张翰》。

⑩ 怀素：唐代僧人，玄奘的弟子。书法家。广植芭蕉万余株，以蕉叶代纸练字，字以狂草出名。相传秃笔成冢。

⑪ 邵平：即召平。本为秦东陵侯，秦亡后，在长安城东种瓜，瓜味甜美，时称东陵瓜。见《史记·萧相国世家》。

⑫ 处宗：宋处宗。晋代人。《艺文类聚》卷九十一引《幽明录》："晋兖州刺史沛国宋处宗尝买得一长鸣鸡，爱养甚至，恒笼著窗间。鸡遂作人语，与处宗谈论，极有言智，终日不辍。处宗因此言巧大进。"

⑬ 右军：即王羲之。据《晋书·王羲之传》记载："性爱鹅。会稽有孤居姥养一鹅，善鸣，求市未能得，遂携亲友命驾就观。姥闻羲之将至，烹以待之，羲之叹息弥日。又山阴有一道士，养好鹅，羲之往观焉，意甚悦，固求市之。道士云：'为写《道德经》，当举群相赠耳。'羲之欣然写毕，笼鹅而归，甚以为乐。"相传浙江绍兴乐北戒珠寺前鹅池为王右军养鹅处。

以祢衡为知己①，琵琶以明妃为知己②。一与之订，千秋不移。若松之于秦始③，鹤之于卫懿④，正所谓不可与作缘者也⑤。

把王昭君当作知己。一旦订交，千古不变。至于像泰山松与秦始皇，春秋鹤与卫懿公结缘，却是松、鹤的不幸，他们本不该相遇的。

【评语】

查二瞻曰："此非松、鹤有求于秦始、卫懿，不幸为其所近，欲避之而不能耳。"

殷日戒曰："二君究非知松、鹤者，然亦无损其为松、鹤。"

周星远曰："鹤于卫懿犹当感恩，至吕政五大夫之爵，直是唐突十八公耳⑥。"

王名友曰："松遇封、鹤乘轩，还是知己。世间尚有斸松煮鹤者⑦，此又秦、卫之罪人也。"

张竹坡曰："人中无知己而下求于物，是物幸而人不幸矣；物不遇知己而滥用于人，是人快而物不快矣。可见知己之难，知其难，方能知其乐。"

花不可以无蝶，山不可以无泉，石不可以无苔，水不可以无藻，乔木不可以无藤萝⑧，人不可以无癖。

鲜花不可以没有蝴蝶翩跹，青山不可以没有涌泉潺湲，石头不可以没有苔藓装点，池水不可以没有萍藻浮现，乔木不可以没有藤萝缠绵，人不可以没有自己的癖好相伴。

---

① 祢衡：汉末文学家。少有才辩，而气刚傲物。曹操"闻衡善击鼓，乃召为鼓史，因大会宾客，阅试音节。诸史过者，皆令脱其故衣，更着岑牟单绞之服。次至衡，衡方为《渔阳》参挝，蹀躞而前，容态有异，声节悲壮，听者莫不慷慨。衡进至操前而止，吏诃之曰：'鼓史何不改装，而轻敢进乎？'衡曰：'诺。'于是先解袒衣，次释余服，裸身而立，徐取岑牟、单绞而着之，毕，复参挝而去，颜色不怍。操笑曰：'本欲辱衡，衡反辱孤。'"见《后汉书·文苑传·祢衡》。

② 明妃：即王昭君，汉南郡秭归人，名嫱，字昭君。为避司马昭讳，晋人称作明君，后人又称明妃。汉元帝宫人。竟宁元年匈奴呼韩邪单于入朝，"求美人为阏（yān）氏（zhī）"，帝予昭君与和亲。昭君戎服乘马，提琵琶出塞入匈奴，号宁胡阏氏。

③ 秦始：指秦始皇。二十八年，始皇"上泰山，立石，封，祠祀。下，风雨暴至，休于树下，因封其树为五大夫"。见《史记·秦始皇本纪》。《艺文类聚》卷八八应劭《汉官仪》说始皇所封的树是公树。

④ 卫懿：指卫懿公。春秋卫国国君。好鹤。《左传·闵公二年》："狄人伐卫。卫懿公好鹤，鹤有乘轩者。将战，国人受甲者皆曰：'使鹤！鹤实有禄位，余焉能战？'"《史记·卫康叔世家》张守节正义引《括地志》："故鹤城在滑州匡城县西南十五里……俗传懿公养鹤于此城，因名也。"

⑤ 不可与作缘：南朝宋刘义庆《世说新语·方正》："刘真长、王仲祖共行，日旰未食，有相识小人贻其餐，肴案甚盛。真长辞焉。仲祖曰：'聊以充虚，何苦辞？'真长曰：'小人都不可与作缘。'"

⑥ 吕政：即秦始皇。据传为吕不韦子，故称。另说，秦阳翟的大商人吕不韦在赵都邯郸遇秦公子子楚为人质，认为奇货可居。归秦为子楚游说，使得复嗣位，为庄襄王。因庄襄王以不韦为秦文信侯，始皇政年幼继世，尊不韦为仲父。故称吕政。五大夫：爵位名。秦始皇上泰山，封松树为五大夫，后来就以五大夫作为松树的别名。十八公：松树的别名，因松字可析成十八公。

⑦ 斸（zhǔ）：挖，掘。

⑧ 藤萝：泛指蔓生植物。

【评语】

黄石闾曰："事到可传皆具癖，正谓此耳。"

孙松坪曰："和长舆却未许借口①。"

人须求可入诗，物须求可入画。

人要活得可以入诗，物要生得可以入画。

【评语】

龚半千曰："物之不可入画者：猪也，阿堵物也，恶少年也。"

张竹坡曰："诗亦求可见得人，画亦求可像个物。"

石天外曰："人须求可入画，物须求可入诗，亦妙。"

对渊博友如读异书②，对风雅友如读名人诗文，对谨饬友如读圣贤经传，对滑稽友如阅传奇小说③。

与知识渊博的友人相处，就像阅读奇特的书；与风情雅趣的友人相处，就像阅读名家的诗文；与生活严谨的友人相处，就像阅读圣贤的经典著作；与风趣幽默的友人相处，就像阅读情节离奇的小说。

【评语】

李圣许曰："读这几种书，亦如对这几种友。"

张竹坡曰："善于读书取友之言。"

少年读书如隙中窥月，中年读书如庭中望月，老年读书如台上玩月④，皆以阅历之浅深为所得之浅深耳。

少年的时候读书，像从缝隙中窥视月亮；中年的时候读书，像于庭院中仰望月亮；老年的时候读书，像在高台上把玩月亮。这些都是由于阅历的深浅不同，而决定从书中得到知识和见解的多少也不同。

【评语】

黄交三曰："真能知读书痛痒者也。"

张竹坡曰："吾叔此论真置身广寒宫里，下视大千世界皆清光似水矣⑤。"

---

① 和长舆：即和峤。字长舆，西晋汝南西平（今河南西平）人。他"家产丰富，拟于王者。然性至吝，以是获讥于世，杜预以为峤有钱癖"。见《晋书·和峤传》。

② 异书：世间罕见的书籍。晋代葛洪《抱朴子·自叙》："洪投戈释甲，径诣洛阳，欲广寻异书，了不论战功。"

③ 谨饬：谨慎。滑稽：言词流利，能言会辩，善于戏谑取笑。

④ 台：指月台。

⑤ 广寒宫：月宫。大千世界："三千大千世界"的简称。佛教以须弥山为中心，同一日月所照的四天下为一小世界；一千个小世界合起来就是小千世界；一千个小千世界合起来就是中千世界；一千个中千世界合起来就是大千世界。泛指佛教化的范围。

诗生活二 精致的品位

毕石万曰："吾以为学道亦有浅深之别。"

昔人云：若无花月美人，不愿生此世界。予益一语云：若无翰墨棋酒，不必定作人身。

前人说：如果没有鲜花、明月、美人，就不愿生活在这个世界上。我再补充一句：如果没有文章笔墨，没有棋下，没有酒喝，就不一定非要做人不可。

【评语】

殷日戒曰："枉为人身生在世界，急宜猛省。"

顾天石曰："海外诸国，决无翰墨棋酒，即有亦不与吾同，一般有人，何也？"

胡会来曰："若无豪杰文人，亦不须要此世界。"

天下无书则已，有则必当读；无酒则已，有则必当饮；无名山则已，有则必当游；无花月则已，有则必当赏玩；无才子佳人则已，有则必当爱慕怜惜。

天底下如果没有书也就罢了，有就一定要读；没有酒也就罢了，有就一定要喝；没有名山大川也就罢了，有就一定要去游；没有鲜花明月也就罢了，有就一定要欣赏品玩；没有才子佳人也就罢了，有就一定要爱慕怜惜。

【评语】

弟木山曰："谈何容易？即我家黄山，几能得一到耶？"

梅令人高，兰令人幽，菊令人野，莲令人淡，春海棠令人艳，牡丹令人豪，蕉与竹令人韵，秋海棠令人媚，松令人逸，桐令人清，柳令人感。

梅花使人高洁，兰花使人幽雅，菊花使人有野趣，莲花使人淡泊，春海棠使人飞扬，牡丹使人富贵，芭蕉与翠竹使人富韵致，秋海棠使人妩媚，青松使人高逸，桐树使人清峻，柳树使人感慨万端。

【评语】

张竹坡曰："美人令众卉皆香，名士令群芳俱舞。"

尤谨庸曰："读之惊才绝艳，堪采入《群芳谱》中。"

吴宝崖曰："《幽梦影》令人韵。"

陈留溪曰："心斋种种著作，皆能令人馋。"

笋为蔬中尤物，荔枝为果中尤物，蟹为水族中尤物，酒为饮食中尤物，月为天文中尤物，西湖为山水中尤物，词曲为文字中尤物。

竹笋是蔬菜中的珍品，荔枝是水果中的珍品，螃蟹是水族中的珍品，酒是饮食中的珍品，月亮是天体中的珍品，西湖是山水中的珍品，词曲是文学中的珍品。

【评语】

张南村曰："《幽梦影》可为书中尤物。"

陈崔山曰："此一则，又为《幽梦影》中尤物。"

【宋】沈括

正午牡丹画

　　从一幅牡丹画中看出画的是"正午牡丹"，鉴赏者眼力犀利，也反映出画家的匠心。没有这样眼力和匠心的人，进入不了这个艺术世界，如果偏要附庸风雅当收藏家，只好做个让人笑话的"耳鉴者"和假装懂得"揣骨听声"的算命先生。法国现代派诗歌大师波德莱尔定然是读过这篇文章的，他这样表达他的新奇感受："中国人从猫眼中看时间。"（《巴黎的忧郁·时钟》）

　　藏书画者，多取空名。偶传为钟、王、顾、陆之笔①，见者争售②，此所谓"耳鉴"③。又有观画而以手摸之，相传以谓色不隐指者为佳画④，此又在耳鉴之下，谓之"揣骨听声"⑤。

　　欧阳公尝得一古画牡丹丛⑥，其下有一猫，未知其精粗。丞相正肃吴公与欧公姻家⑦，一见，曰：

　　收藏书画作品的人，许多都是并不能鉴别书画的优劣而只为仰慕空名的。一件作品偶尔被传为是钟繇、王羲之、顾恺之、陆探微所创作的作品，见到的人就争抢着购买，这类人只是凭道听途说来鉴别书画作品，这叫做"耳鉴"。又有一类人鉴别画，靠的是用手摸，据说色彩不染上指头的画是好画，这类鉴别比"耳鉴"又低一等，就像相术中的用摸骨听声来推断人的命运那样，被称作"揣骨听声"鉴别法。

　　欧阳修先生曾得到一张古画，画的是一丛牡丹，牡丹下有一只猫，他不知此画是精品还是粗制滥造之作。丞相吴正肃公与欧阳修

①钟：钟繇（yóu），三国时魏国书法家。王：王羲之，东晋书法家。二人均以楷行书著名，世称"钟王"。顾：顾恺之，东晋画家。陆：陆探微，南朝刘宋时画家。画风相似，并称"顾陆"。

②争售：争相抢购。

③耳鉴：只凭道听途说来鉴别书画作品。"耳鉴"之说，是对于随声附和而不问实际之人的讥讽。

④色不隐指：靠手指抚摸来辨别画的颜色。隐，染。

⑤揣骨听声：古时相命骗术的一种，以摸骨相、听声音来推断人的命运。这是对艺术界中江湖骗子的嘲弄。

⑥欧阳公：即欧阳修。"公"是对人的尊称。

⑦丞相正肃吴公：即吴育（1004～1058），仁宗朝官至参知政事（副宰相）。死后谥号正肃。姻家：儿女亲家。

"此正午牡丹也。何以明之①? 其花披哆而色燥②，此日中时花也。猫眼黑睛如线，此正午猫眼也。有带露花，则房敛而色泽③。猫眼早暮则睛圆，日高渐狭长，正午则如一线耳。"此亦善求古人笔意也④。

——《梦溪笔谈》

是亲家，一见此画，说："这画的是正午的牡丹。怎么才知道它是正午的牡丹呢? 牡丹花的花瓣大张，颜色枯燥少润泽，这正是正午时花的样子。猫眼中的黑睛是一条细线，这正是正午时的猫眼。凡有带露的花，花房都是微微收拢而光色润泽。猫眼在早晨晚上黑睛是圆的，太阳升高黑睛渐渐变得又窄又长，正午时就像一条线了。"这就是因为他(吴正肃丞相)善于探求古人的笔意才发出的高论。

---

① 何以明之：怎样知道的呢? 明，明白。

② 披哆(chǐ)：花瓣大张。哆，张口的样子。色燥：颜色干燥而缺乏光泽。

③ 房敛：花房收敛。色泽：色彩光艳。

④ 善求：善于探求。

【清】李渔

蟹

做一个中国人的幸福之一是，有那么多好吃的！中国能够成为世界超级饮食王国，说明古代的中国人有过相当长的富裕生活的经验，人只有在温饱解决之后，才会探求美衣美食，才会发明出那么多的饮食品种，那么多的烹饪方法。在探索美食的大军中，文人充当了鉴赏者、参与者乃至发明者的角色。虽然古人有"君子远庖厨"的酸腐告诫，但美食当前，文人们也就顾不得那么多了。

李渔（1610~约1680），号笠翁，兰溪（今浙江金华）人，清初戏剧家、小说家、艺术家、美食家。"眼前道路无经纬，皮里春秋空黑黄"的蟹老怪，不知何时成了文人雅士的宠物，每当菊黄蟹肥时，眼中赏着菊，胃却惦记蟹了。听"以蟹为命"的李渔说蟹，小心别口水津津啊。

予于饮食之美，无一物不能言之，且无一物不穷其想象，竭其幽渺而言之①；独于蟹螯一物，心能嗜之，口能甘之，无论终身一日皆不能忘之，至其可嗜、可甘与不可忘之故，则绝口不能形容之②。此一事一物也者③，在我则为饮食中之痴情，在彼则为天地间之怪物矣。予嗜此一生，每岁于蟹之未出时，即储钱以待；因家人笑予以蟹为命，即自呼其钱为"买命钱"。自初出之日始，至告竣之日止，未尝

我对于美好的饮食，无一样不能说得明白，并且无一样不极尽想象，把它深藏的微妙的奥秘说个一清二楚。唯独对于蟹这种美食，心里格外喜爱，吃了满口觉得甘美，更不用说一生中我无一天能忘掉它，可是至于它能让我心中喜爱、口中觉得喷香和无法忘怀的原因，却一个字也形容不出。这螃蟹啊，在我看来是饮食中使我情有独钟令我痴迷之物，在他人眼里却是天地之间不可思议的怪物。我一生嗜蟹成癖，年年都是在蟹未上市时，就攒钱而待，因而家人嗤笑我以蟹为命。就是我自己也称攒的买蟹钱为"买命钱"。

① "无一物"句：没有一样不能用语言表达出来的。穷其想象：极尽想象。竭其幽渺：把其中的奥秘全部表达出来。

② 蟹螯：蟹的第一对足，此代指蟹。心能嗜之：心里很想吃它。口能甘之：吃在嘴里觉得很香。绝口：闭口不言。

③ 一事一物：一事指作者嗜蟹，一物指蟹。

诗生活二 精致的品位

虚负一夕，缺陷一时①。同人知予癖蟹，招者饷者②，皆于此日，予因呼九月十月为"蟹秋"。虑其易尽而难继，又命家人涤瓮酿酒，以备糟之醉之之用③。糟名"蟹糟"，酒名"蟹酿"，瓮名"蟹甓"，向有一婢勤于事蟹④，即易其名为"蟹奴"，今亡之矣。蟹乎！蟹乎！汝于吾之一生，殆相终始者乎⑤？所不能为汝生色者，未尝于有螃蟹无监州处作郡，出俸钱以供大嚼⑥。仅以悭囊易汝⑦，即使日购百筐，除供客外，与五十口家人分食，则入予腹者有几何哉？蟹乎！蟹乎！吾终有愧于汝矣。

蟹之为物至美，而其味坏于食之之人⑧。以之为羹者，鲜则鲜矣，而蟹之美质何在？以之为脍者，腻则腻矣⑨，而蟹之真味不存。更可厌者，断为两截，和以油、盐、豆粉而煎之⑩，使蟹之色、蟹之香与蟹之真味全失。此皆似嫉蟹之多味，忌蟹之美观，而多方

从上市那一天起，至蟹季结束那天止，不曾一天不吃蟹，不曾一时缺蟹。朋友们知道我有蟹痴，都在蟹季招我去吃蟹或送蟹给我吃，我因而称九、十两月作"蟹秋"。担忧"蟹秋"很快过完再难以吃到蟹，又让家人洗净坛罐酿酒以备制糟蟹醉蟹之用。糟呢，我就叫它"蟹糟"，酒呢，我就叫它"蟹酿"，罐子呢，我就叫它"蟹甓"，从前有女仆勤于制糟蟹醉蟹，我就把她的名字改叫做"蟹奴"，她现在早已过世了。蟹呀蟹呀，你在我的整个生命中，大概是相伴始终的吧？我所不能为你增添光彩的是，不曾在有螃蟹无监州的地方做郡守，拿出薪俸来大吃螃蟹，而只能用攒下的零碎小钱买你。即使一天买一百只，除了给客人吃外，和家中五十口人分着吃，那么进我肚的才有几个呢？蟹呀蟹呀，我终究还是对不住你啊。

蟹作为食品美极了，而它的美味又不免被吃它的人弄坏。用它做羹汤味鲜是鲜了，可是蟹的美好的形貌资质在哪儿呢？用它做成蟹丁，味重是重了，可是蟹的真味就没有了。更令人讨厌的是，把蟹切作两截，和上油、盐、豆粉而煎它，使蟹的色、蟹的香、蟹的真味全失掉。这种种做法好像是嫉妒蟹富于美味、蟹形体美观而千方百计糟踏它，使它

① 告竣：指蟹季结束。"虚负一夕"二句：指每天均需食蟹。负，载。

② 同人：志同道合的朋友。招者饷者：或招去吃蟹，或送蟹过来。

③ 涤瓮：刷洗缸瓮。糟之：做糟蟹。醉之：做醉蟹。

④ 甓（pì）：原意为砖，此指陶制缸瓮。向：过去。事蟹：做蟹。

⑤ 殆：大概

⑥ 生色：添色。监州：官名，通判的别称。对地方长官起监督作用。作郡：担任一郡长官，治理地方。俸钱：官吏所得薪水。

⑦ 悭囊：即扑满，口小肚大，可供储零钱用，此指作者仅是靠攒些小钱买蟹。

⑧ "其味"句：指蟹味被不会烹制之人所毁坏。

⑨ 脍：切细的鱼肉，此指把蟹做成菜肴。腻：味道较重。

⑩ 和（huò）：把粉状或粒状物掺和在一起，或加水搅拌使成较稀的东西。

蹂躏，使之泄气而变形者也①。世间好物，利在孤行，蟹之鲜而肥，甘而腻②，白似玉而黄似金，已造色香味三者之至极，更无一物可以上之。和以他味者，犹之以爝火助日，掬水益河，冀其有裨也③，不亦难乎？凡食蟹者，只合全其故体，蒸而熟之，贮以冰盘，列之几上④，听客自取自食。剖一筐⑤，食一筐，断一螯，食一螯，则气与味纤毫不漏。出于蟹之躯壳者，即入于人之口腹，饮食之三昧⑥，再有深入于此者哉？凡治他具，皆可人任其劳，我享其逸，独蟹与瓜子、菱角三种，必须自任其劳。旋剥旋食则有味⑦，人剥而我食之，不特味同嚼蜡，且似不成其为蟹与瓜子、菱角，而别是一物者⑧。此与好香必须自焚，好茶必须自斟，童仆虽多，不能任其力者，同出一理。讲饮食清供之道者⑨，皆不可不知也。

宴上客者势难全体，不得已而羹之，亦不当和以他物⑩，惟以煮鸡鹅之汁为汤，去其油

泄元气，变原形而了无余味。世间的珍异之物，它的特殊好处功用，在于单独烹制，蟹鲜而肥、甘美醇厚，蟹白如玉蟹黄如金，已达到色香味的极致，再没任何东西可以超越它。把其他口味的东西和蟹搅和在一起，就好像用火把之光增强日光，掬一捧水增加河水，希望有所裨益，这不是痴心妄想吗？凡吃蟹的，只该保全它原体，把它蒸熟，用水晶盘一装，放在桌上，听凭客人自己取食。打开一个蟹壳，吃一个蟹壳，掰断一个夹子，吃一个夹子，那香气味道就一丝一毫不会跑掉。刚从蟹壳中剥出来，就吃入人的嘴，咽下人的肚，饮食的奥妙，还有比这更深妙的吗？凡是烹制其他食物，都可以让别人去做，我享受吃现成的安逸，唯有蟹、瓜子、菱角这三样食品，一定要自己亲自动手。一边剥一边吃才有味，别人剥给我吃，不只味同嚼蜡，而且好像那也不是蟹、瓜子、菱角，而是其他什么别的东西了。这和好香一定要自己焚，好茶一定要自己沏一样，即使童仆再多，也不能代劳，出于同一种道理。讲究素食淡茶饮食之道的人，都不可以不明白这个道理。

宴请尊贵客人的情形，难以让客人吃全蟹，没办法只得做成羹，但也不该把其他配料和在其中，只须用煮鸡鹅的汁作汤，除去它

---

① 泄气：古人认为万物皆由元气聚成，元气一泄，便了无余味。

② 好物：珍异之物。孤行：单独烹制。甘而腻：鲜美醇厚。

③ 爝（jué）火助日：用火炬之火加强阳光，意为毫无意义。爝，火炬。掬水益河：捧水添河欲增加河水。此句与上句意同。冀：希望。裨：裨益，好处。

④ 合：应该。全其故体：保全蟹的身体。冰盘：水晶之盘。几：小桌子。

⑤ 剖一筐：打开一个蟹壳。

⑥ 三昧：奥妙。

⑦ 旋：马上，立即。

⑧ 别是一物：成为其他的东西。

⑨ 清供：素食淡茶谓之清供。

⑩ 上客：尊贵的客人。势难全体：（盛大的）情景难以让每个人都吃足蟹。和以他物：与其他东西一起煮。

腻可也。

　　瓮中取醉蟹，最忌用灯，灯光一照，则满瓮俱沙①，此人人知忌者也。有法处之，则可任照不忌。初醉之时，不论昼夜，俱点油灯一盏，照之入瓮，则与灯光相习②，不相忌而相能③，任凭照取，永无变沙之患矣。此法都门有用之者④。

　　　　　　　　　　——《李渔全集》

的油腻就行了。

　　从罐子中取出醉蟹，最忌讳用灯光照，灯光照，那么满罐子的醉蟹都会发沙。这是人人都知道禁忌的一点。用相应的办法加以处理，就可以随便你怎么照也不会发沙。刚开始做醉蟹的时候，不管白天黑夜，都点一盏油灯，使灯光照入罐中，那么醉蟹就习惯于灯光，醉蟹便不怕灯光而灯光就克不到蟹，任凭你用灯光照着取蟹，永无一照就沙的顾虑了。这种方法都城中有人采用。

① 满瓮俱沙：满瓮醉蟹的味都变沙。沙，一种口感，与滑腻相对。
② 初醉之时：刚做醉蟹之时。相习：相互适应。
③ 相能：不相克。
④ 都门：京城之门，代京城。

【宋】李清照

如梦令·昨夜雨疏风骤①

　　一夜小雨渐沥，天亮起来看花，侍女说：海棠花没什么变化。词人急了，看清楚啊看清楚，明明是绿叶肥了红花瘦了。侍女还是摇摇头，她哪里知道，昨夜女主人为何喝那么多酒，沉睡了一夜早晨还昏着头，她为何容颜憔悴为何瘦？要有精微的情趣，先得内心丰盈才是啊。李清照为什么要这么较真地与侍女讨论花叶多少，还煞有介事写入词中？显然，海棠花叶只是一个话头，词人想说的是"绿肥红瘦"的言外之意：雨润叶肥，春光旺盛，生机沛然。然而雨打花落，如同青春与欢爱，虽然美好，却是短暂，经得起几番雨打风吹？这是享受着美好生活的人对幸福生活的怜惜。

　　李清照（1084~1151？），号易安居士，齐州章丘（今属山东）人。宋词婉约派大师。

　　昨夜雨疏风骤②，浓睡不消残酒③，试问卷帘人④，却道海棠依旧⑤。知否，知否，应是绿肥红瘦⑥。

---

　　① 如梦令：苏轼词序："此曲本唐庄宗（后唐李存勖）制，名《忆仙姿》，嫌其名不雅，故改为《如梦令》，盖唐庄宗作此词，卒章云'如梦，如梦，和泪出门相送'，因取以为名云。"

　　② 雨疏风骤：雨小风急。

　　③ 浓睡：沉睡。不消残酒：宿醉未醒，尚有醉意。

　　④ 卷帘人：指正在卷帘的侍女。

　　⑤ 这句是侍女的回答，说海棠花还和昨日一样。省略了问句。

　　⑥ 绿肥红瘦：叶子繁密、花儿稀少。这是纠正侍女的答话。

【宋】赵师秀

约 客

黄梅天的雨像一张蛛网笼罩着每一个青砖乌瓦的人家，长满青草的池塘里到处是呱呱乱叫的青蛙。已经等到夜半时分，说好要过来一聚的朋友还没有人影，我在灯下独自摆着棋谱，棋子轻叩，和着雨声蛙声，看油灯燃起灯花又静静凋谢。雨静蛙闹，灯静棋闹，夜静心闹。雨丝笼罩下总是寂寞，青灯映照处空空等待。这样的等，这样的孤寂，这样干净的心情，何处得见？何时再见？

宋人陈师道《绝句》云："书当快意读易尽，客有可人期不来。世事相违每如此，好怀百岁几时开？"又说："俗子推不去，可人费招呼。世事每如此，我生亦何娱！"一生中值得期待的东西并不太多，快意书，可人友，大约少不了这些罢。

赵师秀（？～1219），字紫芝，号灵秀、天乐。永嘉（今浙江温州）人。南宋诗人。

黄梅时节家家雨①，青草池塘处处蛙。
有约不来过夜半，闲敲棋子落灯花②。

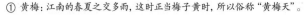

① 黄梅：江南的春夏之交多雨，这时正当梅子黄时，所以俗称"黄梅天"。
② 灯花：油灯烧尽的灯芯，久燃自落，或者"剪灯"自亮。

【宋】苏轼

定风波·莫听穿林打叶声①

天晴的时候在阳光中走,下雨的时候在泥泞中也是走。由它风雨呼啸,压不住我的歌吟长啸。骑马自然潇洒,步行不妨轻快,身披蓑衣照样穿透烟雨,怕什么?怎样不是在人生路上走一程?得意时诗酒欢畅,酒醒后春风料峭,朝阳虽然滑落,仍有夕阳斜照。来路上见识过雨骤风狂,此后的日子,再也不在乎它是天晴还是下雨。

三月七日,沙湖道中遇雨。雨具先去,同行皆狼狈,余独不觉。已而遂晴,故作此词②。

莫听穿林打叶声,何妨吟啸且徐行③。竹杖芒鞋轻胜马④,谁怕?一蓑烟雨任平生⑤。 料峭春风吹酒醒,微冷,山头斜照却相迎。回首向来萧瑟处,归去,也无风雨也无晴⑥。

---

① 定风波:唐教坊曲名,敦煌曲子词定风波有句"谁人敢去定风波",调名或本此。

② 三月七日:宋神宗元丰五年(1082)三月七日,当时苏轼谪居黄州。沙湖:黄冈县东三十里。雨具先去:指携雨具的人已经先走了。小序说明作词时的情境。

③ 雨来人不乱,是气度;雨中散步,是大气度;雨中散步还吟诗啸歌,是文士风雅大气度。

④ 芒鞋:草鞋。轻胜马:比骑马轻便。

⑤ 任:畅快、任意。由雨中漫步推广到人生姿态:无惧生活的风雨,旷达地度过人生。

⑥ 借眼前景物道心中坦荡:夕阳下回望走过的风雨路,一片安宁;经历挫折后的心境,依然洒脱。

一蓑烟雨任平生

【宋】黄庭坚

我本农民①

黄庭坚（1045～1105），字鲁直，号山谷道人，晚号涪翁，洪州分宁（今江西修水）人。开创了在宋代影响颇大的江西诗派，书法也自成一家。与苏轼为友，人称"苏门四学士"之一。他22岁中进士，做过国子监教授、《神宗实录》检讨官、国史编修官等文化官员。多次被人拿文章做诬陷的借口，贬官黔州、戎州、宜州，分别在49岁、53岁、59岁，而且每次都住在贬谪地的寺庙里。最后这次贬谪广西宜州，连寺庙也不让住了，因为庙里要为皇上祝寿，闲杂人等不得入内。只好移居城楼上，地方狭小，闷热难当。然而，就连这样的地方，官府也不允许住，就像赶乞丐一样把诗人赶走。诗人再次被迫搬到子城的城头破败戍楼里栖身，风雨无遮，睡床旁边就是卖牛肉的摊子，人声喧闹，跟住在路边的乞丐没有太大差别。然而，诗人说：我本来就是农民，如果不考进士，今天在乡野之中不是照样艰辛度日？有什么了不得的？于是诗人"焚香而坐"，"用三钱买鸡毛笔"（最便宜的劣质毛笔），给慕名前来的人写诗作书。并且，给这个小破楼题写了一个文雅的书斋名："喧寂斋"。你说，黄庭坚到底是农民还是书生？

崇宁三年十一月，余谪处宜州半岁矣②。官司谓余不当居关城中，乃以是月甲戌抱被入宿子城南余所僦舍"喧寂斋"③。虽上雨旁风，无有盖障，市声喧愦，人以为不堪其忧；余以为家本农耕，使不从进士，则田中庐舍如是，又可不堪其忧郁？既设卧榻，焚香而坐，

北宋徽宗崇宁三年十一月，我被贬居宜州已半年了。官府说我不该居住在关城中，于是在本月甲戌日，抱着被子住进了子城城南我现在住的这间屋子"喧寂斋"。虽然房顶漏雨四壁来风，上无遮蔽的屋盖旁无挡风的屏障，市街喧闹声乱哄哄的，人们都以为那是无法忍受的忧愁；可是我却认为我的家本来以农耕为生，要不是我中了进士，那么乡间

---

① 标题为编者所拟，原题《题自书卷后》。

② 宜州：今广西宜山县。

③ 子城：附于大城的子城，如内城及附郭的月城。凡大城谓罗城，小城为子城。

与西邻屠牛之机相值①。为资深书此卷②，实用三钱买鸡毛笔书。

——《豫章黄先生文集》

的房舍也就像这样，又有什么不可忍受的愁苦呢？我就支起个睡榻，焚起一炷香坐在榻上，和西邻杀牛的几案相对。为李资深写这卷书，是用花三钱买的鸡毛笔写的。

---

① 机：通"几"，几案。值，相对。
② 资深：李定，字资深，扬州人。曾受学于王安石。

一蓑烟雨任平生

138

【宋】陆游

诗人在死前①

　　前一则黄庭坚自述写于"崇宁三年（1104）十一月"，十个月后，崇宁四年（1105）九月三十日诗人病逝于戍楼。陆游的记录补充了黄庭坚临终前一个细节，让人鼻酸而又心热。黄庭坚在年轻欢畅的时节，高歌过"人生莫放酒杯干"；在贬谪四川黔州的时候，还意气风发，在白发上插满黄菊，"风流犹拍古人肩"；贬谪广西宜州，"去国十年老尽少年心"，方才感觉真是老了。但是，总有些东西是不会老的。在蒸笼似的屋子里赤脚伸出去淋雨，竟然是一生中最快活的时光，诗人是随嘴一说吗？儒家的"安贫乐道"变成一句口号是令人讨厌的，有人在身体力行，就让人肃然起敬。但在这里，诗人的行为用"安贫乐道"来解释就俗了。黄庭坚一生坚决"反俗"，他这句名言为人熟知："三日不读书，便觉语言无味，面目可憎。"他评论嵇康和苏轼的诗，都用过"无一点尘俗气"这样的句子；他还这样告诫子弟："士生于世，可以百为，惟不可俗，俗便不可医也。或问不俗之状，余曰：难言也，视其平居，无以异于俗人；临大节而不可夺，此不俗人也。"（《书嵇叔夜诗与侄榎》）每次贬官，生死之际，都是"临大节"之时，这时候的表现，最好判断一个人是否"俗人"。因而，我更愿意认为，本文这则小故事，足以证明，黄庭坚有过一个不俗的生，更有一个不俗的死。

　　范寥言②：鲁直在宜州，州无亭驿③，又无民居可僦④。止一僧舍可寓，而适为崇宁万寿⑤，法

　　据范寥说：诗人黄庭坚因文字得罪，屡遭贬斥，最后被除名羁管，到了宜州。
　　宜州是个偏僻地方，没有招待所，也没

---

① 此则为钟叔河译述。

② 范寥：字信中，蜀人，负才豪纵。往广西见黄庭坚，黄庭坚死，出所携财货为办后事。见宋费衮《梁溪杂志》卷十。

③ 亭驿：亭，行人停留宿食的地方；驿，传送公文的人马宿食的地方。

④ 僦（jiù）：租。

⑤ 崇宁：宋徽宗的年号。

所不许。乃居城楼上，亦极湫隘①，秋暑方炽，几不可逭②。一日忽小雨，鲁直饮薄醉，坐胡床，自栏楯间伸足出外以受雨，顾谓寥曰："信中，吾生平无此快也！"未几而卒。

——《老学庵笔记》卷三

有民房可租，唯有住庙；又碰上庙里正在为皇上祝寿，不能接客，只好住在南门城墙上的小城楼里。那楼又矮又窄，时逢三伏，热得简直像蒸笼。

有天下了雨，炎威稍杀。诗人喝了点酒，坐在矮凉床上，把双脚从栏杆中伸出去让雨水淋着，一面喊着去看他的范寥道：

"信中呀，这真是我一生中最快活的时候啦！"

没多久，诗人便死在这楼上了。

---

① 湫隘（jiǎo ài）：低下狭小。

② 逭（huàn）：逃避。

一蓑烟雨任平生

140

【元】马致远

双调·夜行船·秋思①

　　"隐士"这个词的通俗流传，对天下文心的误解太厉害了。不得志的、发牢骚的、没做官的、没有喊口号表决心要报效国家的、纵情酒色的、热爱田园的、自得其乐的、自尊自傲的……一个"隐士"的标签就全部打发了，似乎偌大世界只有在朝做官、在野归隐两种选择。如果以在朝、在野的二分法来计数，做官的能有几人？岂非天下滔滔皆为隐士？就以做官与否来考量，其中头绪也纷乱得很。其一，从报效国家来看：古人有"大隐在朝、中隐在市、小隐在山"之说，如果做官的也做了隐士，不成了尸位素餐？孔子又说："天下有道则现，无道则隐。"当世道昏暗，不做官就是拒绝同流合污，隐居不仕才是正常的选择。其二，从生活方式来看：领官俸的人与自己谋生（躬耕、卖文）的人，天生就有区别，所谓"屁股决定立场"，无法纳入隐与仕的简单套子里。其三，从思想心态来看：以隐居自我标榜，"功名捷径在烟霞"，隐是为了走终南捷径者有之；做不了官则牢骚满腹，个人不顺则天昏地暗者有之。这与那些宠辱不惊、自尊自乐者相比，隐士又有真假之分。所以，我们不要随便使用"隐士"这个词来描黑天下不做官的读书人。我们暂且用"民间文人"或"平民书生"这类词来代替已被古今人等描摹得色彩斑斓底色不清的"隐士"这个词。

　　马致远（约1250～1321），号东篱，大都（今北京）人。也曾博取功名不如意，"困煞中原一布衣"，于是混迹民间，以诗酒自娱。元代杂剧四大家之一，"姓名香贯满梨园"、"万花丛中马神仙"（贾仲明），有《汉宫秋》等；散曲创作为元代之冠，明人称他为"曲状元"。《夜行船·秋思》这首套曲历来为人叹赏，"无一字不妥"、"万中无一"（周德清《中原音韵》），"元人称为第一"（《艺苑卮言》）等等，究其原因，一方面是精湛的艺术表现力，另一方面，是他所代表的民间立场引发人们的共鸣。"百岁光阴如梦蝶"，无论盛世与豪杰，都经不起时间的打磨；而人生呢，"上床与鞋履相别"，今天脱下的鞋，明天不知还有没有机会穿上它，这是中国人传统的悲剧意识。悲剧意识绝不是消极

---

　　① 双调·夜行船：双调中常用的套曲。《夜行船》不单独作小令用。中间各曲使用的频率最多的有《风入松》《落梅风》《庆宣和》《拨不断》《新水令》等。

思想，它是在认可人生的大悲哀之后，寻求人生真正的价值，反而促使人们珍惜生命。世人争名夺利，"密匝匝蚁排兵，乱纷纷蜂酿蜜，闹攘攘蝇争血"，实在无聊得紧，何如"青山正补墙头缺，竹篱茅舍"清静自得？如果能得见陶潜、孔融、裴度一班可人儿，"和露摘黄花，带霜烹紫蟹，煮酒烧红叶"，这种神仙日子，才真正快意平生。

秋 思

百岁光阴如梦蝶①，重回首往事堪嗟。今日春来，明朝花谢。急罚盏夜阑灯灭②。

[乔木查] 想秦宫汉阙③，都做了衰草牛羊野。不恁渔樵无话说④。纵荒坟横断碑，不辨龙蛇⑤。

[庆宣和] 投至狐踪与兔穴⑥，多少豪杰。鼎足三分半腰里折，魏耶？晋耶⑦？

[落梅风] 天教富，莫太奢，没多时好天良夜⑧。看钱奴硬将心似铁⑨，空辜负了锦堂风月⑩。

[风入松] 眼前红日又西斜，疾似下坡车。晓来清镜添白雪⑪，上床与鞋履相别⑫。莫笑鸠巢计拙⑬，葫芦提一向装呆⑭。

---

① 梦蝶：用庄子梦为蝴蝶的故事，说人生就像一场奇妙幻梦。

② "急罚盏"句：赶快行令罚酒，直到夜深灯残。夜阑：夜深，夜残。表及时行乐之意。

③ 秦宫汉阙：秦代的宫殿和汉代的陵阙。这是泛指前代的宫阙。

④ 不恁(nèn)：不如此，不这么。恁，这样。前朝繁华，都成了渔樵闲话。

⑤ 龙蛇：这里指刻在碑上的文字。古人常以龙蛇比喻笔势的飞动。李白《草书歌行》："时时只见龙蛇走，左盘右蹙如惊电。"苏轼《西江月》："十年不见老仙翁，壁上龙蛇飞动。"

⑥ 投至：及至，等到。历代英豪，全化作黄土荒冢。

⑦ "鼎足"句：言魏、蜀、吴三国鼎立的形势，中途便天折了。最后胜利到底是属于魏呢，还是属于晋？这是化用陶渊明《桃花源记》"问今是何世，乃不知有汉，无论魏晋"的语义。

⑧ 好天良夜：好日子，好光景。

⑨ 看钱奴：神怪小说《搜神记》，关于一个姓周的贫民在天帝的恩赐下，以极其悭吝、极其刻薄的手段，变为百万富翁的故事，塑造的一个为富不仁、视财如命的悭吝形象——看钱奴。

⑩ 锦堂风月：指富贵人家的豪华陈设与美好生活。《汉书·项籍传》："富贵不归故乡，如衣锦夜行。"后来韩琦以武康节度使知相州，相州是他的故乡，他便筑一所房子，叫做"昼锦堂"。欧阳修为他作的《昼锦堂记》中有"堂开昼锦"的话，因以"锦堂"代指富贵人家。

⑪ 添白雪：添白发。李白《将进酒》："君不见高堂明镜悲白发，朝如青丝暮成雪。"

⑫ 上床与鞋履相别：每晚上床睡觉与鞋子告别，不知第二天是否还有机会穿上。指生命短暂而脆弱。

⑬ 鸠巢计拙：指不善于经营生计。《诗·召南·鹊巢》："维鹊有巢，维鸠居之。"朱熹注："鸠性拙不能为巢，或有居鹊之成巢者。"

⑭ 葫芦提：糊糊涂涂。《花草粹编》十一李屏山《水龙吟》："但尊中有酒，心中无事，葫芦提过。"装呆：难得糊涂。

一蓑烟雨任平生

142

[拨不断]　利名竭，是非绝。红尘不向门前惹，绿树偏宜屋角遮，青山正补墙头缺，竹篱茅舍。

[离亭宴煞]　蛩吟一觉方宁贴①，鸡鸣万事无休歇。争名利，何年是彻②。密匝匝蚁排兵，乱纷纷蜂酿蜜，闹攘攘蝇争血。裴公绿野堂③，陶令白莲社④。爱秋来那些：和露摘黄花，带霜烹紫蟹，煮酒烧红叶。人生有限杯，几个登高节。嘱咐俺顽童听者：便北海探吾来⑤，道东篱醉了也⑥。

---

①　蛩：蟋蟀。宁贴：安适，熨帖。

②　彻：了结，到头。

③　裴公：唐代的裴度。他曾历仕德宗、宪宗、穆宗、敬宗、文宗五朝，以一身系天下安危者二十年。眼见宦官当权，国事日非，便在洛阳修了一座别墅叫做"绿野堂"，与白居易、刘禹锡等在那里饮酒赋诗。

④　陶令：陶渊明，他曾经做过彭泽令，所以被称为陶令。相传他曾经参加晋代慧远法师在庐山虎溪林寺组织的白莲社。

⑤　北海：指东汉的孔融。他曾任过北海（今山东寿光）相，所以后世称他为孔北海。他尝说："座上客常满，樽中酒不空，吾无忧矣。"

⑥　东篱：作者自指。他美慕陶渊明的隐逸生活，因陶渊明《饮酒》诗有"采菊东篱下，悠然见南山"之句，因自号为"东篱"。他所著的散曲集，就叫做《东篱乐府》。

中国味道——一种东方特有的生活方式

这是一片祥和的大陆,
这是一处温暖的人间,
这是一个伟大的种族,
你我生在其间……

CLASSICAL CHINA

盘古开天辟地

这是人的大地，又是有神性的大地。是神人的血脉肢体变化凝结成的大地，是一片可亲可爱的大地，是可以生于斯、长于斯、死于斯的大地。盘古的神话有一种惊天动地、震撼人心的壮美。比较《圣经》中的创世记神话，世界为上帝所创造；而中国古人认为，世界是神人的血脉肢体所化育，日月是他的双眼，江河是他的血液，大地是他的身体，人是神身上的一部分生命。你觉得哪一种传说更为亲切、更令人温暖、更与人类的生存血肉相连？

一

天地浑沌如鸡子①，盘古生其中。万八千岁，天地开辟，阳清为天，阴浊为地②。盘古在其中，一日九变③，神于天，圣于地④。天日高一丈，地日厚一丈，盘古日长一丈⑤，如此万八千岁。天数极高，地数极深，盘古极长⑥。

——《艺文类聚》卷一引《三五历纪》

天地还清浊不分、混沌一体的时候，宇宙好像一颗鸡蛋，盘古就孕育生存其中。后经过一万八千年的岁月，天地开始分离，阳清的元素上升成为天，阴浊的元素下沉形成地。盘古处在天地中间，一天中变化无穷，他的智慧能力超越天地。天一天上升一丈，地一天加厚一丈，盘古的身高一天增加一丈，这样变了一万八千年，天的高度变得极高，地的深度变得极深，盘古的个子变得极大。

---

① 浑沌：清浊不分的光景。

② 阳清为天，阴浊为地：依照古人的理解，阴阳两类元素，是构成宇宙万物最基本的东西。天地初分时，属于"阳"的这类元素，是清而轻的，就上升成为天空；属于"阴"的这类元素，是浊而重的，就下降成为大地。

③ 一日九变：九，表示多的意思，是虚数，不是实指。

④ 神于天，圣于地：于，超过。这里的"神"，似指智慧；"圣"，似指能力。

⑤ 盘古日长一丈：长（zhǎng），增长。

⑥ 天数、地数：数，数目，数字，指天的高度，地的深度。

二

首生盘古，垂死化身①。气成风云，声为雷霆②，左眼为日，右眼为月，四肢五体为四极五岳③，血液为江河，筋脉为地里④，肌肤为田土，发髭为星辰⑤，皮毛为草木，齿骨为金石，精髓为珠玉⑥，汗流为雨泽，身之诸虫，因风所感，化为黎氓⑦。

——《绎史》卷一引《五运历年记》

天地之始，最先生育了盘古。他临死时身体器官分解化开。他的呼吸变成风云，他的声音变为雷霆，左眼变为太阳，右眼变为月亮，四肢躯干变为大地四方的边际和五岳，他的血液变成奔涌的江河，他的经络血脉成为大地上的道路，肌肉变成肥田沃土，头发髭须变成满天星辰，皮肤的汗毛成为草树，牙齿骨骼成为坚硬的金属石头，精液骨髓变成珍珠宝玉。汗水变成雨露，身体上寄生的各类虫，凭着风的感化，变成了黎民百姓。

---

① 垂：临。

② 霆：疾雷，就是霹雳。

③ 四肢五体：两手两脚称为四肢，加上躯干，叫做五体。四极，极，极点，尽头；大地东西南北四方的边际。五岳：岳，高山叫岳；五岳，指东、西、南、北、中五方的高山。《尔雅·释山》："泰山为东岳，华山为西岳，霍山为南岳，恒山为北岳，嵩高为中岳。"

④ 筋脉：筋络和血脉。地里，里通"理"，大地的纹理，指河川道路等。

⑤ 发髭：头发和髭须。髭是髭须的一部分：生在口以上的叫做髭，生在下巴上的叫做须。又还有生在脸颊两旁的，叫做髯。这里举出髭来代表以上的种种。

⑥ 精髓：精液和骨髓。

⑦ 黎氓：黎民；氓（méng），与民同义。

女娲造人补天

女娲捏黄土造人，造出的当然是黄色人种、农耕民族。这个传说所隐含的信息是：泥土是有生命的，我们由泥土而生，也将归化为泥土。炼石补天的传说大气磅礴，想象恢宏。另一点值得注意的是：造人和补天的都是女神。这或许是母系时代的传说，也说明中国文化的源头以慈爱柔性奠基，一开始就孕育着无限的、无害的，又是强大的、坚韧的创造力。

一

俗说天地开辟，未有人民。女娲抟黄土作人，剧务力不暇供，乃引绳于泥中，举以为人[①]。

——《太平御览》卷七八引《风俗通》

民间传说天地刚刚分离之时，还没有人类。女娲用黄土捏成人，耗力很多还是效率不高，于是把绳子浸入稀泥中挥甩，洒下的泥珠全都变成人。

二

往古之时，四极废，九州裂；天不兼覆，地不周载；火爁焱而不灭，水浩洋而不息；猛兽食颛民，鸷鸟攫老弱[②]。

从前远古之时，支撑天穹四方的梁柱废弛毁坏，九州大地分裂；天空破损不能尽覆大地万物，大地分裂不能遍载万物。大火蔓延不熄灭，洪水浩瀚无边不止息，猛兽凶禽乘机残害捕食善良的人民及老弱妇孺。

---

① 抟（tuán）：以手团物叫抟。剧务：忙于工作。女娲抟黄土作人，工作紧张，力不暇供应需要，于是把绳子浸入在泥泞当中，挥洒以为人。

② 四极废：极，屋梁；废，坏。古人把天想象成屋顶，屋顶的四方有梁柱，梁柱毁坏，屋顶亦随而坍塌。这里所说的"四极"，指天的四极，与前章第二节所说"盘古四肢五体为四极五岳"的大地的四极有别。九州：古时分天下九州，即冀州、兖州、青州、徐州、扬州、荆州、豫州、梁州、雍州。天不兼覆：兼，尽；天有所损毁，不能尽覆万物。地不周载：周，遍；地有所陷坏，不能遍载万物。爁焱（lǎn yàn）：大火延烧的光景。浩洋，浩瀚无涯的光景。颛（zhuān）民，善良的人民。鸷鸟：凶悍的鸟。攫（jué），用爪取物。

于是女娲炼五色石以补苍天，断鳌足以立四极，杀黑龙以济冀州，积芦灰以止淫水①。

苍天补，四极正；淫水涸，冀州平；狡虫死，颛民生；背方州，抱圆天②。当此之时，禽兽虫蛇，无不匿其爪牙，藏其螫毒，无有攫噬之心③。

——《淮南子·览冥篇》

于是女娲出来熔炼五种颜色的巨石用以修补损坏了的青天。斫断巨鳌的腿作为支撑天穹四方的梁柱。杀死发大水的黑龙拯救冀州百姓，积起芦苇的灰烬用来止住泛滥的洪水。

青天得以修补，支撑天穹四方的梁柱竖直；泛滥的洪水干涸了，冀州大地太平无事；恶禽猛兽被杀死，善良的百姓有了生机。他们凭依方整的大地，怀抱圆圆的青天，安居乐业，怡然自得。当这个时候，禽兽虫蛇都藏匿起伤人的爪牙和毒素，不再存有咬啮残害百姓的歹心，变得驯顺了。

---

① 炼：熔炼。鳌：大龟叫鳌。黑龙：水怪，发下洪水来危害人民的，有人说即指共工。济：拯救。冀州：居于九州中部的一州，《淮南子·地形篇》："何谓九州？……正中冀州曰中土。"《楚辞·九歌·云中君》："览冀州兮有余，横四海兮焉穷。"举冀州即以代表四海以内之地。芦灰：芦苇烧成的灰。淫水：洪水。

② 涸（hé）：干涸。平：平安。狡虫：指恶禽猛兽。方州：即大地；古人以为天圆地方，故称方州。

③ 虫蛇：原作蝮蛇，据王念孙说改；虫蛇与禽兽相对为文。匿：隐藏。螫（shì）毒：毒害。噬（shì）：咬。

燧人与仓颉

钻木取火的发明，让人类无惧于任何动物，使整个种族获得生存的保障，并造就了人类特有的熟食习性，由此引发一系列生理的、生存方式的改变，人与动物的分野越来越远。文字的发明，产生这么大的动静，以致"天雨粟"——吉祥，"鬼夜哭"——臣服，说明文字的力量之大，人类获得命名万物的神力，这是天人沟通的神力，也是控制万物的神力。人类凭借文字独创了一个精神的世界，人因此彻底区别于其他动物。先人将这两项伟大的发明，记在两个人名下：燧人与仓颉。

遂明国不识四时昼夜①，有火树名遂木，屈盘万顷。后世有圣人，游日月之外，至于其国，息此树下②。有鸟类鹗③，啄树则灿然火出。圣人感焉，因用小枝钻火④，号燧人。

——《路史·发挥一》注引《拾遗记》

燧明国的人不知道四季白天黑夜，有一种能生火的树叫燧木，屈曲盘桓，有万顷之阔。后代出现了一位智慧超乎寻常的人，遨游日月之外的高空，来到燧明国，在树下驻足憩息。见到一只像鹗的鸟，用喙啄木冒出灿然的火光，圣人有所感悟，于是用燧木的小枝钻木取火，此圣人称作燧人。

①　遂明国：遂，义同燧；遂明国即燧明国，其国本"不识昼夜"，以有"遂（燧）木"，所发出的火光而"明"，故号"遂明"。

②　此十八字据《太平御览》卷七八引补。

③　有鸟类鹗：原作"有鸟名枭"，据《路史》前纪五注引改。枭，即鸱鸮，俗谓之猫头鹰，并无啄木的习性。若作"名枭"，此鸟即枭，于理不合。当是"类枭"或"类鹗"，因据改。

④　因用小枝钻火：原作"因取其枝以钻火"，据《太平御览》卷七八引改。揆诸情理，遂明国"类鹗"鸟所啄的遂木，必是但有火光，实无火焰，否则遂木早已燃烧而成为灰烬了。"圣人"不过感于啄木发火之理，始用"小枝钻火"，而得钻木作火之法，遂普及于民间。若是"取其枝以钻火"，则"钻火"非"其枝"不可，不但民间无从普及，"其枝"亦早焚毁，因据改。

苍颉作书而天雨粟，鬼夜哭①。

——《淮南子·精神篇》

苍颉创造文字，上天像下雨一样下粮食，鬼在夜里哭泣。

仓帝史皇氏名颉，姓侯冈，龙颜侈哆，四目灵光，实有睿德，生而能书②。于是穷天地之变，仰观奎星③圆曲之势，俯察龟文鸟羽山川，指掌而创文字，天为雨粟，鬼为夜哭，龙乃潜藏④。

——《汉学堂丛书》辑《春秋元命苞》

仓帝史皇氏名颉，姓侯冈，长得大大方方有龙相，四只眼睛透出灵气炯炯有神，具有美好的品德，天生就能写字。于是透彻参悟天地的变化，仰面观察主文章的奎星屈曲钩连的态势，俯身观察龟壳纹理分布走向及鸟的羽毛和山川草木，亲手创造了文字。上天为此而下粮食，鬼神在夜间哀泣。龙于是潜藏起来不现世，世道衰微。

---

① 天雨粟，鬼夜哭：《淮南子》的注释者高诱说："苍颉始视鸟迹之文造书契，则诈伪萌生；诈伪萌生则弃本趋末，弃耕作之业而务锥刀之利。天知其将饿，故为雨粟。鬼恐为书文所劾，故夜哭也。"文字的发明对人类文化贡献很大，因而有"天雨粟，鬼夜哭"的神话传说。一方面指出文字可以用作斗争的武器："书文"终于还能"劾""鬼"，而着重却是指出了它的弊害："弃耕作之业"，"务锥刀之利"（古代文字是用锥刀刻在龟甲兽骨或竹简上的），这虽不能把文字产生的本质解释得很清楚，但基本上反映了人类自身演进发展"手脑分离"这一社会现实。

② 侈哆：宽大貌；哆（chǐ），与侈同义。睿（ruì）德：圣德。

③ 奎星：星宿名，二十八星宿之一，为西方白虎七宿的第一宿。有星十六。屈曲相钩，如文字笔画，因而古人认为奎星主文章。

④ 龙乃潜藏：龙潜藏比喻德衰，是说有了文字的发明，"诈伪萌生"，上古淳朴的"德"就衰了，因而原本出现在至德之世的龙就潜藏起来。这种"神话"当然只是神话。

炎 帝

炎帝是第一个中国农民的形象：人身牛首、尝百草滋味、播种百谷、烧制陶器、发明农具，所有农业生活的起源尝试和发明都归在他的名下，炎帝神农氏就成为农耕时代中国先民的代表。那一头忙碌在山野之间的勤劳勇敢、富有牺牲精神的牛，也成为中华民族精神的一个象征符号。

炎帝神农氏人身牛首。

——《绎史》卷四引《帝王世纪》

神农之时，天雨粟，神农遂耕而种之①；作陶冶斤斧，为耒耜钼耨，以垦草莽②，然后五谷兴助，百果藏实③。

——《绎史》卷四引《周书》

神农以赭鞭鞭百草，尽知其平、毒、寒、温之性，臭味所主，以播百谷，故天下号神农也④。

——《搜神记》卷一

神农尝百草之滋味，一日而遇七十毒。

——《淮南子·修务篇》

炎帝神农氏长着人的身躯，牛的脑袋。

神农的时候，天上下粮食，神农于是耕地播种这些粮食种子；又制作陶器冶炼金属铸成斧子，制造出耒耜锄耨等翻土锄草的农具，用来开垦荒地种植庄稼。这样以后，五谷才茂盛生长资助民生，各类果子都挂满枝头。

神农用红褐色神鞭抽打百草，详尽了解百草的平和、有毒、或寒、或温的特性。凡气味纯正的，就挑选出来播种成百谷，所以天下的人就把他称作神农。

神农口尝百草的滋味，一天中遇到七十种有毒的草。

① 粟：植物名，谷子，去皮后称为小米。种（zhòng）：种植。

② 陶：瓦器。冶（yě）：本义为铸，引申为凡所铸造的金属器皿都称冶。斤：伐木斧，刃横，形似锄。耒耜（lěi sì）：农具，起土所用，耒为其柄，耜为其舌，古皆以木为之，后世乃易耜为铁制。钼耨（chú nòu）：均除草所用的农具，钼，同锄，站着耨草所用的叫锄；耨，坐着耨草所用的叫耨。垦：垦除。草莽：即丛草，荒野。《方言》："草，南楚之间谓之莽。"

③ 五谷兴助，百果藏实：五谷，麻、黍、稷、麦、豆叫五谷；兴助，兴起而助养于人。百果藏实，藏，蓄积，百种果树均蓄积其果实于枝叶间。

④ 赭（zhě）鞭：红褐色的神鞭。臭（xiù）味：气味。

黄 帝

  黄帝与蚩尤、刑天之战，是远古先民部落之间的争斗融合，炎黄两大部落合二为一，组合为华夏民族，因而我们自称炎黄子孙。黄帝在征战中取胜，缘于他发明了先进的科技武器——指南车。拥有"高科技"的部队，自然战无不胜。刑天虽然是个失败者，但他虽败犹荣，那个宁死不屈勇猛强悍的形象，常常得到后人的赞赏。

一

古者黄帝四面[①]。

    ——《太平御览》卷七九引《尸子》

上古时代黄帝有四张脸。

二

阪泉氏蚩尤[②]，姜姓，炎帝之裔也，好兵而喜乱，逐帝而居于浊鹿，兴封禅[③]，号炎帝[④]。

    ——《路史·后纪四·蚩尤传》

  阪泉氏蚩尤，姓姜，是炎帝的后裔。喜好穷兵黩武发动战乱。驱逐炎帝，占据涿鹿，举行极隆重的典礼祭祀天地，自己称为"炎帝"。

黄帝与炎帝战于阪泉之野，帅

  黄帝和炎帝蚩尤在阪泉旷野交战。统率

---

  ① 古者黄帝四面：四面，四张脸。按《尸子》这句话的全文是："子贡问孔子曰：'古者黄帝四面，信乎？'孔子曰：'黄帝取合己者四人，使治四方，不计而耦，不约而成，此之谓四面也。'"照子贡问孔子的意思，所谓"四面"，确实就是"四张脸"，根据的想必是当时的民间传说，而孔子解答做"取合己者四人，使治四方"云云，是把古代神话历史化了。

  ② 阪泉氏蚩尤：阪泉，地名，地理位置其说为三，今取其一，河北省涿鹿县东南。《水经注·漯水》："《魏土地记》'下洛城东南六十里有涿鹿城，城东一里有阪泉，泉上有黄帝祠。'"蚩尤，姓姜，以封地为氏，故称阪泉氏。古九黎部落首长，炎帝臣。浊："涿"。

  ③ 封禅(shàn)：古时帝王在登位之后为报天地之功所举行的一种极隆重的祭祀典礼。封，在泰山上筑土为坛祭天称封；禅，在泰山下梁父山上辟地祭地，称禅。

  ④ 炎帝：即逐炎帝而自号炎帝的蚩尤。下一段中的"炎帝"，亦当指蚩尤。

熊、罴、狼、豹、貙、虎为前驱①；以雕、鹖、鹰、鸢为旗帜②。

——《列子·黄帝篇》

蚩尤率魑魅与黄帝战于涿鹿，帝令吹角作龙吟以御之③。

——《通典·乐典》

黄帝与蚩尤战于涿鹿之野，蚩尤作大雾弥三日，军人皆惑，黄帝乃令风后法斗机作指南车，以别四方，遂擒蚩尤④。

——《太平御览》卷一五引《志林》

三

刑天与帝争神⑤，帝断其首，葬之常羊之山⑥，乃以乳为目，以脐为口，操干戚以舞⑦。

——《山海经·海外西经》

熊、罴、狼、豹、貙、虎做先锋，参战的猛禽雕、鹖、鹰、鸢遮天蔽日，黄帝用它们作为旌旗。

炎帝蚩尤率领山林怪物鬼魅同黄帝在涿鹿交战，黄帝命吹角作龙吟之声来抵御蚩尤。

黄帝和蚩尤在涿鹿旷野交战，蚩尤发起满天大雾三日不散，士兵都迷惑，黄帝就命臣子风后取法北斗星斗柄移动而斗不动的天象制造指南车，用来分辨四面方位，于是擒获了蚩尤。

刑天和黄帝争夺神位，黄帝削掉了刑天的头颅，把它埋葬在常羊山。于是刑天便用两乳当作两眼，用肚脐当作嘴，握着盾牌大斧挥舞不止。

---

① 帅熊、罴(pí)、狼、豹、貙(chū)、虎为前驱：帅，统率。罴，人熊。貙，形状像狸的一种兽。统率这些猛兽使它们在前面做先锋。

② 以雕、鹖(hé)、鹰、鸢(yuān)为旗帜："以"字原无，从《列子集释》补。鹖，传说中的一种勇健的鸟，形状像野鸡而比野鸡大，和敌人战斗，至死方休。参加战斗的雕、鹖、鹰、鸢飞翔天空，形若旌旗，故云。

③ 魑魅(chī mèi)：传说中山林里为害人类的怪物。角：古时军中的吹器。

④ 弥：满。风后：人名，黄帝臣。法斗机作指南车：斗，北斗，星宿名；机，天机，即北斗星的别名。北斗星斗柄转动而斗不动，因而取法此象创制了指南车。

⑤ 刑天：刑原作形，从《太平御览》卷八八七引此经及陶潜《读山海经》诗"刑天舞干戚"改。刑天：盖即断首之意。帝：指黄帝。

⑥ 常羊山：传说中西方地名，具体所在，未详。

⑦ 操干戚：操，持；干：盾；戚：斧。

夸父追日

中国神话中的悲剧英雄往往形象生动，令人难忘。比如断头挥戈的刑天、填海的精卫和这位追日的夸父。一腔永不言败的堂堂正气，一往无前不计成败的浩浩勇气，从这些悲剧英雄身上发源，一直流淌在中国人的血脉中。夸父为什么要追日？如果是干旱，可以射日，如后羿。是为了挽留时光，夸父才要追日！留住光阴，留住生命，这是注定要失败的追求，然而又是多么悲壮和美丽，它传达出人类最深沉的渴望。

大荒之中，有山名曰成都载天。有人珥两黄蛇①，把两黄蛇，名曰夸父。后土生信②，信生夸父。夸父不量力，欲追日景，逮之于禺谷③。将饮河而不足也，将走大泽，未至，死于此④。

——《山海经·大荒北经》

夸父与日逐走，入日⑤。渴欲得饮，饮于河、渭，河、渭不足，北饮大泽，未至，道渴而死⑥。弃其杖，化为邓林⑦。

——《山海经·海外北经》

在大野之中，有座山名叫成都载天。有一个人用两条黄蛇做耳坠，手握着两条黄蛇，这人名叫夸父，冥界之主生信，信生夸父。夸父不自量力，想追赶日影，在禺谷捕到了它。想要去喝黄河水，黄河水不够他喝，想去大泽喝，还没走到大泽，死在了成都载天山。

夸父与日竞赛追逐，进入了太阳的光轮，口渴想喝水，到黄河渭水去喝，黄河渭水不够他喝，向北去大泽喝，还没到达大泽，途中渴死。抛开了拐杖，拐杖化作了桃林。

---

① 珥(ěr)：以饰物贯耳叫珥。

② 后土：古称地神或土神为后土。《楚辞·招魂》："君无下此幽都兮，土伯九约。"王逸注："土伯，后土之侯伯。"准此，后土当为幽都之王即幽冥世界的统治者。

③ 日景：太阳的光影；景同影。逮，及。禺谷：即虞渊，传说是太阳沉落的地方。

④ 河：黄河。大泽：古泽名，在雁门山的北边，纵横有千里宽广，是群鸟孳生幼儿和更换毛羽的地方，或说即《史记》《汉书》所谓的"瀚海"。未至：未至大泽。

⑤ 逐走：互相竞赛，追逐而跑；逐，古书或引作竞，其义更明。入日：进入了太阳的光轮。

⑥ 河、渭：黄河和渭水。道渴：半路上口渴。

⑦ 邓林：毕沅云："邓林即桃林也，邓桃音相近；盖即《中山经》所云，夸父之山，山有桃林矣。"其说甚是。

嫦娥奔月

人间女子的梦想，一方面是在繁花似锦的大地上酿造柔情蜜意的生活，另一方面，或许就是飞天奔月，到一个自己也不明白的新世界。女性往往比男性更富有梦想，她们不甘屈从于既定现实的特点，保存了人类心灵的一点自由灵动。后代编故事的人，似乎常常误解了嫦娥的心思，说她不愿意跟后羿过艰苦生活才离家出走等等。就连神话原籍中，也要把奔月后的嫦娥贬为一只癞蛤蟆，又让一个莫名其妙的吴刚在月宫砍桂花树（有点像希腊神话中不断滚石上山的西西弗斯），这样一来，美丽的月宫似乎成了专门流放犯人的所在。允许嫦娥奔月，允许女人有梦想吧。

羿请不死之药于西王母，姮娥窃以奔月，怅然有丧，无以续之[1]。

——《淮南子·览冥篇》

嫦娥，羿妻也，窃西王母不死药服之，奔月。将往，枚占于有黄[2]，有黄占之，曰："吉。翩翩归妹，独将西行，逢天晦芒，毋惊毋恐，后且大昌[3]。"嫦娥遂托身于月，是为蟾蜍[4]。

——《全上古三代秦汉三国六朝文》辑《灵宪》

后羿从西王母那里求得了不死之药，他的妻子嫦娥偷吃了这药而奔上了月宫，后羿怅然若失，再也无法弄到这种药。

嫦娥，是后羿的妻子，偷吃了西王母的不死之药，奔入月宫。将要出发时，到巫师有黄那里算卦，有黄给她占得一卦，卦辞说："吉祥。嫦娥你恰恰占得了归妹卦，预示了你将有所归往，卦象是如此轻举飘扬。你将向西只身起航。正赶上晦暗了天光，无须惊惧无须张皇，日后前景无限风光。"嫦娥于是寄居在

---

① 姮娥：即嫦娥；原作恒娥，汉文帝名恒，避讳改恒作姮，或作常、嫦。怅然有丧，无以续之：丧，失；怅然如有所失，无法再去求得不死之药。

② 枚占(zhān)：枚，筹；枚占，拈筹而占。有黄：古巫师或史官之名，生平未详。

③ 翩翩：轻疾貌。归妹：卦名，兑下震上；这里又指将有所归往而来占卜的嫦娥。晦芒：天晦其光芒，昏暗不见；指月尽之时。昌：盛。

④ 蟾蜍：动物名，一名癞蛤蟆。

旧言月中有桂，有蟾蜍。故异书言①：月桂高五百丈，下有一人，常斫之，树创随合。人姓吴名刚，学仙有过，谪令伐树。

——《酉阳杂俎·天咫》

月宫，就是后来传说中月亮里的癞蛤蟆。

旧话说月中有桂树，有蟾蜍。所以奇异的书说：月中桂树高五百丈，树下有一人经常砍它，桂树被砍开的口子随即就愈合。砍树之人姓吴名刚，学仙修道犯了错，被贬谪让他做伐木工。

① 异书：奇异罕见的书。

人间的节日（5则）①

西方的节日是"天上的节日"，多以宗教的名目设定。中国的节日是人间的节日：人们没有原罪的负担，紧贴着大地生存，把平凡的日子附加上各种趣味、风俗，让它们成为快乐的理由，生活的依据。生活在大地上的人们，建立了与大地唇齿相依的亲密联系，把一年分为四时八节二十四节气，全是根据自然变化的节律来安排人间的生活，在重要的气候转折点举行的庆典，就是中国式的节日。中国的日历又称为农历、阴历，相对于西方的阳历。来，现在我们说说春天的故事。中国的新年是在早春，公元的元旦还在冬天。新年的第一天是正月初一，鸡鸣而起，点燃爆竹，驱逐恶鬼，饮酒拜年，让一年在清清吉吉中热热闹闹地开始。初一至初七，每一天给一种动物定一个生日，这是对万象更新的深情祝福。三月三，桃花水涨，春心荡漾，男女相约，曲水流杯，吟诗作赋，天人合一的诗情，就在这里了。四月，布谷催种，农人插秧，大地受孕，人与土地细细商量，营造着又一个丰年。

新年爆竹

正月一日是三元之日也②。《春秋》谓之端月③。鸡鸣而起④，先于庭前⑤爆竹⑥，以辟山臊恶鬼⑦。

正月初一是一年、四季、十二个月起始的一天。《春秋传》上将正月叫做端月。这一天，当雄鸡高唱的时候，人们便开始了迎接新年的礼仪活动，先在堂阶前烧响竹筒，用来辟除山臊恶鬼。

---

① 选自《荆楚岁时记》，晋朝宗懔所作，全书记录长江中下游地域的岁时风俗。标题为编者所拟。

② 正（zhēng）月：阴历年的第一个月。《通典》："秦始皇名政，讳之，故正月字从平声。"元：首，开始。三元：岁之元，时之元，月之元。

③ 端：首，开始。端月：指正月。

④ 起：古代除夕守岁通宵达旦，此"起"字指分岁后鸡鸣时开始迎年的礼仪活动。

⑤ 庭前：堂阶前。

⑥ 爆竹：古时烧竹筒子叫"爆竹"，唐代称为"爆竿"，宋代以后才有卷纸裹火药的爆竹，或称"爆仗"。

⑦ 山臊（sāo）：传说中的山中怪兽。又称"山鬼"、"独脚鬼"。

按：《神异经》[①]云：西方山中有人焉，其长尺余，一足，性不畏人，犯之则令人寒热[②]，名曰山臊；以竹著火中，烞烨有声，而山臊惊惮[③]。

按语：《神异经》上说：西方山中有一种怪人，高一尺多，一只脚，生性不惧怕人。若触犯了它就叫你发冷发热，生起病来。这种怪人叫做山臊。如果用竹筒子放在火中烧着，发出噼噼啪啪的声音，山臊就吃惊害怕。

饮酒拜贺

长幼悉正衣冠，以次拜贺[④]。进椒柏酒[⑤]，饮桃汤[⑥]。进屠苏酒[⑦]，胶牙饧[⑧]。下五辛盘[⑨]。进敷于散，服却鬼丸[⑩]。各进一鸡子[⑪]。造桃板[⑫]著户，谓之仙木。凡饮酒次第，从小起。

董勋[⑬]云：俗有岁首用椒酒。椒花芬香，故采花以贡樽[⑭]。正月

（正月初一）全家老小端正穿戴，依次祭祀祖神，祝贺新春。敬奉椒柏酒，喝桃汤水。饮屠苏酒，吃胶牙糖。吃五辛菜。服"敷于散"和"却鬼丸"。每人吃一个鸡蛋。做两块桃木板，悬挂在门上，这桃木板叫做仙木。喝酒的次序是从年纪最小的开始。

魏朝人董勋说：习俗上正月初一喝椒酒。椒花很香，所以采摘来浸入酒里，献给长者。正月喝酒先从年纪小的开始，因为年

① 《神异经》：志怪小说集，旧题汉东方朔撰，晋张华注。鲁迅《中国小说史略》："称东方朔撰者有《神异经》一卷，仿《山海经》，然略于山川道里而详于异物，间有嘲讽之辞。"

② 犯：侵犯，冒犯，冲撞。寒热：发冷发热，指生病。

③ 著（zhuó）：着，放置。烞（pò）烨（bì）：象声词，竹爆声。惮（dàn）：怕，畏惧。

④ 正：整，端正。拜：行敬礼。古时的敬礼：对最尊者下跪叩头，一般作揖打拱；拜贺新年的次序：先尊长；初一拜于家中，初二以后拜岳父母和四邻。湖南谚语："初一崽，初二郎，初三初四拜团坊。"

⑤ 进：敬奉，奉献。椒（jiāo）酒：用花椒浸制的酒。柏酒：用柏叶浸制的酒。古风俗，元旦共饮柏酒，以示长寿。《本草纲目》："柏性后凋而耐久，禀坚凝之质，乃多寿之木，辟邪。"

⑥ 桃汤：取桃树叶、枝、茎三者煮沸的水。古人以为桃能驱鬼。《太平御览》卷二十九："元日服桃汤者，五行之精厌伏邪气，制百鬼也。"

⑦ 屠苏：酒名。唐韩谔《岁华记丽》注"屠苏"云："俗有屠苏乃草庵之名。昔有人居草庵之中，每岁除夜闾里一药贴，令囊浸井中，至元日取水，置于酒樽，合家饮之，不病瘟疫。今人得其方而不知其人姓名，但曰屠苏而已。"

⑧ 胶牙饧：用麦芽或谷芽等熬粘的软糖。胶（jiāo）：粘固。饧（xíng）：糖。

⑨ 下（hā）：江陵方言，"吃"义。五辛盘：有五种辣味的菜。辛：辣味。《太平御览》卷二十九引《风土记》："晨啖五辛菜。"《本草纲目》："元旦立春，以葱、蒜、韭、蓼蒿、芥辛嫩之菜杂和食之，取迎新之意，谓之五辛盘。杜甫诗所谓'春日春盘细生菜'是矣。"辛、新二字谐音。一说五辛指葱、薤、韭、蒜、兴蕖（阿魏）。

⑩ 进：指"吃"。敷于散：中药名，其药方见葛洪《炼化篇》。却鬼丸：中药名，又称"弹鬼丸"。

⑪ 鸡子：鸡蛋。

⑫ 桃板：桃木板。元旦用桃木板写上神荼、郁垒二神名，画二神像，悬挂门旁，以为能压邪。俗亦称"桃符"。

⑬ 董勋：魏议郎，著有《答问礼俗说》。

⑭ 贡樽（zūn）：放在酒中，用来敬酒。《初学记》卷四引董勋《答问》曰："岁首祝椒酒而饮之，以椒性芬香，又堪为药。"

饮酒先小者,以小者得岁,先酒贺之。老者失岁,故后与酒。

轻人过年意味着长大了一岁,先喝酒有祝贺他的意思;老年人过年意味着又失去了一岁,所以在后举杯。

人日剪彩

正月七日为人日。以七种菜为羹①;剪彩为人,或镂金薄为人②,以贴屏风,亦戴之头鬓;又造华胜以相遗③;登高赋诗。

按:董勋《问礼俗》曰:"正月一日为鸡,二日为狗,三日为猪,四日为羊,五日为牛,六日为马,七日为人。正旦画鸡于门,七日贴人于帐④。"今一日不杀鸡,二日不杀狗,三日不杀猪,四日不杀羊,五日不杀牛,六日不杀马,七日不行刑⑤,亦此义也。

剪彩人者,人入新年,形容改从新也⑥。

正月初七是人日。用七样菜做成菜羹;剪五色绸为人形,有的雕刻金属薄片成人形,贴在屏风上,也有戴在鬓角处的;(妇女)制成花形首饰互相赠送;登上高处,吟赋诗歌。

按语:董勋的《答问礼俗说》说:"正月初一是鸡日,初二是狗日,初三是猪日,初四是羊日,初五是牛日,初六是马日,初七是人日。正月初一早晨画只鸡贴在门上,初七把五色绸或金箔剪成人形贴在床帐上。"现在正月初一不杀鸡,初二不杀狗,初三不杀猪,初四不杀羊,初五不杀牛,初六不杀马,初七不杀人,也是遵循这个古义。

剪五色绸或金属薄片成人形,是取人一进入新年,形貌精神都一改旧态而成新人的意思。

159

① 羹(gēng):本为肉汁。后来用蔬菜切成小块,用五味调和而成的糊状食物也叫羹,称菜羹。这里指菜羹。
② 彩:五色绸。镂(lòu):雕刻。金薄:即"金箔",金属薄片。《名义考》云:"北俗,元日剪乌金纸,翩翩若飞翔状。戴之,谓之黑老婆,即彩燕之遗意也。"
③ 华胜:即"花胜"。古代妇女戴的一种首饰,剪五色绸做成的。《东京梦华录注》卷六引《释名》:"华象草木华也。胜言人形容止等一人著之则胜。"
④ 贴人于帐:贴个用五色绸剪成的人形在帐幕上(蚊帐上)。《燕京岁时记》:"初七日谓之人日。是日天气清明者则人生繁衍。"
⑤ 行刑:杀头,处死犯人。
⑥ 形:体貌。容:容色。形容:容貌,神色。

曲水流杯

三月三日，士民并出江渚池沼间①，为流杯曲水之饮②。

按：《韩诗》③云："唯溱与洧，方涣涣兮④。唯士与女，方秉兰兮⑤。"注：谓今三月桃花水下⑥，以招魂续魄，被除岁秽。

三月初三日，官民都到大江、小洲、池、沼边曲水作渠，"流杯"饮酒。

按语：《韩诗》说："溱水洧水哗哗响，小伙子，大姑娘，人人手里持着兰花香。"注解说：这里说的就是当今三月桃花水涨的时候，（人们到水边禊祭）去招还魂魄，消除一年中不吉利的事物。

布谷声声

四月也，有鸟名获谷，其名自呼⑦。农人候此鸟，则犁杷上岸⑧。

——晋·宗懔《荆楚岁时记》

到了四月，有一种鸟名叫获谷，获谷的这个名字是它自己叫出的声音。农民等候这种鸟叫，就把犁杷移置到田岸上（准备插秧了）。

---

① 士民：指官民。渚（zhǔ）：小洲曰渚，水中可以居住的地方。池：池塘。沼（zhǎo）：水池。

② 流杯：即"流觞"。觞：酌满酒的酒杯。古人每逢阴历三月上旬的巳日（魏以后始固定为三月三日）集会于环曲的水渠边，在上流放置酒杯，任其顺流而下，酒杯流到谁的面前，谁就取饮，叫做"流杯"（或"流觞"）。据说，临水流杯宴饮可以除去不祥。

③ 《韩诗》：《诗经》今文学派之一，汉初燕（今河北）人韩婴所传。

④ 溱（zhēn）：水名。源出河南密县圣水峪。洧（wěi）：水名。源出河南登封县东阳城山。涣涣（huán）：水盛流貌。

⑤ 秉：执。《太平御览》卷三十引《韩诗》注曰："当此盛流之时，众士与众女方执兰被除邪恶。郑国之俗：三月上巳之辰，此两水之上招魂续魄，被除不祥，故诗人愿与所悦者，俱往观之。"

⑥ 桃花水：即"桃花汛"。《宋史·河渠志一》："黄河随时涨落，故举物候为水势之名……二月三月，桃华始开，冰泮雨积，川流猥集，波澜盛长，谓之桃华水。"

⑦ 获谷：即布谷鸟。自呼：自己呼叫的名字，有"播谷"谐声义。东坡诗："花因识面常含笑，鸟不知名时自呼。"

⑧ 杷（pá）：农具。有齿曰杷，无齿曰杴。岸：高地，指田埂。

天人感应的习俗（8则）①

古代一些奇妙的风俗，如今已是珍闻了。抛一枚煎饼上屋顶就可以"补天穿"，生吃萝卜叫"咬春"，懵懂、口吃、春困、大伤风、相思病居然都可以出卖，穷可以送走，富可以迎来，最高雅的赠人礼品是送上一盒云、一团雪……试想，我们的日子，被这样一些天真、淳朴、可爱的习俗围绕着，是不是更能够增添生活的滋味呢？

补 天

陆烜②《梅谷偶笔》云：江东俗号正月二十日为"天穿"，以红缕系饼饵掷之屋上，谓之"补天"。宋李觏③诗云："一枚煎饼补天穿④。"今俗女子常以此日穿耳。

陆烜在他的《梅谷偶笔》一书中写道：江东民俗称正月二十日这一天是"天穿洞"的日子，人们用红线系上饼抛到屋顶，称这种做法为"补天"。宋朝李觏也有"一枚煎饼补天穿"的诗句。现今的女孩子常常有人在这一天穿耳孔。

咬 春

清无名氏《燕京杂记》云：立春日，都人买萝卜生食之，谓之咬春，又作春饼。

清代无名氏的《燕京杂记》中写道：立春的那天，京城里许多人买萝卜生吃，称之作"咬春"。这一天家家户户还烙春饼。

卖懵懂⑤

宋陈元靓《岁时广记》云：

宋代陈元靓在《岁时广记》中记载道：

---

① 标题为编者所拟。
② 陆烜（xuǎn）：清代学者。
③ 李觏（gòu）（1009～1059），字泰伯，南城（今江西资溪县）人。北宋思想家。
④ 天穿：天漏了洞。
⑤ 懵懂："懵懂"，糊涂，不明事理。

《岁时杂记》①：元日②五更初，猛呼他人，他人应之，告之曰："卖与尔懵懂"。卖口吃亦然。

《岁时杂记》中说，在正月初一刚入五更天时，猛然呼叫他人的名字，那人答应，就告诉他说："卖给你个懵懂。"还有卖口吃的也这样做。

卖春困

陆放翁《乙丑元日诗》云："惟思买春困，熟睡过花时。"自注云："俗有'卖春困'者，予老惫思睡，故欲买之。"

按：今人常书字黏于街市墙壁，云"出卖大伤风"，其即卖懵懂、卖口吃、卖春困之遗俗欤？

陆放翁《乙丑元日诗》中写道："惟思买春困，熟睡过花时"，他自己给这两句诗作注说："民俗有'卖春困'的，我年老疲惫，总是想睡，所以想买春困。"

按：现今常有人写"出卖大伤风"粘贴在街市的墙壁上，大概就是卖懵懂、卖口吃、卖春困的遗俗吧？

正月六日送穷

宋陈元靓《岁时广记》引《岁时杂记》云：人日前一日，扫聚粪帚。人未行时，以煎饼七枚覆其上，弃之通衢，以送穷。

陕西《临潼县志》云：正月五日剪纸人，送掷门外，谓之"送穷"。《延绥镇志》云③：五日饱食谓之"填五穷"。则是送穷又用五日也。

宋代陈元靓的《岁时广记》里引用《岁时杂记》道：正月初七的前一天，扫聚粪土垃圾，在清早人们还未出行前，用七张煎饼蒙盖在粪土垃圾堆上，把它弃置在大道上，用此法送走穷困。

陕西《临潼县志》记载：正月初五人们剪纸人，送到家门外抛掉它，称之为"送穷"。《延绥镇志》记载：正月初五这一天吃得饱饱的，称之为"填五穷"。这样说来，送穷的风俗又有在正月初五这一天的。

二月二日迎富

清钱大昕《养新录》云：今人但送穷，不知迎富，魏华父有《二月二日遂宁北郭迎富诗》云："才过结柳送贫日，又见簪花迎富时。

清代钱大昕《养新录》说：现今的人只知道送穷的风俗，却不知迎富的风俗。魏华父在《二月二日遂宁北郭迎富诗》中说："刚刚告别结柳送贫的仪式，又迎来鬓插鲜花

①《岁时杂记》：宋代吕原明著。
②元日：正月一日。
③延绥镇：陕西扶风延绥镇。

谁为贫驱竟难逐,素为富逼岂容辞。贫如易去人所欲,富若可求我亦为。里俗相传今已久,漫随人意看儿嬉。"此蜀中旧俗,不知今尚行之否?

迎富的节日。谁都在驱逐贫穷然而竟难以实现,从没见有人怕钱咬伤了手指。倘若驱贫容易,那是人人的向往;富贵可求,我也会乐此不疲。送穷迎富的风俗久已流传乡里,只合顺应民意,漫不经心地看孩子们嬉戏。"这是蜀中的旧俗,不晓得当今是否还流传?

以云为馈送品

清戴延年《秋灯丛话》云:天都黄山之云海,相传为第一奇观。山中人往往以盒收之,纸固其口,作土物馈送。开放时缕缕而上,结成峰朵,直冲霄汉,洵异观也。

按:陶弘景诗云"山间何所有,岭上多白云。只可自怡悦,不堪持赠君。"岂知黄山之云固可赠耶!

清人戴延年的《秋灯丛话》说:黄山天都峰上的云海,相传是最奇丽的景致。山民们常常拿盒子收集云,再用纸封固盒口,当作土特产馈赠他人。揭开纸封时,盒中的云气丝丝缕缕地升腾,在空中凝结成峥嵘的云朵,直冲九霄,确为美好奇异的景致。

按:南北朝梁时隐士陶弘景诗说"山间能有什么呢?高峻的山顶上密密层层全是白云。只能自己开心地看,没法把它摘来赠送给您。"哪里知道黄山的云原来是可以赠送的呢!

五云山僧进雪

明张岱《西湖寻梦》云:五云山去城南二十里,宋时每腊前,必奉雪表进①,黎明入城中,霰犹未集②。盖其地高寒,见雪独早也。

按:"进雪"与"送云"可为巧对。

——《古今笔记精华录》

明朝张岱的《西湖梦寻》记载:五云山位于杭州城南二十里,宋代时每年腊日以前,山上僧人一定写好表文向城中进献雪,黎明时进城中,城里还不曾落过霰雪。原来是因为五云山地势高天气冷,雪落得特别早。

按:"进雪"和"送云"可构成巧妙对偶。

---

① 表进:进献时附有表文。
② 集:落。

一勾新月女儿节（4则）①

古代一些特别的节日，总是令人怀念：记得有个"人日"——正月初七，给世上所有的人过个生日，从此人人旧貌换新颜；给百花过一个生日——二月十五日（一说二月二日、二月十二日，中国幅员辽阔，不同纬度的物候变化不同）花朝节，百花仙子降临人间……还有，还有，一年中，有一个夜晚，以及这个夜晚的月亮，专属于我们的女孩儿，这就是"一勾新月女儿节"。

七月七，天上牛郎会织女，人间女儿对月穿针，由她求得巧手，兼寄春心，这真是一个深情的怜惜和祝福。汉代古诗："迢迢牵牛星，皎皎河汉女。纤纤出素手，札札弄机杼；终日不成章，泣涕零如雨。河汉清且浅，相去复几许？盈盈一水间，脉脉不得语。"织女手巧，她和牛郎的爱情引人遐想和感叹。蜘蛛结网，简直是艺术家，女子织布如果学得蜘蛛样，也是仿生学吧。乞巧的风俗由来已久，《西京杂记》说："汉彩女（宫女）常以七月七日穿七孔针于开襟楼，俱以习之。"三国故事中也有貂蝉拜月。唐风最可爱，不分老幼，女人拜新月，祈团圆，许心愿，兼比美，成为流行时尚。"……昔年拜月逞容仪，如今拜月双泪垂。会看众女拜新月，却忆红闺年少时。"（吉中孚妻张氏《拜新月》）女儿们在新月下的心思是怎么纤细绵密呢？这位"有所思"的女子"开帘见新月，便即下阶拜。细语人不闻，北风吹裙带"。她对新月倾诉的悄悄话，想必不愿让人听去吧？那个深居宫中的少女，她虽然默不作声，可是仰头望月的倩影，已经泄漏了幽远的心思——她正"卧看牛郎织女星"呢。还有这一个小女孩儿，也学着大人的模样拜新月："幼女才六岁，未知巧与拙。向夜在堂前，学人拜新月。"（唐·施肩吾《幼女词》）但愿上天赐给她一个幸福的未来。

七夕乞巧

（一）

七月七日，为牵牛织女聚会之夜。是夕，人家妇女结彩缕，穿七

七月初七日，是牛郎织女夜晚相聚欢会的日子。这一天夜晚，家家户户的妇女结扎彩

---

① 大标题为编者所拟。

孔针①，或以金银鍮石为针②，陈瓜果于庭中以乞巧③，有喜子网于瓜上④，则以为符应⑤。

——晋·宗懔《荆楚岁时记》

丝线，穿很细的针。有的人用金、银、黄铜做成针，把瓜、果等摆列在庭院中，向织女星乞求智巧。如果有蜘蛛在瓜果上织网，就认为是织女星降临的显示。

（二）

至初六日七日晚，贵家多结綵楼于庭，谓之"乞巧楼"。铺陈磨喝乐⑥、花瓜、酒炙、笔砚、针线⑦，或儿童裁诗⑧，女郎呈巧⑨，焚香列拜⑩，谓之"乞巧"。妇女望月穿针。或以小蜘蛛安合子内⑪，次日看之，若网圆正⑫，谓之"得巧"。

——宋·孟元老《东京梦华录》

至初六、初七晚上，富贵之家大多在庭院中扎起彩楼，叫做"乞巧楼"，在院中陈列磨喝乐、花瓜、酒菜、笔砚、针线等物，或由儿童作诗，或由女郎呈献制作的精巧物件，点起了香，依次叩拜，叫做"乞巧"。此日晚，妇女都对着月亮穿针。有人将小蜘蛛装在盒子内，第二天打开观看，如果蜘蛛织的网圆匀端正，叫做"得巧"。

---

① 七孔针：指很细的针。针眼很小，必须倾注全神，才能穿过线。《东京梦华录注》卷八引金盈之《醉翁谈录》四："其夜妇女以七孔针于月下穿之。"

② 鍮（tōu）：鍮石，即黄铜。用铜二斤、炉甘石一斤，炼之即成鍮石。真鍮石生波斯，如黄金，烧之赤而不黑。《玉篇·金部》："鍮，石似金也。"

③ 乞巧：乞求智巧。旧时民俗：妇女于七月初七夜间，向织女星乞求智巧，故称七夕为乞巧日，七月称为巧月。

④ 喜子：蜘蛛的一种，又名喜蜘蛛，古曰蟏蛸。喜，通"蟢"。《能改斋漫录》卷七引欧阳文忠公诗云："拂面蜘蛛占喜事，入帘蝴蝶报佳人。"

⑤ 符应：古时迷信认为某些自然现象或其他现象的发生，是天降"符瑞"，这些所谓"符瑞"与附会的人事相应，称为"符应"。

⑥ 磨喝乐：又作"魔合罗"。用泥、木、象牙或蜡等塑制的小偶人。多于七夕供养，或盛饰作为珍玩。

⑦ 酒炙：酒和肉。亦泛指菜肴。

⑧ 裁诗：作诗。

⑨ 呈巧：呈献精巧的物件，多指女青年制作的针线活。

⑩ 列拜：依次叩拜。

⑪ 合子：盒子。

⑫ 圆正：圆匀端正。

拜新月① 【唐】李端

开帘见新月，即便下阶拜②。
细语人不闻，北风吹裙带。

秋夕③ 【唐】杜牧

银烛秋光冷画屏④，轻罗小扇扑流萤。
天阶夜色凉如水，坐看牵牛织女星⑤。

---

① 拜新月：《乐府诗集》录入"近代曲辞"。

② 便（pián）：便娟，便妍，美好的样子。

③ 这首诗一作王建诗。

④ 秋夜红烛照在画屏上透着一种寒意。

⑤ 坐：一作卧，暗示宫女百无聊赖枯坐看星，如元稹《宫词》"闲坐说玄宗"的"坐"。宋曾季貍《艇斋诗话》说此诗"含蓄有思致"，清贺裳《载酒园诗话又编》说这首诗是"参昴衾裯"之义，"全写凄凉，反多含蓄"，但黄白山却认为这是古诗写牵牛、织女"盈盈一水间，脉脉不得语"的意思，黄白山说得有理。

【南朝·宋】刘义庆

陶母（2则）

在中国做父母的向来很有尊严，自然，父母对儿女的教育就责任重大。中国的家教故事佳话频传，其中四大名母更是天下母仪：孟母三迁、陶母筵宾、欧母画荻、岳母刺字。这里选了陶母的二则故事。陶侃是陶渊明的曾祖，少年有大志。这天，大雪封门，家里穷得叮当响，偏偏有贵客来访，陶母的一连串举动坚毅果决，不亚于一位临阵的大将：剪下一头长发（女性美丽的标志之一）去换米，把房屋的柱子劈掉一半（如何安居？）做柴草，抽出禾草床垫（如何安睡？）切碎喂马……客人感慨："非此母不生此子！"这是"截发筵宾"，教子待客之道。儿子在长江边做个小官，给乡间母亲送去一坛腌鱼（小小一坛腌鱼也是"官物"！），母亲立即"封坛退鲊"，并回赠儿子三件礼物：一块土坯、一只土碗、一块白色土布。寓意明白：保持本色、莫贪富贵、廉洁自奉。陶母湛氏这样教子为官之道。深明大义的母亲造就刚烈勇毅的儿子，陶侃日后屡建奇功，成为东晋名将。

刘义庆（403～444），彭城（今江苏徐州）人，南朝宋文学家。宋武帝刘裕侄，袭封临川王。秉性简素，喜好招聚文学之士。所著《世说新语》，记载自汉魏至东晋的逸闻轶事，展示士族阶层的生活方式、精神风度以及清谈放诞的风气，是中国绅士的诗意风度博览。名士风流真潇洒，词隽味永动天下。

可怜天下父母心

陶公少有大志①，家酷贫，与母湛氏同居②。同郡范逵素知名，举孝廉③。投侃宿。于时冰雪积日，侃室如悬磬④，而逵马仆甚多。

陶侃小时候胸怀大志，家中极其穷困，和母亲湛氏生活在一起。同郡人范逵向来有名气，被郡里推举为孝廉。一次，他投宿陶侃家。那时候，连日下雪结冰，陶侃家中一贫如

167

① 陶公：即陶侃。字士衡（《晋书》本传作士行），东晋庐江浔阳（今江西九江）人。一代名将，官至荆州刺史。成帝初，苏峻反，建康失守，侃起兵平乱，因功封长沙郡公。

② 湛氏：陶侃母，豫章新淦（今江西清江县，1988年改樟树市）人，贤能有智慧。

③ 范逵：鄱阳孝廉，与陶侃为友。孝廉：本为汉代选举官吏的两种科目名，孝，孝子；廉，廉洁之士。汉武帝元光元年初，命郡国举孝廉各一人。后来合称孝廉。历代因之，州举秀才，郡举孝廉。隋唐后改制。

④ 室如悬磬：屋子里空无所有。形容家境贫寒。磬：古代石制乐器，悬挂在架子上敲击。

侃母湛氏语侃曰："汝但出外留客。吾自为计。"湛头发委地，下为二髲，卖得数斛米①。斫诸屋柱，悉割半为薪，剉诸荐以为马草②。日夕，遂设精食，从者皆无所乏。逵既叹其才辩，又深愧其厚意。明旦去，侃追送不已，且百里许。逵曰："路已远，君宜还。"侃犹不返。逵曰："卿可去矣。至洛阳，当相为美谈。"侃乃返。逵及洛，遂称之于羊晫、顾荣诸人，大获美誉。

陶公少时作鱼梁吏③，尝以坩鲊饷母④。母封鲊付使，反书责侃曰："汝为吏，以官物见饷，非唯不益，乃增吾忧也。"

——《世说新语》

洗，而范逵的仆人、马匹很多。陶侃母亲湛氏对陶侃说："你只管到外间去留住客人，我自己来想办法。"陶母头发很长拖到地面，剪下做成两副假发，卖了换回几斛米。砍房屋的各个柱子，挨个都砍掉一半当柴，铡碎各个草垫当作马料。傍晚，就摆出了精美的食品，范逵的随从仆役都供给不缺。范逵既感叹陶侃的才辩，又深深感谢陶母的盛情。第二天一早范逵出发上路，陶侃送了一程又一程，将要送出百里路程。范逵说："你送得太远了，你该回去了。"陶侃还是不回。范逵说："你可以回去了，到洛阳，这里发生的事情一定会传为佳话。"陶侃才回。范逵到了洛阳，就向羊晫、顾荣等人称赞陶侃，陶侃就获得了很好的名誉。

陶侃年轻时当了鱼梁吏，曾用坩埚装了腌鱼孝敬给母亲吃。陶母把腌鱼封好交还送鱼的人，回信责备陶侃说："你做官，用官家的东西送给我，不仅对我没一点好处，反而给我添了忧愁。"

---

① 委地：垂到地面。委，下垂。《吕氏春秋·察贤》："天下之贤主，其必苦形愁虑哉？执其要而已矣。……故曰尧之容若委衣裳，以言少事也。"髲（bì）：假发。斛（hú）：容器也，也作容量单位，古以十斗为一斛。

② 剉（cuò）诸荐以为马草：剉，铡碎；荐，草垫。

③ 鱼梁：一种捕鱼设置。以土石断水流，留缺口，用鱼可进不可出的竹笱承之，鱼则顺水流入笱中而不可出。

④ 坩（gān）：一种盛物的陶器。鲊（zhǎ）：经加工制作便于储藏的鱼食品，如腌鱼、糟鱼之类。宋本作"鲊（zhǎ）"，与鲊意同。饷（xiǎng）：馈赠。

【清】刘献廷

洪承畴母①

洪承畴是明朝万历年间的进士，崇祯时任兵部尚书兼蓟辽总督，崇祯把一个朝廷的命运都交付给了他，他也以忠节自命。崇祯十五年，督师与清军死战于松山，兵败被俘。被俘后也曾威武不屈，皇太极和满汉文武官员轮流劝降，均遭拒绝。举刀威胁，他"延颈承刃"，始终不屈。但"平时每作千秋想，临事方知一死难"（赵翼），最终还是被清廷感化受降。洪承畴的母亲去到京城，似乎专为了教训儿子而去，一见面就举杖责打，打完骂完就走。忠孝节义是做人的根本，保家卫国更是民族大义，老太太的拐杖揍得并不糊涂。至于史家所言：明朝已然腐朽，应该改朝换代；洪承畴降清后，招抚江南，平定西南，历史上称为"开清第一功"。孙中山也曾写诗《赞洪文襄》："生灵不涂炭，功高谁不知。"认为洪承畴的历史功绩在于用和平的手段统一中国，使老百姓免受战争苦难。这样的"历史眼光"，自然是洪太夫人所不具备的。

刘献廷（1648～1695），字君贤，号继庄、广阳子，直隶大兴（今属北京）人。清初倡导民主革新的"广阳学派"代表人物。

洪经略入都后②，其太夫人犹在也，自闽迎入京。太夫人见经略大怒，骂，以杖击之，数其不死之罪③。曰："汝迎我来，将使我为旗下老婢耶？我打汝死，为天下除害！"经略疾走得免。太夫人即买舟南归。

——刘献廷《广阳杂记》卷一

洪承畴降清后，被编入汉军八旗，进京师当了兵部尚书，统兵经略西南。他本是福建南安人，这时见天下大定，便派人回老家接母亲来京城享福。洪太夫人一来，见到儿子，怒气冲冲地举起拐杖就打，一面痛斥他贪生怕死，无耻不义。骂道："你接我来，想叫我给旗人去做老妈子么？我打死你，为世人除害！"洪承畴抱头鼠窜，才没有被痛打。骂过以后，太夫人命令家人备好船只，立刻回南方。

---

① 钟叔河译述。

② 洪经略，即洪承畴，降清后以兵部尚书经略湖广、两广、滇黔。经略，官名，唐初边州别置经略使，其后多以节度使兼任。清初也曾置此职。

③ 数（shǔ）：责备，数说。

【宋】苏洵

名二子说①

　　《三字经》有言："子不教，父之过。"对孩子的教育和期望，其实从孩子诞生取名时已经开始。中国最有名的书香门第有"三曹"和"三苏"。"三曹"领衔魏晋一代风骚；唐宋散文八大家中，苏氏一家占了三个。"一门父子三词客，千古文章四大家"（何绍基），韩柳欧苏四大家中也有一个苏轼。父亲苏洵，据《三字经》说"苏老泉，二十七，始发愤，读书籍"。被当作大器晚成的典型。27岁的苏老泉，真正摸准了读书的门径，此后，28岁时得苏轼（1037~1101），30岁时得苏辙（1039~1112），他一定没有想到自己会生出两个著名的儿子，因为他自己当时还是默默无闻之辈。39岁时，他科考再次失败，特别著文说明给两位儿子取名的用意，其中寄托了多少期望和深情：长子苏轼锋芒毕露，所以告诫他要注意"外饰"，要收敛约束，就像车上的轼（车前扶手横板），看似可有可无，其实一辆车少不了它；次子苏辙温良敦厚，所以很有信心地祝福他："我知道你将来是能够免除祸患的。"就像车辙（行车的道路）一样，有行车之功而不居功，却总能免除覆辙之祸。一对佳儿，日后得成大器，验证了贤父的知子之明。

　　苏洵（1009~1066），字明允，号老泉，北宋眉州（今四川眉山县）人。嘉祐年间，携同儿子苏轼、苏辙，来到京师，拜会当代文坛盟主欧阳修，欧阳修慧眼识英雄，将父子三人举荐于世人，一时学者竞效"三苏"文章。世人称洵为老苏，轼为大苏，辙为小苏，合称"三苏"。著有《嘉祐集》。

　　轮辐盖轸，皆有职乎车，而轼独若无所为者②。虽然，去轼则吾未见其为完车也。轼乎，吾惧汝之

车辆的各部分，轮、顶、底盘等等，都有作用，都不可缺。只有轼——车厢前那根横木，似乎没什么大用处；但若去掉它，看起来

---

　　① 名：命名，用作动词。
　　② 轮：车轮。辐（fú）：车轮中凑集于中心轴的辐条。盖：车篷。轸（zhěn）：车厢底部四面的横木。皆有职乎车：都对车子各有用处。轼：车前横木，即扶手板，其形如半框，有三面，古人以手俯按板上，表示敬意。

不外饰也①。

天下之车，莫不由辙；而言车之功，辙不与焉②。虽然，车仆马毙，而患不及辙③。是辙者，善处乎祸福之间。辙乎，吾知免矣④！

——《嘉祐集》

便不像一辆完整的车了。轼啊，我担心你太质朴，一点掩饰都没有。

车都得在辙——车道上才能走，讲起车辆做的工作，却不会提到车道；可是，车即使翻了，马即使受伤死了，车道也不会受连累。无大福者无大祸，辙啊，愿你一生平安。

① 虽然：既然如此，那么。外饰：外表修饰。引申为隐蔽自己。

② 辙：车轮碾过的痕迹，引申为轨道。莫不由辙：没有不经由轨道的。辙不与焉：车辙是不能参与论功的。

③ 患不及辙：祸患不能殃及轨道。及：到。

④ 吾知免矣：我知道你将来能免除祸患的啊。

【清】李清

鬼母传

一个做母亲的可以做到什么份上？在中国，关于母爱的传说数不胜数，一般都有两个特点：一是舐犊情深，二是深明大义。这正是中国民间母亲的朴素形象。一个故事说：不孝的儿子将老母扔在深山里喂狼，深夜回程上摔了一跤，耳边却听见母亲的痛惜问候："儿呀，摔痛了没有？"一味付出，无怨无悔，听中国母亲的故事，总是让人热泪欲出。这一位"鬼母"育儿的故事，形式上是荒诞小说，内涵却是真真切切的母爱颂歌。

李清（1591~1673），字心水，号映碧，兴化（今属江苏）人。明末清初学者，明崇祯四年进士，入清归隐。著有《南渡录》《三垣笔记》等。

鬼母者，某贾人妻也①。同贾人客某所，既妊暴殒②。以长路迢远，暂瘗隙地③，未迎归。

适肆有鬻饼者④，每闻鸡起，既见一妇人把钱俟⑤，轻步纤音，意态皇皇，盖无日不与星月侔者⑥。店人问故，妇人怆然曰⑦："吾夫去，身单，又无乳，每饥儿啼夜，辄中心如剜，母子恩深，故不避行露，急持啖儿耳。"店中初

鬼母这个女子，是某商人的妻子。她和商人丈夫客居在某处，在怀孕之后突然死亡。因为客处之地离家路程遥远，丈夫把她暂埋在一块官家空地上，也没能迎归故乡安葬。

恰好此地店铺中有卖饼的人，天天鸡叫起身工作，就见到一位女子手拿着钱在等候买饼，脚步轻轻，语声细细，神态表情匆匆忙忙，无一日不是星月满天时来店里。店主问她为什么天天都来得这么早，女子面带悲色回答说："丈夫不在家，我孤单一人，孩子又无奶吃，每每夜间饿得哭叫，我的心就像刀剜

---

① 贾（gǔ）人：商人。

② 既妊（rèn）暴殒（yǔn）：怀孕以后突然死亡。

③ 瘗（yì）隙地：掩埋在空闲地中。

④ 适肆有鬻（yù）饼者：恰好店铺里有卖饼馍的人。

⑤ 俟（sì）：等待。

⑥ 纤音：声音细小。皇皇：匆忙的样子。侔（móu）：做伴。

⑦ 怆（chuàng）然：悲伤的样子。

聆言^①，亦不甚疑。但昼投钱于笥^②，暮必获纸钱一，疑焉。或曰："是鬼物无疑。夫纸爇于火者^③，入水必浮，其体轻也。明旦，盍取所持钱，悉面投水瓮^④，伺其浮者，物色之。"店人如言，独妇钱浮耳。

怪而踪迹其后，飘飘飏飏，迅若飞鸟，忽近小冢数十步，奄然没^⑤。店人毛发森竖，喘不续吁，亟走鸣之官。起柩视，衣骨烬矣^⑥，独见儿生。儿初见人时，犹手持饼啖，了无怖畏。乃观者猬集^⑦，语嘈嘈然，方惊啼。或左顾作投怀状，或右顾作攀衣势，盖犹认死母为生母，而呱呱若觅所依也。伤哉！儿乎！人苦别生，儿苦别死。

官怜之，急觅乳母饲，驰召其父。父到，扶儿哭曰："似而母！"是夜，儿梦中趯趯咿喔不成寐^⑧，

一样。母子情分深，所以不怕奔波露重，急切买饼回家喂孩子。"初听她的话，店中人也没什么怀疑。可是白天卖的钱扔在竹笥中，夜晚一定发现竹笥中有一枚纸钱，于是对她发生怀疑。有人议论说："这个女人是鬼无疑。纸这种东西可以沾火就着，放入水中一定漂浮水面，因为纸比水轻。明天早晨，何不把顾客拿来的钱，全部当面扔到水罐子里，等见到哪个人的钱浮上来，就能访查出他。"店主人按这人的说法办，唯独这女子的钱漂浮起来。

店人觉得奇怪而在后跟踪她。只见她走路轻飘飘的像飞鸟一般快。跟踪到距一座小坟数十步远的地方，她突然消失得无影无踪。店人毛发倒竖，紧张得喘不过气来，赶快跑到官府报告此事。官府启棺验视，衣服尸骨都已化尽，只见小孩子活着，当这个小孩子最初见到人们时，他手中还正拿着饼在吃，一点也不害怕畏惧。等到围观的人越聚越多，人语嘈杂，才惊怕得啼哭起来。有时向左转身，呈现出扑到母亲怀里的样子，有时向右转身呈拉扯母亲衣襟的样子。大概他还把死去的母亲当做活着的母亲，而叫声呱呱像在寻觅依靠。真是让人触目伤心啊！小孩子啊，人们都是为生别而苦痛，你却因死别而苦痛。

官家悲悯他，赶快寻找乳娘喂养他，派人骑快马召唤他的父亲。父亲被召来，抚着儿哭道："你生得真像你的妈妈！"这天夜

---

① 聆（líng）：听。
② 笥（sì）：方形的竹器。
③ 爇（ruò）：点燃，焚烧。
④ 盍（hé）：何不。悉面：全部当面。
⑤ 飘飘飏飏：轻飘飘的。奄然：忽然，时间极短。
⑥ 柩（jiù）：装着尸体的棺材。烬（jìn）：化完了。
⑦ 猬集：观者很多，像刺猬的刺一样聚在一起。
⑧ 趯趯（tì）咿（yī）喔：形容小儿挣扎扑抱之状和咿呀依母声。

若有人呜呜抱持者。明旦，视儿衣半濡，宛然未燥，诀痕也①。父伤感不已，携儿归。

后儿长，贸易江湖间，言笑饮食，与人不异。惟性轻跳，能于平地跃起，若凌虚然②。说者犹谓得幽气云③。儿孝，或询幽产始末，则走号旷野，目尽肿。

——清·张潮《虞初新志》

里，小孩在梦中作挣拽扑抱母亲的样子，发出咿呀依恋母亲的声音不入睡，又好像有人抱着孩子呜呜地哄着孩子。第二天早晨，看小孩的衣裳润湿一半，仿佛还没干，这是母亲与孩子诀别时的泪痕。爸爸感伤不尽，带着孩子回家。

日后孩子长大成人，漂泊在江湖上做生意，言笑饮食，同别人无差别。只是身轻善跳，能从平地跃起，像升到空中一样。谈论的人都说他是因为得到了阴气的濡染的缘故。这个孩子很有孝心，有人询问他在阴间地下出生之事的原委，他就跑到旷野号哭，哭得眼睛都肿了。

可怜天下父母心

174

① 濡（rú）：沾湿。诀痕也：诀别时的泪痕。
② 若凌虚然：好像升到空中一样。
③ 幽气：迷信人指的所谓阴气。

【明】陈继儒

芒山盗

中国有句古谚："三岁看小，七岁看老。"说的是儿童教育的重要。古代还有一句俗话："小时偷针，大了偷金。"说的是小时候一个坏的行为得不到及时纠正，长大后会变成一种坏的品性。这位"芒山盗"临刑前咬断母亲的乳头，的确残忍；可是，纵任孩子从小放纵犯错以致牺牲孩子的一生却浑然不觉的母亲，不是同样残忍吗？

陈继儒（1558～1639），字仲醇，号眉公，华亭（今上海松江）人。明朝文学家、书画家。著有《见闻录》《眉公杂著》《读书镜》等。

宣和①间，芒山有盗临刑，母来与之诀。盗对母云："愿如儿时一吮母乳，死而无憾。"母与之乳，盗啮断乳头，流血满地，母死。盗因告刑者曰："吾少也，盗一菜一薪，吾母见而喜之，以至不检，遂有今日。故恨杀之。"呜呼，异矣！夫语"教子婴孩"，不虚也！

——《读书镜》

宋徽宗宣和年间，芒山有个盗贼将要受死刑，他的母亲来到刑场与他诀别。盗贼对他的母亲说："希望像小时候一样吮吸一次母亲的乳，死了也再没有遗憾了。"母亲给他喂乳，盗贼咬断了母亲的乳头，流了一地血，母亲死了。盗贼于是告诉行刑的人说："我小的时候，偷来一株菜一棵柴草，我的母亲看了都很高兴，以至于养成了不检点的恶习，于是有今日的下场。所以我恨她，杀掉了她。"唉，真是怪事！人们常说"教育孩子要从娃娃抓起"，此话不假。

175

---

① 宣和：宋徽宗赵佶年号（1119～1126）。

【近代】柯劭忞

南村辍耕录①

陶宗仪是元末明初人，以耕田、授徒为业——他的正式"职业"是农民兼教师；在耕田的时候随身带着笔墨，随时记录自己的见闻和思考——这时候，他又是一名学者；他把思想记录在树叶上，存在瓦罐里，埋在树根下，长达十年，几十罐树叶累积的思绪，构成了一本特别的书：《南村辍耕录》，是宋元史料笔记名著。这样奇特的农民，这样勤勉的学者，不是独此一个，这是中国的特产。半耕半读，亦耕亦读，是大量中国传统书生的生活方式，也是中国普通人家的主要生活内容。一边是为生计而劳作，一边是为心灵的满足而读书、写作。就是这些默默无闻的书生，这些饱读诗书的农民，使中国的读书种子代代不绝。

艺圃②一区，躬耕之暇，以笔墨自随。时辍耕树阴，抱膝而叹。每记一事辄摘叶书之，贮一破盎③。去则埋于树根，人莫能测。如是者十年，遂累盎至数十。一日尽发其藏，萃④而录之，合三十卷，题曰《南村辍耕录》⑤。

——《新元史·陶宗仪传》

陶宗仪种植了一块菜地。在耕作休息的时候，就用笔墨陪伴着自己。有时停止耕作在树荫里坐下来，抱着双膝叹息。每记起一事就摘下树叶写在上面，再把树叶装入一个破瓦罐里储存起来，离开时就把破瓦罐埋在树下，人们不知道他在干什么。他这样做了十年，就累计埋了数十个瓦罐。一天，将埋藏的瓦罐全部发掘出来，把写满字的树叶收集在一起进行了编录，共得三十卷。题名作《南村辍耕录》。

耕读传家

---

① 标题为编者所拟。
② 艺：种植。
③ 盎（àng）：一种腹大口小的器具，类似罐。
④ 萃：聚集。
⑤《南村辍耕录》：元代重要的笔记史料著作。

【宋】洪迈

唐曹因墓铭

这是唐朝一名女子为丈夫撰写的墓志铭,堪称奇女奇碑。丈夫早逝,没有功名,留下一家老小,生活的重担全压在年轻的妻子肩上。这位妻子并不觉得天塌下来了,她对生活的理解超乎常人,体现出中国家庭文化的精髓:对婆母,告诉她不必担心,家有良田,就足以安稳活着;对未成年的儿女,更是心有底气,家中有丈夫留下的诗文,足以让儿女成才;对恩爱丈夫之死,坦荡通达,人有生本来就有死,就像日升月落一样正常,与其沉溺于伤逝,不如勉力让生者安好。这样遇变不惊、举重若轻的生活态度,是中国传统优秀文化熏陶的结晶。耕田读书,是立家之本。根本不乱,何惧何愁?直到今天,在偏远的山区泥屋的门楣上,你还能看到"耕读传家"这样的字样。

庆元三年,信州上饶尉陈庄发土得唐碑①,乃妇人为夫所作,其文曰:"君姓曹,名因,字鄙夫,世为鄱阳人②。祖、父皆仕于唐高祖之朝,惟公三举不第,居家以礼义自守。及卒于长安之道,朝廷公卿、乡邻耆旧③,无不太息。惟予独不然。谓其母曰:'家有南亩,足以养其亲;室有遗文,足以训其子。肖形天地间④,范围阴阳内,死生聚散,特世态耳⑤,何忧喜之有

庆元三年(1197)信州上饶的县尉陈庄挖土挖到了一块唐代的碑,是妻子为丈夫作的,碑文写道:

你姓曾,名因,字鄙夫,世代都是鄱阳人。祖父、父亲二代都在唐高祖朝做官,唯有你考了三次而没考中进士,住在家中按礼义严格自律。等你死在通往长安的应试的道路上,朝廷的公卿世交,乡亲邻里年老的故交,无不为你伤心感慨。只有我同他们不一样。对婆母说:"家中有田地,足可供养父母;屋里有丈夫留下的诗文,足可教育孩子。人

---

① 信州:地名。唐乾元年置信州,旧治在今江西上饶市。上饶:县名,属江西省,汉豫章郡鄱阳县地。

② 世:祖祖辈辈。

③ 耆(qí)旧:故老,年老的旧好。耆,老。

④ 肖形:指人的形体形骸。

⑤ 特:只,只不过。

耕读传家

哉！'予姓周氏，公之妻室也。归公八载①，恩义有夺，故赠之铭曰：'其生也天，其死也天，苟达此理，哀复何言！'"予案唐世上饶本隶饶州②，其后分为信，故曹君为鄱阳人。妇人能文达理如此，惜其不传，故书之，以裨图志之缺③。

——《容斋随笔·五笔》

的形骸在天地间生存，在阴阳范围里转换，死生聚散，只不过是世事常态罢了，有什么可忧，又有什么可喜呢！"我姓周，是你的妻子，嫁给你八年了，你对我恩深义重，可你一旦撒手而去，恩义被迫中断。所以赠给你的墓铭写道："活着是天意，死了也是天意，死生之事，是不以人的意志为转移的，如果通晓这一道理，还说什么哀痛不哀痛！"

我考察唐代的上饶本属饶州，之后划分为信州，所以曹因是鄱阳人。一个女流之辈文章写得这么好，道理讲得这么通，可惜没有流传，所以我才写了此文，用以填补地方志的缺漏。

---

① 归：女子出嫁。
② 隶：属，属于。
③ 裨：弥补，补助。

【清】蒋士铨

鸣机夜课图记①

丈夫宦游在外多年，做妻子的独自敬老抚幼。年轻的母亲教四岁的儿子识字，发明了用竹枝拼字的妙法；母亲病了，最好的解病药方据说是听儿子在病床前朗朗读书，这样的母亲真是灵心巧慧。天寒，儿身单薄，母亲坐床拥被，"解衣以胸温儿背"，与儿子一同朗诵诗文，这样的爱的教育多么温馨。一个经典镜头，千百年来，在中国民间的普通人家频频闪现：万籁俱寂，一灯荧荧，母亲一边摇着织机，纺线织布；一边在膝上摊开书本，课子读书。鸣机夜课，手操口授，织机摇落一个个月亮，书声迎来一个个太阳，纺机声伴和着读书声，日复一日，母亲老了，儿子大了，生活的温暖和希望代代相传。

蒋士铨（1725~1785），字心余、苕生，号清容、藏园，晚号定甫、离垢居士。铅山（今属江西）人。清代诗文家、戏曲家。乾隆二十二年（1757）进士，官翰林院编修。有诗名，与袁枚、赵翼并称乾隆三大家。戏曲创作有《临川梦》等。

吾母姓钟氏，名令嘉，字守箴，出南昌名族，行九②。幼与诸兄从先外祖滋生公读书。十八，归先府君③。时，府君年四十余，任侠好客，乐施与，散数千金，囊箧萧然④，宾从轺满座⑤。吾母脱簪珥⑥，治酒浆，盘罍间未尝有傄

我的母亲姓钟，名令嘉，字守箴，出生于江西南昌名门望族，手足排行老九。小时和哥哥们跟已故的外祖钟滋生老先生读书。十八岁嫁给我的先父。当时我的先父已有四十多岁，父亲负气仗义，抱打不平，喜欢交友。把数千金花完，袋里箱里空空如也，宾朋仆隶却座无虚席。我母亲摘下发簪、珠玉耳

① 夜课：夜里攻读。
② 钟令嘉：字守箴，晚号甘荼老人，著有《柴车倦游集》，清代女作家。行（háng）九：排行第九。
③ 归：指女子出嫁。先府君：子孙对已故世的先人的尊称。这里是指作者的父亲，名坚，字适园。
④ 任侠：负气仗义，抱打不平。乐施与：喜欢送财物帮助人。囊箧（qiè）萧然：把钱物都用得空空的。萧然：冷落的样子，这里指空无所有。
⑤ 宾从（zòng）：宾客和随从。
⑥ 脱簪珥：取下首饰。簪，本是古人用来插定发髻或连冠于发的一种长针，后专指妇女插髻的首饰。珥，女子戴的珠玉耳饰。

耕读传家

色①。越二载，生铨，家益落，历困苦穷乏，人所不能堪者，吾母怡然无愁蹙状，戚鄘人争贤之②。府君由是计复游燕、赵间③，而归吾母及铨寄食外祖家。

铨四龄，母日授"四子书"数句④，苦儿幼不能执笔，乃镂竹枝为丝，断之，诘屈作波磔点画⑤，合而成字，抱铨坐膝上，教之。既识，即拆去。日训十字。明日，令铨持竹丝合所识字，无误乃已⑥。至六龄，始令执笔学书。先外祖家素不润⑦，历年饥大凶，益窘乏。时，铨及小奴衣服冠履⑧，皆出于母。母工纂绣组织⑨，凡所为女红⑩，令小奴携于市，人辄争购之。以是，铨及小奴无褴褛状。

先外祖长身白髯，喜饮酒。酒酣，辄大声吟所作诗，令吾母指其疵。母每指一字，先外祖则满引

环，备酒席，杯盘之中不曾露出寒酸的消息。又过了两年，生下了我，家境更加困窘，经历的困苦艰难，是人无法忍受的。可我的母亲总是高高兴兴的没有一点忧愁困顿的脸色，亲戚邻里对她交口称赞。我的父亲在此情况下计划再壮游燕赵一带，而把我母亲和我送回外祖家寄食。

我四岁，母亲每天都教给我几句"四书"，苦于我太小不能握笔，于是就把竹枝劈成条条竹丝，把竹丝截断，弯曲拗成字的撇捺点画，再拼合成为文字，母亲把我抱坐在腿上，教我认字。在我认识了之后，就把字拆掉。每天教我十个字。第二天，让我用竹丝拼合我昨日所识之字，拼合到不出错才停下来。到了六岁，开始让我握笔学习书写。外祖父家向来不富裕，经历饥年，自然灾害严重，家境更加困窘匮乏。当时，我和小仆人衣裳鞋帽都是由母亲亲手做的。母亲擅长纺织刺绣，凡她所做出的针线活计，让小仆人带到市集上去卖，人们往往都争抢着购买。因此，我和小仆人从没穿过破衣烂衫。

外祖父身材高大胡须雪白，喜欢饮酒。酒喝到高兴时，就大声吟唱自己所作的诗，让我母亲挑毛病。母亲每指出一字不妥，外祖

耕读传家

① 盘罍（léi）间未尝有俭色：杯盘中从来没有寒酸的样子，意思是酒菜始终都很丰盛。罍，酒器。

② 愁蹙（cù）状：愁苦满脸的样子。蹙，眉头紧皱。戚鄘人争贤之：亲戚和乡邻们都交口称赞她。鄘，同"党"。古代以五家为邻，五邻为里，五里为族，五族为党。

③ 燕赵：这里泛指北方地区。燕：今河北省大部分和河南省黄河以北的地方。赵：今山西省。

④ 四子书：宋代朱熹以《礼记》中的《大学》《中庸》两篇与《论语》《孟子》合称为四子书，也称四书。内容多载曾子、子思、孔子、孟子等人的言行，是儒家经典。

⑤ 镂（lòu）：雕刻，这里是削的意思。诘屈：弯曲。作波磔（zhé）点画：作成一撇、一捺、一点、一画的形状。波，汉字书写中的向左撇。磔，汉字书写中的向右下方捺笔。

⑥ 乃已：才停止。

⑦ 素不润：向来不富裕。

⑧ 小奴：年幼的仆役。

⑨ 工：善于。纂（zuǎn）绣组织：泛指刺绣、纺织一类的事情。纂，指编组。组织，即纺织、编织。

⑩ 女红（gōng）：妇女所做的刺绣、纺织、缝纫等事，这里指织绣出来的成品。

一觥[1]；数指之后，乃陶然捋须大笑[2]，举觞自呼曰："不意阿丈乃有此女[3]！"既而摩铨顶曰："好儿子，尔他日何以报尔母？"铨稚，不能答，投母怀，泪涔涔下，母亦抱儿而悲，檐风几烛，若愀然助人以哀者[4]。

记母教铨时，组紃纺绩之具[5]，毕置左右，膝置书，令铨坐膝下读之。母手任操作，口授句读，咿唔之声[6]，与轧轧相间[7]。儿怠，则少加夏楚[8]，旋复持儿泣曰："儿及此不学[9]，我何以见汝父！"至夜分，寒甚，母坐于床，拥被覆双足，解衣以胸温儿背，共铨朗诵之。读倦，睡母怀，俄而母摇铨曰："可以醒矣。"铨张目视母面，泪方纵横落，铨亦泣。少间，复令读。鸡鸣，卧焉。诸姨尝谓母曰："妹一儿也，何苦乃尔！"对曰："子众，可矣；儿一，不肖，妹何托焉？"

父就满饮一杯。若指出几次之后，就乐陶陶地捋着白胡子大笑，举起酒杯来高呼："想不到我老头子竟然有这样的女儿！"接着抚摸我的头顶说："好孩子，以后你用什么报答你的母亲？"我幼小，答不出，扑在母亲怀中，泪水止不住地流出。母亲抱住我悲戚起来，檐下之风摇曳着桌上的烛焰，似乎用它的凄凉撩拨人的哀愁。

曾记母亲教我的时候，她将做针线活、纺线绩麻的工具都放在身旁，膝盖上放着书，让我坐在膝边读书。母亲的双手随意干着活，亲口教读《四书》章句，教读的声音和纺机的声音混杂在一起。我倦惰了，就轻微责打一下，接着又抓住我哭道："儿子你现在不学习，让我用什么向你爸汇报？"到了半夜，很冷，母亲坐在床上，抱着被盖住双脚，解开前襟用胸脯暖我的背，和我一起诵读"四书"。我读累了，在母亲怀中睡去。一小会儿母亲摇晃着我说："该醒了。"我张开惺忪倦眼看看母亲的脸色，她正眼泪纵横，我也哭了。接着，又让我继续读。鸡啼晓了，才躺下。姨妈们曾对我妈说："妹妹，你就这么一个孩子，何苦这样？"我的母亲回答说："孩子多，尚且可以放松，只一个，如果不成器，我依靠谁呢？"

[1] 满引一觥（gōng）：举起来满满地喝一大杯。引，举饮。觥，大杯。

[2] 陶然：快乐的样子。

[3] 阿丈：老头儿。作者的外祖自称。

[4] 檐风几烛：屋檐下的风吹动小桌上的蜡烛。愀（qiǎo）然：忧抑愁苦的样子。

[5] 组紃（xún）：组、紃俱为条（绦）。组，薄而阔；紃，似绳圆形细带。《礼·内则》："执麻枲，治丝茧，织纴组紃，学女事。"纺绩，纺缉麻线。组紃，此处当作动词。

[6] 句读（dòu）：旧时称文辞语意已尽处为句，语意未尽而须停顿处为读。句读，指标点、读通文章。咿唔（yī wú）：象声词，形容读书声音。

[7] 轧（yà）轧：象声词，形容纺织的声音。相间（jiàn）：互相应和的意思。

[8] 夏（jiǎ）楚：本是指古代教师责罚学生的用具。这里是责打的意思。

[9] 及此：现在，眼前。

庚戌，外祖母病且笃①，母侍之，凡汤药饮食，必亲尝之而后进。历四十昼夜，无倦容。外祖母濒危，泣曰："女本弱，今劳瘁过诸兄②，惫矣！他日婿归，为言：我死无恨，恨不见汝子成立，其善诱之。"语讫而卒。母哀毁骨立③，水浆不入口者七日。间阎姻亚④，一时咸以"孝女"称，至今弗衰也。

铨九龄，母授以《礼记》《周易》《毛诗》⑤，皆成诵，暇更录唐、宋人诗，教之为吟哦声⑥。母与铨皆弱而多病，铨每病，母即抱铨行一室中，未尝寝；少痊，辄指壁间诗歌，教儿低吟之，以为戏。母有病，铨则坐枕侧不去。母视铨，辄无言而悲，铨亦凄楚依恋之。尝问曰："母有忧乎？"曰："然。""然则何以解忧？"曰："儿能背诵所读书，斯解也⑦。"铨诵声琅琅然，争药鼎沸⑧。母微笑曰："病少差矣⑨。"由是，母有病，铨即持书诵于侧，而病辄能愈。

雍正八年，外祖母得了一场重病，母亲侍候她，一切汤药饮食之物一定亲自尝过而后再给外祖母服用。经历四十个日日夜夜，妈妈没有倦意。外祖母临危，哭着说："你的身子骨软弱，可你比几个哥哥都辛劳，太疲惫了！以后你丈夫回来，替我对他说：'我死没别的憾恨了，只遗憾没能亲眼看到你儿子长大成人，希望好好教导他。'"说完就死去了。母亲哀痛伤身，瘦身嶙峋，汤水不进有七天。亲戚邻里那时都称母亲为"孝女"，到现在也不减钦佩之情。

我九岁，母亲教授给我的《礼记》《周易》《毛诗》，我都能背诵，空闲时抄录唐人宋人诗歌，还教我学习吟咏诗歌抑扬顿挫的节奏。母亲和我都屡弱多病，我每每病的时候，母亲就抱着我在屋里转，不曾睡过。我病稍愈，母亲就指着墙上的诗歌，教我低声吟咏，以此作为游戏消遣。母亲有病时，我就坐在枕边不离一步，母亲看看我，默默无语，黯然神伤。我也很难过地依偎在她身旁。我曾经问妈妈："母亲忧伤吗？"回答说："是的。"又问："那么用什么可以解母亲之忧？"回答说："你能背诵一切所读的书，这样就给妈解忧了。"我诵读的声音琅琅，与药壶滚沸声争相喧腾。母亲微笑着说："我的病稍微

耕读传家

① 庚戌（xū）：指清世宗雍正八年，即公元1730年。笃：病情很严重。

② 濒（bīn）危：临近病危。劳瘁（cuì）：过度辛苦，劳累。

③ 哀毁：指悲伤哀痛得毁坏了身体。骨立：形容人消瘦到极点。

④ 间阎：邻里和乡党。间，本是古代居民的组织单位，二十五家为一间。姻亚：亲亲眷眷的意思。亚同"娅"，本是两婿之间的相称。

⑤ 《礼记》：是秦汉以前各种礼仪论著的选集，相传西汉戴圣编纂。《周易》：亦称《易经》，古代具有朴素辩证法的占卜书。《毛诗》：我国第一部诗歌总集《诗经》。

⑥ 吟哦：将诗歌念出抑扬的声调。

⑦ 斯解也：这就可以消除我的忧愁了。

⑧ 争药鼎沸：（读书声）与罐里烧滚的汤药争着发出响声。鼎，古代的一种烹饪用具。

⑨ 差（chài）：同"瘥"，病愈。

十岁，父归。越一载，复携母及铨，偕游燕、秦、赵、魏、齐、梁、吴、楚间①。先府君苟有过，母必正色婉言规。或怒不听，则必屏息，俟怒少解，复力争之，听而后止。先府君每决大狱②，母辄携儿立席前，曰："幸以此儿为念③。"府君数颔之。先府君在客邸，督铨学甚急，稍怠，即怒而弃之，数日不及一言；吾母垂涕扑之④，令跪读至熟乃已，未尝倦也。铨故不能荒于嬉，而母教由是益以严。

又十载，归。卜居于鄱阳⑤。铨年且二十。明年，娶妇张氏。母女视之，训以纺绩织纴⑥事，一如教儿时。

铨生二十有二年，未尝去母前。以应童子试⑦，归铅山⑧，母略无离别可怜之色。旋补弟子员⑨。

好了些。"从此，母亲一有病，我就捧着书在她身边背诵，而母亲的病就能痊愈。

十岁，我的父亲回来了，过一年，又带着母亲和我一起游历燕、秦、赵、魏、齐、梁、吴、楚一带，我父亲若有一点点过失，母亲一定表情庄重地用委婉的话规劝。有时父亲生气了不听规劝，母亲就敛声屏气，等他稍微消了气，再据理力争。一直到父亲听信了才作罢。我的父亲每审判要案，母亲就带我站在案前，说："希望你能把这个孩子放在心上。"我父亲频频点头答应她。我父亲在客店督促我读书很峻急，我稍有懈怠，就生气撒手不管，几天都不跟我说一句话。我母亲流着泪责打我，命令我跪着读，直至读熟才作罢，不曾厌倦。所以，我读书不会因为嬉戏而荒疏，而母亲的管教从此越发严格起来。

又过了十年，回到了老家江西，择定鄱阳住下来。我年将二十岁。第二年，娶了个姓张的妻子。母亲把她当女儿看待。教她纺织的事情，和教我读书的时候完全一样。

我到二十二岁还不曾离开母亲。因为应秀才考试，回到铅山县去，我走时母亲没一点惜别可怜的表情。不久考取秀才，第二年丁

---

① 燕秦赵魏齐梁吴楚：均是古代诸侯国名，后作为各省和各地区的代称：燕，河北省；秦，陕西省；赵，山西省；魏，河南省北部与山西省西南部；齐，山东省；梁，河南省；吴，江苏省；楚，湖南、湖北两省。

② 决大狱：审判重要的案件。

③ 幸以此儿为念：千万为这孩子着想，意思是不要冤屈好人，做缺德的事情，免得孩子将来受到果报。

④ 扑：责打。

⑤ 卜居：择定住处。鄱(pó)阳：今江西省波阳市。

⑥ 织纴(rèn)：用丝缕织帛。纴，织布帛的丝缕。

⑦ 应童子试：明、清两代科举制度，凡未经考取入学的称童生，考取入学的称生员，即秀才。应童子试就是去应入学（入府、州、县学）考试。

⑧ 铅山：今江西省铅山县。

⑨ 补弟子员：补上生员的名额，即考取为秀才。

明年丁卯①，食廪饩②；秋，荐于乡③。归拜母，母色喜。依膝下廿日，遂北行。母念儿，辄有诗；未一寄也。明年落第④，九月归。十二月，先府君即世，母哭而濒死者十余次，自为文祭之，凡百余言，朴婉沉痛，闻者无亲疏老幼，皆呜咽失声。时，行年四十有三也⑤。

己巳⑥，有南昌老画师游番阳⑦。八十余，白发垂耳，能图人状貌。铨延之为母写小像，因以位置景物请于母⑧，且问："母何以行乐？当置之以为娱。"母愀然曰⑨："呜呼！自为蒋氏妇，尝以不及奉舅姑盘匜为恨⑩；而处忧患哀恸间数十年，凡哭母、哭父、哭儿、哭女夭折，今且哭夫矣！未亡人欠一死耳⑪，何乐为？"铨跪曰："虽然，母志有乐，得未致者，请寄斯图也，可乎？"母曰："苟吾儿及新妇能习于勤，不亦可乎？鸣机夜课⑫，老妇之愿足矣，乐何有焉！"

卯年，又跻入廪生行列。秋天，在乡试中考中了举人。回到家拜见母亲，母亲很欣慰。在母亲跟前待了二十天，于是北上。母亲想念我，就作诗，但没寄过一首。第二年，京都会试落了榜，九月回到家乡。十二月，老父死了，母亲有十多次哭到将死，亲自写祭文纪念父亲，共一百多字，质朴凄婉沉痛，听到的人，无论亲疏老少，都悲痛得泣不成声。当时，母亲四十三岁。

乾隆十四年，有位南昌的老画家来鄱阳。八十多岁，白发垂耳，能给人画像。我请他给母亲画像，于是向母亲请示如何安排场景。又问："母亲感觉怎样最开心？那就该把它画出来自娱。"母亲伤感地说："唉，自从做了蒋家的媳妇以来，一向把未能赶上侍候公婆当作憾事，而在忧患哀痛中度过的几十年里，哭去世的母亲、哭父亲、哭儿子、哭女儿夭折，现今又轮到哭丈夫啦！苟活的人只欠一死了，有何可乐呢？"我下跪说："即使诚如母亲所言，也务请母亲把藏在心中尚未实现的乐趣寄托在图画中，好不好？"母亲说："如果把我儿勤于攻读、新媳妇勤于劳作持家绘在图画中，媳妇织机轧轧，我儿刻苦夜

---

① 丁卯：干支纪年，指清高宗乾隆十二年，即公元1747年。

② 食廪(lǐn)饩(xì)：即秀才补上廪膳生的名额。秀才参加科岁考成绩优良者，国家发给食膳津贴，称廪膳生。廪，粮仓；饩，谷米。

③ 荐于乡：在乡试中被举荐，即在省会的乡试中录取为举人。

④ 落第：落榜，没有被录取。作者第一次到北京参加会试未中，后在乾隆二十二年(1757)考中进士。

⑤ 行年：经历的年岁。

⑥ 己巳：清高宗乾隆十四年，即公元1749年。

⑦ 番阳：即鄱阳。

⑧ 位置景物：安排画中的景物。位置，这里作动词。

⑨ 愀(qiǎo)然：形容神色变得严肃或不愉快。

⑩ 不及奉舅姑盘匜(yí)：没有赶上侍候公婆，意思是嫁过来时公婆已经死了。舅姑，公婆，盘匜，古代洗手盛水的用具。洗手时，把匜中的水倒在手上，下方用盘盛接。这里泛指日常生活用具。

⑪ 未亡人：旧时寡妇的自称。

⑫ 鸣机夜课：夜晚在织机声中读书。

铨于是退而语画工,乃图秋夜之景:虚堂四敞,一灯荧荧,高梧萧疏,影落檐际。堂中列一机,画吾母坐而织之,妇执纺车坐母侧①;檐底横列一几,剪烛自照,凭画栏而读者,则铨也。阶下假山一,砌花盘兰②,婀娜相倚③,动摇于微风凉月中。其童子蹲树根,捕促织为戏④,及垂短发、持羽扇、煮茶石上者,则奴子阿同、小婢阿昭也。

图成,母视之而欢。铨谨按吾母生平勤劳,为之略,以进求诸大人先生之立言而与人为善者⑤。

——嘉庆刊本《忠雅堂集》

读,老娘心愿就满足了。还有什么乐比这更让我欣慰呢?"

于是我退下告诉画工说,就画秋夜的景物:空旷的大堂四面敞开,一盏灯荧荧发光,高大的梧桐枝叶稀疏,光影投在檐边,堂中摆设一台织机,我母亲坐着织布,妻子摇着纺车坐在老母身侧。檐下横放几案,有一人剪亮蜡烛照着自己,靠着花纹栏杆而读书的,那就是我。台阶下,有一座假山,台阶旁栽种着花木,摆放着兰花盆景,花草枝叶婀娜相偎,在清风凉月中摇曳生姿。那些小孩子蹲在高树之下,捕捉蟋蟀嬉耍,还有短发下垂、拿着羽扇、在石灶上煮茶的,是小仆阿同、小婢阿昭。

图画完,母亲看了很高兴。这是我恭敬地按照我母亲平生勤劳的经历,为这幅画作的设计。用来进呈于各位著书立说而且又与人为善的先生长辈们。

① 妇:这里指作者之妻。
② 砌花盘兰:阶边的花和盆里的兰。砌,阶沿石。盘,花盆。
③ 婀娜(ē nuó):柔长弯曲的样子。
④ 促织:蟋蟀的别名。
⑤ 立言:著书作文,使成为可以传世的言论。

耕读传家

【明】归有光

项脊轩志

一间小小的书斋，珍藏着家庭挚爱亲情，孕育了一位文章圣手。通过这间书斋，作者缓缓引出三位已故亲人的琐事：老奶娘转述母亲（作者幼年失母）的嘘寒问暖，祖母对我的关心和期望，妻子相伴读书的情景。都是琐事，在晚年回忆过去，最值得珍藏的，无非是一堆生活的细枝末节，这些才是生活的本真模样。篇末特别交代园中的一棵枇杷树，情绪与文气更是饱满欲裂。

项脊轩①，旧南阁子也。室仅方丈，可容一人居。百年老屋，尘泥渗漉②，雨泽下注，每移案，顾视无可置者。又北向，不能得日，日过午已昏。余稍为修葺③，使不上漏。前辟四窗，垣墙周庭，以当南日，日影反照，室始洞然④。又杂植兰桂竹木于庭，旧时栏楯⑤，亦遂增胜⑥。积书满架⑦，偃仰啸歌，冥然兀坐⑧，万籁有声⑨。而庭阶寂寂，小鸟时来啄食，人至不去。三五之夜，明月半墙，桂影斑驳，

项脊轩，是我家旧日的南阁子。屋子一丈见方，仅能住得下一个人。这间百年老屋，尘土泥浆渗漏，下起雨来，雨水从屋顶漏下，常常是移动案几，环顾室里再无可放置的地方。这间房又是北向之屋，得不到阳光，一到了午后屋里就昏暗下来。我稍稍加以修缮，使屋顶不漏雨。屋的前墙开了四扇小窗，在小院的四周砌起了墙，用来挡住南射的日光，借助院墙反射的日光，小屋才亮堂起来。又在院里间杂地栽植了兰花、桂花、竹子、树木，从前的栏杆也就增添了光彩。书堆满了书架，有时俯仰歌吟，有时默坐冥想，可以听到院外

---

① 项脊轩：归有光家的一间小室。作者远祖归道隆曾住太仓（今属江苏）项脊泾，项脊轩就是因项脊泾而命名，含有纪念远祖的意思。

② 渗漉(lù)：水下流貌。《史记·司马相如传》："滋液渗漉，何生不育。"漉，渗出。

③ 修葺(qì)：修缮。葺，用茅草覆盖屋顶。

④ 洞然：深透明澈的样子。

⑤ 栏楯(shǔn)：栏杆。直的为栏，横的为楯。

⑥ 增胜：增添优美的景致。

⑦ 积：一本作"借"，通"藉"。

⑧ 兀坐：直坐。

⑨ 万籁(lài)：指自然界的一切音响。籁，孔穴里发出的声音。

耕读传家

风移影动，珊珊可爱。

　　然余居于此，多可喜，亦多可悲。先是，庭中通南北为一。迨诸父异爨①，内外多置小门，墙往往②而是。东犬西吠，客逾庖而宴，鸡栖于厅。庭中始为篱，已为墙，凡再变矣。家有老妪，尝居于此。妪，先大母婢也，乳二世，先妣③抚之甚厚。室西连于中闺，先妣尝一至。妪每谓余曰："某所，而母立于兹。"妪又曰："汝姊在吾怀，呱呱而泣；娘以指叩门扉曰：'儿寒乎？欲食乎？'吾从板外相为应答。"语未毕，余泣，妪亦泣。余自束发④读书轩中，一日，大母过余曰："吾儿，久不见若影，何竟日默默在此，大类女郎也？"比去，以手阖门⑤，自语曰："吾家读书久不效⑥，儿之成，则可待乎？"顷之，持一象笏至⑦，曰："此吾祖太常公宣德间执此以朝⑧，他日汝当用之。"瞻顾遗迹，如在昨日，令人长号⑨不自禁。

　　的各种声音。可院内的庭阶却很静寂，小鸟时时飞来啄食，人来到跟前，也不飞走。每月十五的夜晚，明朗的月光照在围墙的上部，投在墙上的桂树的阴影，斑斑驳驳，风吹着桂树，桂影摇动，轻盈可爱。

　　可是，我住在这里，经历了许多可喜的事，也经历了许多可悲的事。此前，庭院南北相通是一个整体。等父辈们分了家各自立伙做饭，里里外外添置了许多小门，墙壁到处都是。东院的狗冲西院叫，客人穿过这家的厨房到另一家去吃饭，夜晚鸡栖息在厅里。在院庭中，最初是扎的篱笆，接着筑起了墙，前后共经过两次变化。家中有位老婆婆，曾经住过这里。她是已故的祖母的仆人，是我家两代人的奶娘，母亲生前待她很优厚。项脊轩西边和内室相连，母亲生前曾来过这里一次，老婆婆常对我说："某某位置，你母亲就站在这里。"老婆婆又说："你姐姐在我怀里抱着，呱呱地哭起来了，你母亲用手指敲着门扇说：'孩子冷了吧？想吃吧？'我从门板外代为应答她。"话还没说完，我哭了，老婆婆也哭了。我从学龄期开始在这轩里读书。有一天，祖母来看我说："我的孩子，好久没见过你的影子了，为什么整天默默在此，很像个女儿家呀？"等她离开时，用手关上门，自言自语地说："我们家的人读书，好久也不见成

---

① 异爨(cuàn)：各做自家的饭。即分家。爨，炊。

② 往往：到处。

③ 先妣(bǐ)：称已过世的母亲。

④ 束发：古代男孩到了成童的年龄，把头发绾成一髻。

⑤ 阖(hé)门：关门。

⑥ 不效：不成功。

⑦ 象笏(hù)：象牙制的手板。笏，古时大臣上朝时手中所执的狭长板子，为记事之用，用象牙、玉或木制成。

⑧ 太常公：归有光祖母的祖父夏昶，字仲昭，明成祖永乐进士，曾任太常寺卿。宣德：明宣宗年号（1426～1435）。

⑨ 长号(háo)：长久地哭。

耕读传家

轩东，故尝为厨，人往，从轩前过。余扃牖而居①，久之，能以足音辨人。轩凡四遭火，得不焚，殆有神护者。

项脊生曰②：蜀清守丹穴，利甲天下，其后秦皇帝筑女怀清台③。刘玄德与曹操争天下，诸葛孔明起陇中④。方二人之昧昧于一隅也，世何足以知之？余区区处败屋中，方扬眉、瞬目，谓有奇景。人知之者，其谓与坎井之蛙何异⑤！

余既为此志，后五年，吾妻来归，时至轩中，从余问古事，或凭几学书。吾妻归宁⑥，述诸小妹语曰："闻姊家有阁子，且何谓阁子也？"其后六年，吾妻死，室坏不修。其后二年，余久卧病无聊，乃使人复葺南阁子，其制稍异于前。

功，这孩子读书成功，则是可以期盼的吧！"一小会儿，她又拿着柄笏板来了，说："这是我的祖父太常公在宣德年间上朝时拿的笏板，日后，你应该用得到它。"回顾起往事，就好像是发生在昨天，让人忍不住放声大哭。

项脊轩的东边，过去曾是厨房，人去厨房，要从项脊轩前经过。我关着门窗住在里面，时间久了，能凭脚步声辨别出是谁。轩先后遭四次火灾，能不被烧毁，大概是有神灵在保佑它吧。

项脊生说："巴蜀之地有一个寡妇名清，她守着先人留下来的朱砂矿，采矿获利富甲天下。后来秦始皇为她筑起一座"女怀清台"。刘备和曹操争夺天下，诸葛亮从隆中崛起帮刘备建立功业。当这两个人无声无息躲在一个不为人知的角落里，世间又怎能了解他们呢？我住在一间小小的破敝的项脊轩小屋里，怡然自得，还说它有奇异的景致。如果有人知道我境遇如此，大概会认为我眼界狭小，和井蛙没什么区别吧！

我写了项脊轩志后，又过五年，我妻嫁过来，经常到轩中跟我问古代的事情，有时也伏在桌上学写字。我妻回娘家探视父母，回来讲起她小妹们的话说："听说姐家有个阁子，究竟什么叫阁子呀？"这以后又六年，我妻故去，项脊轩破败了也没心思修。又后两年，我长久卧病在床，百无聊赖，才让人又重

① 扃（jiōng）：关。牖（yǒu）：窗。

② 项脊生：作者自称。

③ "蜀清守丹穴"三句：语本《史记·货殖列传》："巴蜀寡妇清，其先得丹穴，而擅其利数世，家亦不訾。清，寡妇也，能守其业，用财自卫，不见侵犯。秦皇帝以为贞妇客之，为筑女怀清台。清，穷乡寡妇，礼抗万乘，名显天下，岂非以富邪？"丹穴，朱砂矿穴；秦皇帝，秦始皇嬴政。

④ 诸葛孔明：诸葛亮，字孔明，陇中：即隆中，在今湖北襄阳西，诸葛亮曾隐居于此。后帮助刘备打天下建立蜀国。

⑤ 坎井之蛙：比喻眼界狭窄又自高自大的人。坎："坻"，低洼的地方，坑，坎井，浅井。

⑥ 归宁：指已嫁女子回到母家省亲。

耕读传家

然自后余多在外，不常居。

庭有枇杷树，吾妻死之年所手植也，今已亭亭如盖矣。

——选自《四部备要》本《震川先生集》

新修葺南阁子，其规制与前稍有不同。可是从那以后我多半都是在外地谋生，不经常住在阁子里。

庭院里有棵枇杷树，是我妻去世那年亲手栽的，现在已经长得很高大挺拔，树冠像车盖一般了。

【明】朱用纯

朱子家训

《朱子家训》通俗易懂，流传民间三百年，将儒家"修身齐家"的宗旨细节化、普及化，成为居家生活的日常行为规范、做人的民间道德要求。要了解明末以来的社会规范，尤其是民间做人的标准，就要在这一类通俗读物上找答案。家训中的许多教益，仍有现实推广价值。本文有删节。

朱用纯（1617~1688），字致一，号柏庐，江苏省昆山县人。平民书生，终生未仕，居家著作。《朱子家训》，亦称《朱柏庐治家格言》，简称《治家格言》。全文506字，是清代和近代家喻户晓的家训。

黎明即起，洒扫庭除①，要内外整洁。既昏便息，关锁门户，必亲自检点。

一粥一饭，当思来处不易；半丝半缕，恒念物力维艰②。

宜未雨而绸缪③，毋临渴而掘井。

自奉必须俭约，宴客切勿留连④。

器具质而洁，瓦缶胜金玉⑤。饮食约而精，园蔬愈珍馐⑥。勿营华屋，勿谋良田。

天亮就起床，洒水清扫庭院，要使院内院外整齐干净。天黑后就休息，把门锁好把窗关闭，一定要亲自检视。

一餐饭一碗粥，都该想到它来之不易；一丝一线，总要考虑到生产出来所花费的材料力气的艰辛。

应在未下雨之时就做好防雨的准备，修缮好房屋门窗，不要到渴了才去打井。

自己的衣食供给必须节俭、简略，宴请客人切不可沉溺其中，没完没了。

所用器具质朴、整洁，瓦罐也比金玉器皿还要珍贵。饮食要简单而精致，普通蔬菜超过山珍海味。不要建造华丽的房子，不要

---

① 庭除：庭，院子。除，台阶。这里指院子内外。

② 恒念：常常想到。物力：制造东西所花费的材料和工力。

③ 未雨绸缪（chóu móu）：原意是下雨之前先将门窗修缮好。比喻事前做好准备工作。

④ 自奉：自己日常的生活用品。留连：留恋。

⑤ 质：质朴。瓦缶：一种小口大腹，盛酒的瓦器。

⑥ 约：简单。精：精致。园蔬：菜园里种的普通蔬菜。

谋求最好的田地。

祖宗虽远，祭祀不可不诚；子孙虽愚，经书不可不读。居身务期质朴，教子要有义方①。勿贪意外之财，勿饮过量之酒。

与肩挑贸易，毋占便宜；见贫苦亲邻，须多温恤②。刻薄成家，理无久享；伦常乖舛，立见消亡③。兄弟叔侄，须分多润寡④；长幼内外，宜法肃辞严⑤。听妇言，乖骨肉⑥，岂是丈夫；重资财，薄父母，不成人子。

见富贵而生谄容者⑦，最可耻；遇贫穷而作骄态者，贱莫甚。居家戒争讼⑧，讼则终凶；处世戒多言，言多必失。毋恃势力而凌逼孤寡，勿贪口腹而恣杀牲禽。乖僻自是⑨，悔误必多；颓惰自甘⑩，家道难成。狎昵恶少⑪，久必受其累；屈志老成⑫，急则可相依。轻听发言，安知非人之谮诉⑬，当忍

祖宗虽然同我们幽明远隔，祭祀供奉不可不专诚一意；子孙即使愚钝，经书不可不读。处身必须简朴，教育孩子要有适当的方法。不要贪图非分的财物，不要喝过量的酒。

和小商小贩买东西，不要占他的便宜；看到贫穷痛苦的亲戚邻居，要给予温暖体恤。刻薄建立起的家业，按理也享受不久；违背伦理纲常，很快就会败亡。兄弟叔侄的亲情关系，富裕的一定要周济困难的；长幼内外的身份区别，一定要有整肃的家规和合乎关系的语言。听妻子的话，乖离骨肉至亲，怎可算作大丈夫；太重财货，薄待父母，不配做父母的儿子。

见到富贵之人就面带谄媚，是最无耻的人。遇到比自己穷困的人就现骄态的人，卑贱得很。居家过日子，最要防止同别人打官司，打官司最终有害无益；为人处世避免多说闲话，话一多了，一定会有失言。不要依仗权势力量欺侮逼迫孤寡之人，不要贪口腹之享任意宰杀牲禽、家禽。性情乖谬孤僻自以为是，失误后悔常不可免；自甘颓废怠惰，难以成就家业。与恶少亲昵相狎，久后必然受其

---

① 居身：做人。义方：适当的方法。

② 温恤：温，同情，慰问。恤，抚恤，指用钱财援助。

③ 伦常乖舛：伦是指人伦，即君臣、父子、夫妇、兄弟、朋友。常是指五常：即仁、义、礼、智、信。乖是违反情理，舛是错乱，乖舛即错乱荒谬。

④ 润寡：补助获利少的一方。

⑤ 法：家法。辞：言辞。

⑥ 乖骨肉：疏远、虐待儿女。

⑦ 谄容：奉承讨好的言语和表情。

⑧ 争讼：因互相争执而引起的诉讼。

⑨ 乖僻自是：性格怪异，自以为是。

⑩ 颓惰自甘：颓废、怠惰，甘心情愿。

⑪ 狎昵恶少：不拘礼节的亲热叫昵。恶少，品行恶劣的少年。

⑫ 屈志老成：指阅历丰富、练达世事、品行高尚的人。

⑬ 谮诉：诬陷、中伤别人。

耐三思；因事相争，安知非我之不是，须平心暗想。

施惠勿念，受恩莫忘。凡事当留余地，得意不宜再往。人有喜庆，不可生妒忌心；人有祸患，不可生喜幸心。善欲人见，不是真善；恶恐人知，便是大恶。读书志在圣贤，为官心存君国。守分安命，顺时听天。为人若此，庶乎近焉①。

牵累；谦逊老成之人，到急难时可以托身。轻听别人的高谈阔论，怎知那不是整人的诬陷，应该忍耐听听三思自辨；因事与人相争，怎知不是我错了，应该心平气和暗中思量。

给人以好处不要念念不忘，受人家恩典却忘了是负心。处理一切事情当留有退步之地，得意开心之事做过不要重复。他人有可喜可贺之事，不可暗憾我为什么没有；他人遭到灾难病患，不可高兴侥幸我没遇到。做了善事想让人知道，不是真善；做了坏事，怕人知道，那才是大恶。读书要把成圣成贤作为理想高标，当官心里存念皇帝国家。守本分，安命运，顺应时代，听从天意。做人能做到这个份上，也就差不多了。

---

① 庶乎：庶，几乎，接近，差不多。

【清】陆敬安

天一阁

明朝范钦是个爱书的人，一生宦迹遍半个中国，每到一处，就刻意搜集当地的公私刻本。在兵部右侍郎位上卸职归里后，于明嘉靖四十年（1516）前后构建书楼"天一阁"，取以水制火之义。藏书七万多卷，多数系宋明的木刻本和手抄本，有的是稀有珍本和孤本。范钦为了保护藏书，制订了严格的阁禁。例如，烟酒火烛不许上楼，藏书由范氏族中子孙共同管理，阁门和书橱钥匙分房掌管，非房齐集，任何人不得擅开。防止了书籍的个人占有和分散流失。由于阁禁森严，令许多想一登天一阁者望楼兴叹。据清人谢堃《春草堂集》载：嘉庆年间，宁波知府丘铁卿内侄女钱绣芸，酷爱诗书，为求得登阁读书的机会，嫁与范氏后裔范邦柱秀才为妻。谁知范家有"书不出阁、女不上楼"的家规，这位爱书的女子含恨而终。

天一阁的书似乎是专为了收藏而不是流通，范钦建的是藏书楼不是公共图书馆，所以他是藏书家而不是慈善家。这就有了矛盾，书的作用是给人读的，乏人问津的藏书有什么用呢？最大的用处是保存了图书，成了全国最古老的藏书楼。只有极少数名士如黄宗羲、全祖望等有幸登楼一窥。天一阁保存文化的功能大于传播文化的功能。在专制统治者习惯于焚书、禁书、删书的封建中国，能够保存一些文化典籍已是奇迹。

陆敬安（1801~1865），吴兴（今浙江湖州）人，清代学者，著有笔记《冷庐杂识》。

宁波范氏天一阁，藏书凡五万三千余卷。阁在月湖之西①，宅之东，墙圃周回，林木翁翳，与阛阓相远②。明嘉靖中，尧卿少司马钦归田后③，构以藏书。其异本

宁波范家的天一阁，藏书共五万三千余卷。阁在月湖的西边，住宅的东边。园圃的四周围墙曲回，林木长得茂盛，树荫遮蔽，和繁华的闹市离得很远。明朝嘉靖年间，少司马范钦（字尧卿）辞官回乡后，建筑天一阁用以收藏图书。那些珍稀书籍有许多是来自于丰

① 月湖：在浙江鄞县西南，有十景，为游览胜地。

② 阛（huán）阓（huì）：阛，市垣；阓，市之外门。古代称市肆为阛阓。

③ 钦：即范钦，字尧卿。明朝藏书家。鄞县（今浙江宁波）人。明朝嘉靖进士，累官兵部右侍郎。

194

得之丰氏熙坊者为多。书藏阁之上，通六间为一，而以书厨间之。其下仍分六间，取"天一生水，地六成之"之义。司马殁后，子孙各房，相约为例：凡阁厨锁钥，分房掌之；禁以书下阁梯；非各房子孙齐至，不开锁；子孙无故开门入阁者，罚不与祭三次；私领亲友入阁及擅开厨者，罚不与祭一年；擅以书借出者，罚不与祭三年；典鬻者[1]，永摈逐不与祭。乾隆间，诏建七阁[2]，参用其式，且多写其书入"四库"[3]，赐以"图书集成"。嘉庆间，阮文达公巡抚浙江，命范氏后人编成目录，并金石目录刻之[4]。自明嘉靖迄今三百余年，遗籍常存，固由于遭遇之盛，抑亦其立法严密，克保世泽于弗替[5]。宜名垂不朽，为海内藏书第一家也。

——《冷庐杂识》

氏熙坊买得的。书收藏在天一阁的上层，打通六间房为一间，用书橱做隔断。天一阁的下层仍然分作六间，取"天一生水，地六成之"的含义。范钦死后，其后代各家子孙相互约定制成条例：所有的天一阁书橱的锁钥，分配给各家掌管；禁止带书下阁梯；不是各房的子孙一齐到阁，不开锁；子孙无故开门进阁的，罚他三次不许参加祭祖；私下领亲友进阁以及擅自开书橱的，罚他一年不许参加祭祖；擅自把书借给外人的，罚他三年不许参加祭祖；典当或卖掉书籍的，永远把他开除驱逐不许参加祭祖。在清乾隆年间，皇帝下诏建筑七阁，参照采用天一阁的制式，而且抄录了许多天一阁的书籍编入"四库"全书，还赠予"图书集成"的盛名。嘉庆年间，阮文达巡抚浙江，命范家后人把藏书编成目录，并与金石文目录一起刻印出版。从明嘉靖到现今三百多年，这些流传下来的书籍常存，固然是由于天一阁遭逢盛世，也是因为范家制定的条例严密，才能够保全祖宗的遗泽而不废。应该美名流传不衰，堪称国内藏书第一家。

---

① 典鬻（yù）：典当，卖掉。

② 七阁：故宫内的文渊阁，奉天（今沈阳）行宫的文溯阁，圆明园的文源阁，热河的文津阁，扬州的文汇阁，镇江的文宗阁，杭州的文澜阁，均为皇家的藏书馆。

③ "四库"：即《四库全书》，是丛书，清乾隆朝编成，共收书3503种，分经史子集四部，所以称四库。

④ 金石目录：即金石文字目录。金石文，是镌刻于古代钟鼎彝器和碑碣上的古文字，也称古文。

⑤ 克保世泽于弗替：能保全祖宗的恩泽不废止。克，能；替，废弃。

【清】孙枝蔚

示儿燕

买到一本新书，就忙着包书皮，盖印章，然后束之高阁，这本书就成了你的藏书。原本，你是想读书而买书的，渐渐变成只管买书不管读书了。是什么原因使你由一个求学者不自觉变成了一个"藏书家"？清代诗人孙枝蔚（1620～1687）对儿子的告诫你不妨听听：别为了珍惜书籍而不充分使用它。

孙枝蔚（1620～1687），字豹人，号溉堂。三原（今属陕西）人。清代诗人。明亡时离家，南下江都做盐商。不久，弃商读书。康熙十八年（1679）举博学鸿词，自陈衰老，不应试。授内阁中书衔。离京客游四方。

初读古书，切莫惜书；惜书之甚，必至高阁。便须动圈点为是，看坏一本，不妨更买一本。盖惜书是有力之家藏书者所为，吾贫人未遑效此也①。譬如茶杯饭碗，明知是旧窑②，当珍惜；然贫家止有此器，将忍渴忍饥作珍藏计乎？儿当知之！

——《溉堂文集》

初读古书，千万不要吝惜书；吝惜过分，一定就会把书束之高阁而不读了。看书时，必须加圈加点那才是好办法，看坏一本，不妨再买一本。原本吝惜书是有财力人家藏书人的做法，我们穷人无条件仿效他们。比如茶杯饭碗，明知道它是名贵的古瓷，应当珍惜，可是家中穷得只有这一个杯一个碗，你还能忍着饥渴不用它而打算珍藏起来吗？儿应明白此理。

---

① 未遑：来不及。遑，闲暇。
② 旧窑：年深日久的陶瓷。窑，陶瓷器代称。

【北齐】颜之推

颜氏家训·勉学

我在幼年，常听慈母告诫："读书好，读书有学问，火烧不了，水冲不走，强盗抢不到。"这种把学问与人生颠沛流离对抗的思维，自古有之。生逢乱世的颜之推，在《家训》中表述了这样的生存智慧："父兄不可常依，乡国不可常保。一旦流离，无人庇荫，当自求诸身耳。"只有自己是最靠得住的，而自我倚靠的底气是读书。读书习得的立身技艺，"天地所不能藏，鬼神所不能隐也。"读书还要化为行动，读书才真有用："夫学者犹种树也，春玩其华，秋登其实。讲论文章，春华也；修身利行，秋实也。"这是从人生忧患中得出的安身立命的经验。

颜之推（531～591?），字介，琅玡临沂（今属山东）人。南北朝时文学家，一生三仕于梁、北齐、北周。饱经离乱，所著《颜氏家训》一书影响深远，被推为古代家训专著的鼻祖。

夫明《六经》之指①，涉百家之书②，纵不能增益德行，敦厉风俗③，犹为一艺，得以自资④。父兄不可常依，乡国不可常保。一旦流离，无人庇荫，当自求诸身耳⑤。谚曰："积财千万，不如薄伎在身。"伎之易习而可贵者，无过读书也。世人不问愚智，皆欲识人之多，见事之广，而不肯读书，是犹求饱而

通晓《六经》的要旨，涉猎百家之书，即使不能提高道德修养，促进风俗移易，也还可以使人具备一种才能技艺，得以靠它为生。父兄不能永远依赖，故乡也不能永远不离开。一旦在外漂泊离开故土亲人，没人保护你，那就得靠自己了。谚语说："积累万贯家财，也不如掌握微小的才能技艺。"容易学得而又最值钱的技艺才能莫过于读书。世人不管愚笨还是聪明，都希望自己结识更多的

---

① 《六经》：指《诗》《书》《乐》《易》《礼》《春秋》；指：通"旨"，意图，意思。

② 涉：涉猎，粗略地阅读。

③ 敦厉：督促、勉励、振奋。

④ 自资：帮助自己。

⑤ 诸：合声词，相当于"之于"。

懒营馔①，欲暖而惰裁衣也。夫读
书之人，自羲、农已来，宇宙之下，
凡识几人，凡见几事，生民之成败
好恶，固不足论，天地所不能藏，
鬼神所不能隐也。

——《颜氏家训》

人，经历更多的事情，而不肯潜心读书，这就
好像希求吃饱肚子而懒得做饭，希求穿得暖
和却懒得做衣服一样。那些读书之人，从远
古的伏羲、神农以来，在广阔的天地之间，总
共才能认识几个人，总共才能经历多少事情。
（可是）人民百姓的是非成败，他们喜欢什么
憎恶什么，却都了解得清清楚楚，不在话下。
因为这些知识道理（由于有了书），天地鬼神
都不能对人加以隐藏。

---

① 馔（zhuàn）：饭食，指做饭。

【南朝·梁】萧纲

诫当阳公大心书

　　南朝梁简文帝萧纲（503～551）把不知求学的人比作：穿着人的衣冠的猴子对着一堵墙发呆（"沐猴而冠"典出《史记》），又提出一个很有意思的观点：做人有规矩，作文不能有规矩。的确。

　　汝年时尚幼，所阙者学①。可久可大，其惟学欤！所以孔丘言："吾尝终日不食，终夜不寝，以思，无益，不如学也。"若使面墙而立沐猴而冠②，吾所不取。立身之道，与文章异：立身先须谨重，文章且须放荡③。

——《梁简文帝集》

　　你年纪不小，所缺少的是学问。最能持久最能光大的，大概只有学问吧！所以孔子说："我曾从早到晚顾不上吃饭，彻夜通宵顾不上睡觉，而去思考，可是没有什么收获，还是赶不上踏踏实实地去学。"如果无所事事，什么也不学，像猕猴戴帽子那样，徒具人形，在那里装模作样，那是我所不赞成的。人的自身修养和作文章不一样：做人首先必须严谨、庄重，写文章却必须放纵不羁。

---

① 阙：通"缺"。

② 面墙而立：比喻无所事事或不学如面向墙一无所见。沐猴而冠：猕猴戴上帽子，装成人的样子。

③ 放荡：任意挥洒。

【三国·蜀】诸葛亮

诫子书

家书、家训多有勉励之语，但更能启示后人的却是警戒之语，因为这些多是作者人生沧桑的结晶。诸葛亮一生，前半修身成卧龙，后半出山称名相。他深谙"淡泊明志"、"宁静致远"之理，所以谆谆告诫儿子"静以修身"，"励精治性"。大人物从艰苦修炼而来，大事业以修身治性铸基，少年心性切忌浮躁。

诸葛亮（181~234），字孔明，琅玡阳都（今山东沂南）人，三国时著名的政治家、军事家和外交家。诸葛亮27岁时，刘备"三顾茅庐"于襄阳隆中，拜见诸葛亮，问以统一天下大计，一场《隆中对》之后，诸葛亮出山，成一代名相。

夫君子之行①，静以修身，俭以养德，非澹泊无以明志②，非宁静无以致远。夫学须静也，才须学也，非学无以广才，非静无以成学。淫慢则不能研精③，险躁则不能理性④。年与时驰，意与日去，遂成枯落，多不接世。悲守穷庐⑤，将复何及！

——《诸葛忠武书》卷九

品德高尚的人的作为，是用宁静专一的心态不断加强自身的修养，用节俭不奢来不断培养自己的品德，不能恬静寡欲就不能显明高尚的志趣，心情不能安宁清静就没法深入思考。学习必须贯注专一，增长才识必须学习，不学就没办法增广才识，没有坐冷板凳的功夫就无法成就学问。放纵轻慢就不能振奋精神，偏激、浮躁就不能培养良好的心性。年岁随时光奔逝，人也一年老似一年。理想愿望也随岁月的流逝而消失，终至衰老枯萎，长久与世隔离。悲愁地蛰伏于斗室之中，怎会有什么出息！

---

① 夫：语气词，表示将发议论；君子：品德高尚的人。

② 澹泊：淡泊，恬静、寡欲，不求名利。

③ 淫慢：放纵，散漫。

④ 险躁：心地险恶，狠毒，浮躁不宁静。理性：培养塑造心性性情。

⑤ 穷庐：破旧简陋的居室。

书香门第

【明】王夫之

示侄孙语

200

　　"传家一卷书，惟在汝立志。"传给后人最好的遗产，不是家财万贯，而是诗书一架，或者自己的著作一卷。古人尤其是古代书生，一般把财产看得较轻，把功名看得较重，而立身之本，功名之源，惟有老实读书。少年当立大志，读书可去俗气，人字一撇一捺，正该顶天立地。

　　王夫之（1619～1692），字而农，号姜斋。衡阳（今属湖南）人。晚年居衡阳之石船山，学者称船山先生。明清之际思想家。

　　传家一卷书，惟在汝立志。凤飞九千仞①，燕雀独相视。不饮酸臭浆②，闲看旁人醉。识字识得真，俗气自远避。"人"字两撇捺，元与"禽"字异。潇洒不粘泥，便与天无二。

　　　　　　　　——《名门家训》

　　我传给你的就是一卷书，目的就是希望你树立远大志向。凤凰可以飞到九千仞的青天，燕子麻雀却只能眼巴巴地观望。不要分饮某些人酸臭的酒浆，悠然自得地去看别人沉醉。做学问要领会真谛，庸俗之气便不敢侵扰你。"人"字一撇一捺，本来便与"禽"字不同（意谓人做不好，很容易变成禽兽）。如果你能坦荡做人，像莲一样出污泥而不染，便是顶天立地的汉子。

---

① 仞：古时以8尺或7尺为一仞。

② 酸臭浆：指酒类。

【清】沈复

浮生六记·闺房记乐

　　古典爱情诗文千姿百态，后世读者不禁想知道，海誓山盟之后，婚后的家庭生活如何呢？当爱情进入了婚姻，婚姻中的爱情如何延续？两相吸引的时候似乎将所有的甜言蜜语都说完了，两相厮守的日子还可以那么千姿百态吗？有几位古人勇敢地站出来说：可以。最早的当属宋代李清照及其《金石录后序》，然后，明清时期，世俗生活蓬勃兴盛，人们在经国济世之外，更多地关注日常情绪，夫妇唱和的家庭生活也纷纷形诸笔墨，其中以专写夫妇情感闻名于世的就是沈复及其《浮生六记》。

　　沈复（1763~？），清代平民书生。字三白，号梅逸。长洲（今江苏苏州）人。一生走南闯北，以经商、卖画、做幕僚为生，日子过得坎坷，没有什么风光的功名，感情生活却细腻丰富，一本自传小册子《浮生六记》，大胆记述自己的婚姻生活，引来世人喝彩。《浮生六记》原有六记：《闺房记乐》《闲情记趣》《坎坷记愁》《浪游记快》《中山记历》《养生记道》，今存前四记，后两记均是伪作。沈复十三岁，与他同庚但大他十个月的表姐陈芸订婚，十八岁结婚。陈芸是个富有艺术气质的知识女性，时人评价她"颖慧能诗文，才思隽秀"。林语堂赞美她是"中国文学上最可爱的女人"。一对佳偶，伉俪情深，他们对生活的见解，别具心裁，不断主动创造机会，充分享受感情生活，在清心恬淡的日子里，构建着两人怡然自得的"小世界"。

　　所选《闺房记乐》中的两节，一写新婚之夜的柔情蜜意。"闺房之私"向来忌讳宣诸笔墨，作者却从"见瘦怯身材依然如昔"入笔，渲染出真挚的爱怜之情，美艳动人却不色情，在古典文学中是难得的情爱佳作。另一节写游庙观灯。一些公共场合，当时的女子不能轻易抛头露面，性情豪爽的沈复让陈芸女扮男装，结伴出游。读者可以分享到他们破除禁忌的快乐。

花烛之夕，见瘦怯身材依然如昔，头巾既揭，相视嫣然①。合

洞房花烛夜，见芸的身材依然清瘦如故，揭下她的盖头，我与她面面相对，笑意荡

---

① 嫣然：美好貌，常指笑容。

卺后①，并肩夜膳，余暗于案下握其腕，暖尖滑腻，胸中不觉怦怦作跳。让之食，适逢斋期②，已数年矣。暗计吃斋之初，正余出痘之期，因笑谓曰："今我光鲜无恙③，姊可从此开戒否？"芸笑之以目，点之以首。廿四日为余姊于归④，廿三国忌不能作乐⑤，故廿二之夜即为余姊款嫁⑥，芸出堂陪宴。余在洞房与伴娘对酌，拇战辄北⑦，大醉而卧；醒则芸正晓妆未竟也。是日亲朋络绎，上灯后始作乐。廿四子正⑧，余作新舅送嫁，丑末归来⑨，业已灯残人静。悄然入室，伴妪盹于床下。芸卸妆，尚未卧，高烧银烛，低垂粉颈，不知观何书而出神若此，因抚其肩曰："姊连日辛苦，何犹孜孜不倦耶？"芸忙回首起立曰："顷正欲卧，开橱得此书，不觉阅之忘倦。《西厢》之名闻之熟矣，今始得见，真不愧才子之名，但未免形容尖薄⑩耳。"余笑曰："惟其才子，笔墨方能尖薄。"伴妪在旁促卧，令其闭门先去。遂与比肩调笑，恍同密友重逢。戏探其怀，亦怦怦作跳，因俯

漾在彼此的眼里。婚礼完毕，并肩消夜，在桌下，我偷偷地握住她的手腕，手指纤细，温暖滑腻，心不觉怦怦直跳。让她吃点东西，正赶上她处在吃斋的时期，她吃斋已有好几年了。心中盘算，她最初吃斋，正是我出痘的时候，于是笑着对她说："现在我已经皮肤光洁，气色新鲜，什么毛病都已没有，姐姐你是否可以从此开戒了？"芸眼中满含笑意，点了点头。廿四日，我的姐姐出嫁，前此一天是国忌不能奏乐，所以廿二日夜我家就为姐姐的出嫁办喜宴，芸到大堂中去陪宴。我在洞房里和姐姐的伴娘对饮，猜拳行令有输无赢，醉得很厉害就睡去了，一觉醒来见芸正梳晨妆。这一天，宾朋络绎不绝，上灯后才开始奏乐。廿四日是正日子，我作为新舅去为姐送嫁，归来已是次日晨三点左右了，家门口也已是灯火将尽，人们都入睡了。我轻手轻脚走进屋里，陪伴的老婆婆在床下打盹。芸卸了妆，还没躺下，点着一支很亮的蜡烛，她低垂着白皙的长颈，不知在看什么书如此出神。我就抚摩她的肩说："姐连日辛苦，怎么还如此孜孜不倦呢？"芸赶忙回头站起来说："方才我正想躺下，打开书橱看到这本书，读读不觉忘了疲倦。《西厢》的书名，我听得很熟了，今天才得以一阅，真不愧是部才子书，只是描写得不免尖新儇薄了点儿。"我笑着说："正因为是

---

① 合卺(jǐn)：古代婚礼中夫妻喝交杯酒。后多以合卺代指结婚仪式。

② 斋期：这里指吃素的时期。

③ 无恙：无灾病。

④ 于归：女子出嫁。语出《诗经·周南》："之子于归，宜其室家。"

⑤ 国忌：封建时代称皇帝和皇后死的日子作国忌。

⑥ 款嫁：办送嫁喜宴。

⑦ 拇战辄北：拇战，划拳。北，失败逃跑。此处是说饮酒猜拳总是输。

⑧ 子正：夜间十一点到一点是子时。十二点叫子正。

⑨ 丑末：丑时是夜间一点到凌晨三点。凌晨三点为丑末。

⑩ 尖薄：尖酸刻薄。意谓《西厢记》语言锐利新颖，轻佻放荡。

其耳曰："姊何心舂乃尔耶①？"芸回眸微笑。便觉一缕情丝摇入魂魄，拥之入帐，不知东方之既白。

离余家半里许，醋库巷有洞庭君祠②，俗呼水仙庙，回廊曲折，小有园亭。每逢神诞③，众姓各认一落，密悬一式之玻璃灯，中设宝座，旁列瓶几，插花陈设以较胜负。日惟演戏，夜则参差高下插烛于瓶花间，名曰"花照"。花光灯影，宝鼎香浮，若龙宫夜宴。司事者或笙箫歌唱④，或煮茗清谈⑤，观者如蚁集，檐下皆设栏为限。余为众友邀去，插花布置，因得躬逢其盛。归家向芸艳称之，芸曰："惜妾非男子，不能往。"余曰："冠我冠⑥，衣我衣，亦化女为男之法也。"于是易髻为辫⑦，添扫蛾眉，加余冠，微露两鬓，尚可掩饰；服余衣，长一寸又半，于腰间折而缝之，外加马褂。芸曰："脚下

才子书，笔墨才能做到尖新僬薄呀！"做伴的婆婆在旁催促我们快睡，我让她关上门先走。于是就和芸并肩调笑，恍然觉得我们好像旧友重逢。我开玩笑地摸了一下她的胸口，她的心也是怦怦跳个不停，我就伏在她耳边说："姐，你的心怎么跳得这样厉害呀？"芸回眸微微一笑，让我感到一缕情丝飘进了我的魂魄，抱起她进入幔帐，东方已经大亮了都不知道。

距我家半里路，醋库巷有座洞庭君祠，民间叫它水仙庙，走廊四环屈曲，有个小小的园亭。每到神仙（洞庭君）的生日，各家各户自己找个角落，暗中挂起一盏同种式样的玻璃灯，中间安设宝座，宝座旁依次排起花瓶和案几，插花摆放，比赛谁家办得更好。白天只是演戏，夜间就高低错落地在瓶花间插上蜡烛，起个名目叫"花照"。花色灯光，香炉烟气氤氲，缭绕飘浮，像是龙宫夜宴。管事的人或吹笙箫唱歌，或煮茶清谈，看热闹的人像蚂蚁一样聚集，屋檐的下边都装上栏杆做界限。几位朋友也邀我到庙里，插花布置起来，于是能亲睹盛况。回到家向芸夸赞情景之盛，芸说："可惜我是女的，不能去。"我说："戴上我的帽子，穿上我的衣服，也就是用女扮男装的方法。"于是芸把发髻散开编成辫，把蛾眉画得又粗又宽，戴上我的帽子，微微露出双鬓，还可以掩饰一下；穿上我

---

① 心舂（chōng）乃尔：心脏像舂米一样剧烈地跳动。乃尔，这样。

② 洞庭君：传说洞庭龙君为感谢柳毅传书，救得龙女，招柳毅为婿。后柳毅接替老龙君做了洞庭君。

③ 神诞：指洞庭君的生日。

④ 司事者：管事的人。司，主持。

⑤ 煮茗清谈：沏上茶闲聊。煮茗，沏茶。茗，原指某种茶叶后泛指茶。清谈，原指魏晋时期崇尚老庄、空谈玄理的一种风气。后世亦泛指不触及实际问题的闲谈。

⑥ 冠（guàn）我冠（guān）：前一个"冠"，作动词用，戴帽子的意思；第二个"冠"为名词，帽子。下句"衣我衣"相类。

⑦ 易髻为辫：把发髻改梳发辫。

将奈何？"余曰："坊间有蝴蝶履，小大由之①，购亦极易，且早晚可代撒鞋之用，不亦善乎？"芸欣然。

及晚餐后，装束既毕，效男子拱手阔步者良久，忽变卦曰："妾不去矣。为人识出既不便，堂上闻之又不可。"余怂恿曰："庙中司事者谁不知我？既识出，亦不过付之一笑耳。吾母现在九妹丈家，密去密来，焉得知之？"芸揽镜自照，狂笑不已。余强挽之，悄然径去②，遍游庙中，无识出为女子者，或问何人，以表弟对，拱手而已。最后至一处，有少妇、幼女坐于所设宝座后，乃杨姓司事者之眷属也。芸忽趋彼通款曲③，身一侧，而不觉一按少妇之肩。旁有婢媪怒而起曰："何物狂生，不法乃尔！"余欲为措词掩饰。芸见势恶，即脱帽翘足④，示之曰："我亦女子耳。"相与愕然⑤，转怒为欢。留茶点，唤肩舆送归。

——《浮生六记》

的衣服，长出一寸半，在腰间折叠缝上，外边又套了一件马褂。芸说："脚下该怎么办？"我说："鞋坊里有蝴蝶鞋，大小随选，买来一双也极容易。而且早晚之间又可代拖鞋用，不是挺好吗？"芸欣喜起来。

到了晚餐后，装束停当，又仿效男子迈大步，抱双拳演练了许久，忽然芸变卦说："我还是不去吧，被人认出来多有不便，父母知道了又不好。"我怂恿她说："庙里管事的人谁不认得我，即使让他们看穿了，也不过付之一笑罢了。我母亲现正在九妹丈家，偷偷地去偷偷地回，怎么能知道？"芸拿过镜子来照，笑个发疯。我硬挽着她，悄然直奔庙会而去。游遍全庙，没有谁认出她是女的。有人问我她是谁，我就回答说是我表弟，她拱拱手也就过去了。最后到了一处，有年轻少妇、小女孩坐在她家所布置的宝座之后，原来是姓杨的管事人的家眷。芸忽然跑上前和他们殷勤地打招呼，身一斜，而在不知不觉间按了一下少妇的肩。旁边有婆子丫鬟怒气冲冲地站起来说："你这狂徒是什么东西，竟如此不讲规矩！"我想编个话来掩饰一下，可是芸见对方来势汹汹，就摘下帽子，抬起脚给她们看，说："我也是女的呢。"杨家的人都很惊讶，转怒为欢。留我们饮茶吃点心，还唤来一抬轿把我们送回家。

---

① 小大由之：原是毛笔的品牌，意思是写大字写小字都行。此指鞋不管大小都可以。

② 径去：径直地走去。

③ 款曲：殷勤应酬。

④ 翘足：抬起脚。

⑤ 相与：一起，共同。

【清】蒋坦

秋灯琐忆

　　文化修养相近的一对组合在一起，私生活就成了"诗生活"。蒋坦与秋芙，一对才子佳人，从新婚之夜的联句，到戏题芭蕉、携手出行，无不琴瑟和鸣，仿佛生活在图画中人。秋芙染纸、护燕，巧手仁心；蒋坦为妻子温汤、画衣，情深意长。文章为秋芙离开人世后所作，无边风月，处处情影；深深忆念，淡淡哀愁。作者的清水词笔，不愿过多记录自己的伤痛，却一意补画夫妻生活的甜美，令后世读者替他伤痛。本文有删节，段落次序重新编排。

　　蒋坦，生卒年不详，字蔼卿，钱塘人，平民书生。

　　道光癸卯闰秋①，秋芙来归。漏三下，臧获皆寝②。秋芙绾堕马髻，衣红绡之衣③，灯花影中，欢笑弥畅，历言小年嬉戏之事。渐及诗词，余苦木舌挢不能下④，因忆昔年有传闻其初冬诗云"雪压层檐重，风欺半臂单"⑤，余初疑为阿翘假托，至是始信。于时桂帐虫飞，倦不成寐。盆中素馨，香气瀴然⑥，流袭枕簟⑦。秋芙请联句，以观余才，余亦欲试秋芙之诗，遂欣

　　道光癸卯年秋的闰月，秋芙嫁给了我。夜已三更，仆婢都睡了。秋芙挽着个堕马髻，穿着红绡衣，在花烛的光影中，和我欢畅地谈笑。她从头数说起小时候在一起玩耍的情景。谈笑渐渐过渡到诗词，我惊讶得目瞪口呆，于是回忆起当年人们盛传秋芙初冬诗中"雪压层檐重，风欺半臂单"的佳句，当初我还以为是阿翘假托的，到现在我才确信是秋芙所作。当时洞房的帷幕中有蚊虫在飞，人都困倦了也不想去睡。盆里的素馨花，浓郁的花香扑面，弥漫枕席。秋芙邀我同她联

----

① 癸卯：指道光二十三年（1843）。闰秋：秋季的一个闰月。

② 漏三下：三更时分。漏，漏壶，古代计时器具。臧获：婢仆。

③ 绾堕马髻：扎偏垂在头侧的发髻。绾，把长条的东西盘绕起来打成结。红绡（xiāo）：红色的生丝织成的绸子。

④ 挢（jiǎo）：举手。此指张口结舌的样子。

⑤ 半臂：指背心。

⑥ 瀴（wěng）然：形容云起的样子。此指香气浓郁，扑面而来。

⑦ 枕簟（diàn）：竹席。

然诺之。余首赋云："翠被鸳鸯夜，"秋芙续云："红云蚁螺楼①。花迎纱幔月，"余次续云："人觉枕函秋。"犹欲再续，而檐月暖斜，邻钟徐动，户外小鬟已喁喁来促晓妆矣②。余乃阁笔而起。

秋月正佳，秋芙命雏鬟负琴，放舟两湖荷芰之间③。时余自西溪归④，及门，秋芙先出，因买瓜皮迹之，相遇于苏堤第二桥下。秋芙方鼓琴作《汉宫秋怨》曲⑤，余为披襟而听。斯时四山沉烟，星月在水，琤琮杂鸣⑥，不知天风声环珮声也。琴声未终，船唇已移近漪园南岸矣。固叩白云庵门，庵尼故相识也。坐次⑦，采池中新莲，制羹以进。香色清洌，足沁肠腑，其视世味腥膻，何止薰莸之别⑧。回船至段家桥，登岸，施竹簟于地，坐话良久。闻城中尘嚣声，如蝇营营，殊聒人耳⑨。桥上石柱，为去年题诗处，近为螷衣剥蚀⑩，无复字迹。欲重书之，苦无中书⑪。其时星斗渐稀，湖气横白，听城头更

句，来试探我的才学；我也想试试秋芙的诗才，就很痛快地答应了。我先出上句："翠被鸳鸯夜，"秋芙续接道："红云蚁螺楼。花迎纱幔月，"我接着道："人觉枕函秋。"还想再续下去，而见檐月昏斜，邻家的钟声慢慢传来，门外的小丫鬟已轻声地来催秋芙起床梳洗了。我才放下笔起身。

秋月正好，秋芙让小丫鬟背琴，到明圣二湖的荷丛中去划船。当时我从西溪回来，到了家门，秋芙已先出发了，沿路留下瓜皮做标记。我们在苏堤的第二桥下相遇。秋芙正弹着《汉宫秋怨》的曲子，我给她披上衣服听她弹琴。这时四面的山岚烟雾蒙蒙，星月倒映在水里，琤琤琮琮地，各种声音交融在一起，不知道是空中的风声还是环珮撞击之声。琴声还没停息，船头已靠上漪园的南岸了。我们就敲响了白云庵庵门，庵中的尼姑是过去的老相识。大家坐下，尼姑采来池中的新鲜莲子，调成莲羹给我们吃。香味色泽芬芳清凉，足以沁人心脾，如果和凡俗间的硕牛肥羊相比，哪止是薰莸之别呢。掉转船头到段家桥，上岸，把竹席铺在地上，坐下聊了好一阵儿天。听到城里传来的尘世喧嚣之声，像苍蝇嗡嗡地特别乱耳。桥上的石柱，是我去年题诗的地方，近来蚌壳贴在石柱上，又

---

① 蚁螺：蜘蛛。

② 喁喁（yóng）：象声词。汉扬雄《太玄经·饰》："蚸鸣喁喁，血出其口。"

③ 荷芰（jì）：荷花菱角。

④ 西溪：在杭州市西北。

⑤ 《汉宫秋怨》：琴曲名，描写汉代王昭君出塞之事。

⑥ 琤琮（chēng cōng）：形容玉器相撞击或水流声。

⑦ 坐次：坐下来。次，中，中间，如胸次，高次。

⑧ 薰莸：薰，一种香草；莸（yóu），一种有臭味的水草。

⑨ 聒（guō）：声音嘈杂，使人厌烦。

⑩ 螷（pín）衣：附着在石上的一层螷，螷，蚌的别名。

⑪ 中书：笔。

鼓，已沉沉第四通矣，遂携琴刺船而去。

秋芙以金盆捣戎葵叶汁，杂于云母之粉，用纸拖染①，其色蔚绿，虽澄心之制②，无以过之。

秋芙所种芭蕉，已叶大成阴③，荫蔽帘幕。秋来雨风滴沥，枕上闻之，心与俱碎。一日，余戏题断句叶上云："是谁多事种芭蕉，早也潇潇，晚也潇潇。"明日见叶上续书数行云："是君心绪太无聊，种了芭蕉，又怨芭蕉。"字划柔媚，此秋芙戏笔也，然余于此，悟入正复不浅。

开户见月，霜天悄然，因忆去年今夕，与秋芙探梅巢居阁下，斜月暧空④，远水渺弥，上下千里，一碧无际，相与登补梅亭，瀹茗夜谈⑤，意兴弥逸。秋芙方戴梅花鬓翘⑥，虬枝在檐，遽为攫去⑦，余为摘枝上花补之。今亭且倾圮⑧，花木荒落，惟姮娥有情⑨，尚往来孤山林麓间耳。

去年燕来较迟，帘外桃花，已

加上风雨剥蚀，字迹已经漫灭不见了。想重新题写，苦于无有笔墨。这时星斗渐渐稀疏，湖中横起白雾，听城头更鼓，已经是沉沉地响第四遍了，于是我们带着琴划着船回家。

秋芙在铜盆里捣戎葵叶的汁，再掺杂云母粉，用来拖染纸笺，那颜色蔚绿蔚绿的，就是澄心堂制作的纸和它也无法相比。

秋芙所种的芭蕉，叶子长得又肥又大，树荫遮蔽了室内的帘幕。秋风挟着秋雨，打在芭蕉上，在枕上听那滴滴答答的响声，就好像打在心上一样凄凉。有一天，我在芭蕉叶上戏题了一句诗："是谁多事种芭蕉，早也潇潇，晚也潇潇。"第二天见芭蕉叶上续写了几行道："是君心绪太无聊，种了芭蕉，又怨芭蕉。"笔迹柔媚，这是秋芙的戏笔，可是我从秋芙戏谑的续句中，体会出的道理却是不浅。

开窗望月，月色中，天空流霜悄然寂静，于是又回忆起去年今夜，和秋芙到巢居阁下寻幽访梅的情景。斜月挂在昏暗的夜空，朦朦胧胧，远处水天一色，天高水远，一碧千里，无边无际。我和秋芙登上补梅亭，煮茶夜谈，兴致越加超脱闲逸。秋芙刚刚戴一朵梅花在鬓上作首饰，可被檐下的虬枝掠去，我给她从枝上又摘下一朵补上。现在亭将倾败，花木荒芜零落，只是月亮有情，还在孤山丛林梢头徘徊往复。

去年燕子来得较晚，燕子来时屋外的桃

① 拖染：把纸浸在染料中，把染料涂抹在纸上，使纸涂上颜色。

② 澄心：澄心堂，为南唐烈祖李昇所居。后主李煜所造纸即用以为名，其纸质薄光润，为时所重。

③ 成阴：草木长大，投下日影。

④ 斜月暧（ài）空：西斜的月挂在昏暗的天空中。暧，昏暗。

⑤ 瀹（yuè）茗：煮茶。

⑥ 翘：妇女的首饰。

⑦ 遽为攫（jué）：一下子被抓去。

⑧ 倾圮（pǐ）：倾倒，荒废。

⑨ 姮（héng）娥：嫦娥，此指月亮。

零落殆半。夜深巢泥忽倾，堕雏于地。秋芙惧为猧儿所攫①，急收取之，且为钉竹片于梁，以承其巢。今年燕子复来，故巢犹在，绕屋呢喃，殆犹忆去年护雏人耶？

夜来闻风雨声，枕簟渐有凉意。秋芙方卸晚妆，余坐案傍。制《百花图记》未半，闻黄叶数声，吹堕窗下。秋芙顾镜吟曰："昨日胜今日，今年老去年。"余怅然云②："生年不满百，安能为他人拭涕！"辄为掷笔。夜深，秋芙思饮，瓦吊温暾③，已无余火，欲呼小鬟，皆蒙头户间，为趾离召去久矣④。余分案上灯置茶灶间，温莲子汤一瓯饮之。秋芙病肺十年，深秋咳嗽，必高枕始得熟睡。今年体力较强，拥髻相对，常至夜分，殆眠餐调摄之功欤⑤？然入秋犹未数日，未知八九月间更复何如耳。

余为秋芙制梅花画衣，香雪满身，望之如绿萼仙人⑥，翩然尘世。每当春暮，翠袖凭栏，髩边蝴蝶⑦，犹栩栩然不知东风之既去也。

斜月到窗，忽作无数个"人"

花已经凋谢近半。夜深时燕巢泥土忽然倾落下来，把燕雏掉在地上。秋芙怕燕雏被小狗叼走，赶快把燕雏收管起来，又给它们在梁上钉上竹片托住燕巢。今年燕子又来了，旧巢还在，绕着房屋呢呢喃喃，大概是回忆去年保护雏燕的人吧？

夜来听到风雨声，枕席渐有凉意。秋芙正卸晚妆，我坐在桌边，编写《百花图记》，还没完成一半，就听见黄叶被风吹落窗下的声音。秋芙对着镜子吟咏道："昨日胜今日，今年老去年。"我怅然若失地说："人生不满百，怎能因为别人而伤感落泪。"我就放下了笔。夜深，秋芙想喝水，瓦罐中的水还是温的，灶里已经没火了，想唤小丫鬟，可是她们都在屋里蒙头大睡，被梦神招去很久了。我把案上的灯分一盏出来放在灶下，温了一瓯莲子汤给秋芙喝了。秋芙患上肺病已十年，深秋咳嗽，一定得枕高高的枕头才能熟睡。今年她的体力较好，常在怀里捧着发髻与我对面而坐，一坐就到深夜。大概是睡眠吃饭调养得适当的功效吧？可现在入秋还没几天，不知八九月间又会是什么样子。

我给秋芙做成梅花画衣，满身的梅花好像满身的白雪，看去像是绿萼仙子那么飘逸潇洒，翩然于人世间。每当晚春时节，她翠袖凭栏，鬓边戴着的蝴蝶结还栩栩如生，不知道春天已经离开人间了。

月光斜照到窗纸上，忽然化作无数个

---

① 猧（wō）儿：小狗。

② 怅然：怅然失意的样子。

③ 温暾（tūn）：指液体微温，不凉不热。也作"温吞"。

④ 趾离：梦神。

⑤ 调摄：调养。

⑥ 绿萼仙人：九嶷仙人萼绿华，神话传说中的女仙。

⑦ 髩（bìn）边：鬓角旁边。髩，鬓的异体字。

字，知堂下修篁解箨矣①。忆居槐眉庄，庄前种竹数弓。笋泥初出，秋芙命秀娟携鸦嘴锄，蕳数筐②，煮以盐菜，香味甘美，初不让廷秀《煮笋经》也。秀娟嫁数年，如林中绿衣人得锦绷儿矣。惟余老守谷中，鬓颜非故，此君有知，得无笑人？

虎跑泉上有木樨数株③，偃伏石上，花时黄雪满阶，如游天香国中，足怡鼻观。余负花癖，与秋芙常煮茗其下。秋芙拗花簪鬓，额上发为树枝挦乱，余为蘸泉水掠之。临去折花数枝，插车背上，携入城阃④，欲人知新秋消息也。近闻寺僧添植数本，金粟世界，定更为如来增色矣。秋风匪遥，早晚应有花信，花神有灵，亦忆去年看花人否？

——《秋灯琐忆》

"人"字，我知道这是院庭里脱落的竹皮竹叶投射的影子。回忆居住在槐眉庄时，庄前种了几竿竹。竹笋刚从泥土中出来，秋芙让秀娟带鸦嘴锄，挖来几筐，和上咸菜一起煮，香味甘美，至少不比廷秀《煮笋经》所记的逊色。秀娟出嫁几年了，好像是林中的鹦鹉被锦带系住了似的。只有我年事已高孤守空谷，鬓发容颜再不是旧时的样子，如果竹子有知，该不会笑话我吧！

虎跑泉上有几株桂花树，仰躺在石上，开花时节黄花铺满阶石。人游其间，像是游在天香国里，又好闻又好看。我本是个花痴，和秋芙常在桂树下品茗聊天。秋芙折花插鬓，前额的头发被树枝拂乱，我给她蘸点泉水理顺抹平。临离开时再折几枝花，插在车背上，带到城中，想让城里人知道新秋的消息。近来听说寺里的和尚又栽了几株，要是满寺都盛开了金粟一样的桂花，那一定会给如来佛增添光彩。秋风又不远了，早晚会有桂树开花的消息传来；花神有灵，也会想起去年看花的人吧？

---

① 修篁解箨：长竹上剥落一层一层的皮。
② 蕳 (zhǔ)：掘取。
③ 木樨：也作"木犀"，通称桂花。
④ 城阃 (yīn)：阃，瓮城的门。

【清】冒襄

影梅庵忆语

　　董小宛（1624~1652），本是秦淮河边的红粉佳人。名白，字小宛，因仰慕李白，又字青莲，别号青莲女史。南京人。因生活贫困，沦为青楼歌伎，与柳如是、李香君等名列"秦淮八艳"。明崇祯十六年（1643）托身于才子冒襄为妾。一般古代女子接受教育的机会少，歌伎等娱乐服务行业的女子由于从小接受培训，是相对文化修养较高的女性群体。董小宛的琴棋书画诗酒花，无不出色当行，为一代名姝。嫁给冒襄以后，其聪慧和贤良尤其令人刮目。凡俗琐碎的日子被她调理得浪漫美丽，在自然平实的日常生活中探求精微雅致的文化趣味，在卑微的生命中企慕超脱和清澄的诗意人生。董小宛调理生活雅趣的才华，在中国文学中找不出第二个。她学过书画，博览群书，编撰了古代才女事迹汇编的《奁艳》一书。小宛烹茶可入诗、赏菊可入画，爱月逐月玩月如仙境中人，琴棋书画本来是雅事，小宛做得别具匠心；油盐柴米原是俗事，小宛也能化俗为雅，这是陈芸、秋芙也自叹不如的。小宛自己的饮食简单，却巧于美食，仅用鲜花瓜果酿制的香露，就有数十种，其他闻所未闻的食品，令人垂涎，这里有巧慧，有江南文化的精致对日常生活的渗融，更有对丈夫的深爱。（小宛制作的酥糖被后人称为"董糖"，现在的扬州名点灌香董糖、卷酥董糖和如皋水明楼董糖都是名扬海内的土特产。）清兵南下期间，冒氏举家南逃避难，家中被杀掠的佣人有二十余口。小宛胆识智谋过人，逃难途中看前护后，意在"宁使兵得我则释君"；冒襄几度生重病，小宛精心护理到生死以之的境地，这样一种生死之爱，令冒襄长叹：自己一生的清福都在和小宛共同生活的九年中享尽。小宛绝对不是人间的平凡女子啊！顺治七年（1652）正月初二，年仅27岁的董小宛因肺病不治而逝。所谓"影梅庵"者，后人考证不过是冒辟疆虚拟的一个所在。也许由于董小宛太令人怀恋了，好事者编排：顺治皇帝夺走董小宛为妃，董妃去世，顺治因此出家云云。本文有删节。

　　冒襄（1611~1693），字辟疆，号巢民。如皋（今属江苏）人。明末清初文学家，与方以智、陈贞慧、侯方域并称明末四公子。明崇祯十五年（1642）副贡；

入清，屡被征召而拒绝出仕。在家筑水绘园，交会四方文士，读书酬唱以终。

姬初入吾家，见董文敏为余书《月赋》①，仿钟繇笔意者②，酷爱临摹，嗣遍觅钟太傅诸帖学之。阅《戎辂表》③，称关帝君为贼将，遂废钟学《曹娥碑》④，日写数千字，不讹不落。余凡有选摘，立抄成帙⑤，或史或诗，或遗事妙句，皆以姬为绀珠⑥。又尝代余书小楷扇，存戚友处。而荆人米盐琐细，以及内外出入，无不各登手记，毫发无遗。其细心专力，即吾辈好学人鲜及也。

姬能饮，自入吾门，见余量不胜蕉叶⑦，遂罢饮，每晚侍荆人数杯而已⑧。而嗜茶与余同性。又同嗜界片⑨。每岁半塘顾子兼择最精者缄寄，具有片甲蝉翼之异。文火细烟，小鼎长泉，必手自吹

董姬初到我家时，见到董其昌正在给我书写《月赋》，其中模仿了钟繇笔意，董姬便非常喜欢临摹，接着到处寻找钟太傅钟繇的各种书帖临摹。当她阅读钟繇写的《戎辂表》时，见表中称关羽是贼将，于是便放弃了钟繇的书法而去学习《曹娥碑》，一天写上几千字，不错不漏。凡是我选了什么要摘抄的东西，她就立刻给我抄写成卷，或许是史或许是诗，或许是遗事妙句，我都是靠董姬做记事珠。又曾经代我写小楷扇面，分赠在亲戚朋友手中。而夫人经手的米盐琐细之事，以及收入支出，她无不亲手分类记账，一丝一毫也不遗漏。她的细致与专心，即使我们好学的人也很少有赶得上的。

董姬能饮酒，自从进我家，看到我的酒量很小，就不大饮酒了，每晚只是陪夫人饮几杯罢了。而她嗜好饮茶的习性和我相同。又和我都嗜饮界片。每年半塘人顾子兼选最精的界片寄给我，那些界片都有片甲蝉翼茶那么奇异。用文火轻烟、小鼎长泉慢慢地煮，

---

① 董文敏：明著名书画家董其昌，文敏是谥号。《月赋》：南朝宋文学家谢庄（421～466）的名篇，见录于《文选》。

② 钟繇（yáo）（151～230）：三国魏大臣，书法家。曾任太傅，故又称钟太傅。工书法，尤精隶、楷体，与晋王羲之并称"钟王"。

③ 《戎辂表》：有关军事谋略的奏章。此指钟繇《戎辂表》字帖。

④ 《曹娥碑》：曹娥的墓碑，东汉上虞度尚所立，其弟子邯郸淳撰文。曹娥，东汉孝女。其父溺死江中，娥沿江哭号十七昼夜，投江而死。后世所传《曹娥碑帖》，一为晋人墨迹摹刻的拓本，宋拓《临江戏鱼堂帖》本，题作晋右将军王羲之书。为宋元祐八年蔡卞重书本。当指后者。

⑤ 帙（zhì）：书画的外套。此指卷。

⑥ 绀（gàn）珠：相传唐开元年间宰相张说有一颗绀珠，人见此珠，即能记事不忘，故名记事珠。后以此比喻广闻博记。绀，稍微带红的黑色。

⑦ 蕉叶：指蕉叶形浅口酒杯。

⑧ 荆人：妻子，夫人。

⑨ 界片：茶名。界一作"芥"，芥茶产于浙江长兴。

涤。余每诵左思《娇女诗》"吹
嘘对鼎䥯"之句①，姬为解颐②。
至"沸乳看蟹目鱼鳞，传瓷选月魂
云魄"，尤为精绝。每花前月下，
静试对尝，碧沉香泛，真如木兰沾
露，瑶草临波③，备极卢陆之致④。
东坡云："分无玉碗捧蛾眉⑤。"
余一生清福，九年占尽，九年折尽
矣！

　　秋来犹耽晚菊⑥，即去秋病
中，客贻我剪桃红，花繁而厚，叶
碧如染，浓条婀娜，枝枝具云罨
风斜之态⑦。姬扶病三月，犹半梳
洗，见之甚爱，遂留榻右。每晚高
烧翠蜡，以白团回六曲，围三面，
设小座于花间，谓之菊影，极其参
横妙丽。始以身入，人在菊中，菊
与人俱在影中。回视屏上，顾余曰：
"菊之意态尽矣，其如人瘦何？"
至今思之，澹秀如画。

　　姬最爱月，每以身随升沉为
去住。夏纳凉小苑，与幼儿诵唐
人咏月及流萤纳扇诗⑧。半榻小

她一定要亲自吹火，洗茶具。我每当诵读左
思的《娇女诗》"吹嘘对鼎䥯"这一句时，董
姬就十分开心。到诵读"沸乳看蟹目鱼鳞，
传瓷选月魂云魄"时，她就更觉得这两句精
妙传神。每在花前月下，我和她静静地相对
品茶，碧色的界片沉到杯底，杯口冒出香气，
像木兰沾上清露，仙草临着水波，真的品味
到卢全、陆羽书中描绘的境界。东坡说："分
无玉碗捧蛾眉。"我一生的清福，九年享尽，
九年折尽了。

　　入秋时节，她尤其溺爱晚菊，就是去年
秋天，她在病中，朋友送我"剪桃红"菊花，
花开得很繁荣，花瓣肥厚，花叶碧绿像染的
一样，枝条婀娜多姿，每一枝都像笼着云，在
风中摇曳。董姬病了三个月，还勉强起床梳
洗打扮，见到这盆"剪桃红"非常喜欢，她就
把它放在自己的病榻边。每晚都高高点起翠
绿色的蜡烛，用白团扇把"剪桃红"三面曲曲
折折地围起来，摆个小凳在花间菊影。将
菊影布置得极其参差美妙，她才走入其中，
人在菊丛中，菊和人都在烛影中。她回头看看
屏风，对我说："菊的意态已达极致，它和人
相比谁更瘦俏？"到现在回忆起那情景，真
像一幅淡雅秀美的图画。

　　董姬最爱月，常常跟着月亮走。夏季在
小花园里乘凉，教孩子们背诵唐人咏月和流
萤纳扇诗。半张卧榻小小桌凳，总是移动着

---

　　① 左思（约250～约305）：西晋文学家，以《三都赋》名闻当时。

　　② 解颐：开颜而笑。颐，腮，下颌。

　　③ 瑶草：仙草。瑶，玉石。

　　④ 卢：卢仝，唐代诗人，曾作《走笔谢孟谏议寄新茶》诗，谓一连饮茶七碗而后即可成仙。陆：陆羽，唐代学者，
以嗜茶著名，曾著《茶经》三篇，为我国最早关于茶的著作。陆羽也被民间祀为茶神。

　　⑤ 分无玉碗捧蛾眉：意谓没有蛾眉给自己捧玉杯的福分。

　　⑥ 耽（dān）：沉溺。

　　⑦ 罨：通"掩"。

　　⑧ 流萤纳扇诗：当指唐杜牧《秋夕》诗，中有"银烛秋光冷画屏，轻罗小扇扑流萤"句。

几, 恒屡移以领月之四面①。午夜归阁, 仍推窗延月于枕簟间, 月去复卷幔倚窗而望。语余曰: "吾书谢希逸《月赋》, 古人厌晨欢, 乐宵宴, 盖夜之时逸, 月之气静, 碧海青天, 霜缟冰净, 较赤日红尘, 迥隔仙凡。人生攘攘, 至夜不休, 或有月未出已躺睡者, 桂华露影, 无福消受。与子长历四序, 娟秀浣洁②, 领略幽香, 仙路禅关③, 于此静得矣。"李长吉诗云: "月漉漉, 波烟玉④。"姬每诵此三字, 则反覆回环, 日月之精神气韵光景, 尽于斯矣。人以身入波烟玉世界之下, 眼如横波, 气如湘烟, 体如白玉, 人如月矣, 月复似人, 是一是二, 觉贾长江"倚影为三"之语尚赘⑤, 至"淫耽"、"无厌"、"化蟾"之句, 则得玩月三昧矣⑥。

姬性澹泊, 于肥甘一无嗜好。每饭, 以芥茶一小壶温淘, 佐以水菜、香豉数茎粒, 便足一餐。余饮食最少而嗜香甜及海错风薰之味⑦, 又不甚自食, 每喜与宾客共

从不同角度欣赏月亮。夜半时分, 回到闺阁, 还是推窗引月, 让月光照在枕席上。月落了, 又卷起帷幔倚窗而望。她对我说: "我写谢希逸《月赋》, 古人不愿早晨作乐, 喜欢夜晚宴乐, 大概是因夜晚时消闲, 月色让人感到静谧, 青天澄澈, 白白的霜、洁净的冰, 比赤日炎炎、红尘滚滚的白天, 大有仙凡之别。人世间终日熙熙攘攘, 到夜晚也不停息, 或者也有人在月亮还没升起时就进入了梦乡, 皎洁的桂花、茫茫的露影, 无福享受。和你一起共度四季, 同披娟秀如洗的月色, 共吮幽深的花香, 在此静谧的夜色里, 如同踏上了仙途, 步入了禅关, 超然于凡俗之外。"李长吉诗写道: "月漉漉, 波烟玉。"董姬每吟咏这三字诗句, 就会反复吟咏个不停, 似乎觉得月亮的精神气韵, 都蕴涵在这三个字之中了。人走进了"烟波玉"这个世界中, 眼波如秋水荡漾, 精气如湘烟缥缈, 身体如白玉纯洁, 此时的人, 就跟明月一样了, 此时的月, 又跟人一样了, 人月相融, 哪里还能分得清是人是月呢? 我觉得贾长江"倚影为三"的话太啰嗦, 至于"淫耽"、"无厌"、"化蟾"的诗句, 算是深得赏月的"三昧"了。

董姬生性澹泊, 对肥甘之味, 全无嗜好。每当吃饭, 就用一小壶界片温淘一碗饭, 再加一点青菜, 几粒豆豉, 这就足够一餐了。我的饭量最小, 可是喜欢香甜、海味、风薰的食品, 但又不很喜欢自己吃, 常常喜欢和宾客共

---

① 领月: 伸长脖颈看月。

② 浣洁: 像洗过一样干净。

③ 禅关: 走进佛教说的排除杂念的境界。

④ 李长吉, 唐代诗人李贺(790~816), 字长吉, "月漉漉"句出自《月漉漉篇》。漉漉, 晶莹明亮的样子。

⑤ 贾长江: 贾岛(779~843), 唐代诗人, 曾任长江主簿, 世称贾长江。

⑥ 三昧(mèi): 奥妙, 诀窍。唐李肇《国史补》: "长江僧怀素好草书, 自言得草圣三昧。"

⑦ 海错: 海产种类繁多, 统称海错。《尚书·禹贡》: "厥贡盐缔, 海物惟错。"

琴瑟和鸣

214

赏之。姬知余意，竭其美洁，出佐盘盂，种种不可悉记。随手数则，可睹一斑也。酿饴为露，和以盐梅，凡有色香花蕊，皆于初放时采渍。经年香味、颜色不变，红鲜如摘，而花汁融液露中，入口喷鼻，奇香异艳，非复恒有。最娇者为秋海棠露。海棠无香，此独露凝香发，又俗名断肠草，以为不食，而味美独冠诸花。次则梅英、野蔷薇、玫瑰、丹桂、甘菊之属。至橙黄、橘红、佛手、香橼，去白缕丝，色味更胜。酒后出数十种，五色浮动白瓷中，解酲消渴①，金茎仙掌②，难与争衡也。取五月桃汁、西瓜汁，一穰一丝漉尽，以文火煎至七八分，始搅糖细炼，桃膏如大红琥珀，瓜膏可比金丝内糖。每酷暑，姬必手取汁示洁，坐炉边静看火候成膏，不使焦枯，分浓淡为数种，此尤异色异味也。制豉，取色取气先于取味，豆黄九晒九洗为度，颗瓣皆剥去衣膜，种种细料，瓜杏姜桂，以及酿豉之汁，极精洁以和之。豉熟擘出，粒粒可数，而香气酣色殊味，迥与常别。红乳腐烘蒸各五六次，内肉既酥，然后剥其肤，益之以味，数日成者，绝胜建宁三年之蓄③。他如冬春水盐诸菜，能使黄者如蜡，碧者如苔。蒲藕笋蕨、鲜花野菜、枸

同品味。董姬知道我的心思，打点得极其漂亮干净，端出和其他菜肴相配，种种样样，数都数不清。我随手写了这几宗琐事，可见董姬做人处事之一斑：她还会做饴糖香露，和盐梅杂在一起，凡色香俱佳的花蕊，都是在刚开放时采摘腌渍。过了一年，不变颜色，鲜红如刚摘下时一样，而花汁和香露融在一起，入口喷鼻，那种奇香异色，不是寻常能见到的。做得香色最娇美的，是秋海棠露。海棠本无香味，这种秋海棠露，只是露凝结而散发香味，俗名叫它断肠草，人们都以为是不能吃的东西，而它的美味压倒群芳。其次就是梅花、野蔷薇、玫瑰、丹桂、甘菊之类。至于橙黄、橘红、佛手、香橼，去掉白色丝缕纤维，色味更为美好。我喝完酒后，董姬端出几十种饴露，五彩缤纷地在盘中浮动，解酒消渴，像仙人举盘子接的甘露，也无法和它们一比高低。拿五月的桃汁、西瓜汁，把丝丝瓢瓢都过滤干净，用慢火煎到七八分，再放入些糖细细炼制，熬出的桃膏像大红琥珀，瓜膏可与金丝内糖相比。每到暑夏，董姬就一定亲手舀出桃、瓜汁液以保证洁净，坐在炉旁静静地看着火候把它熬成膏，不让它熬干熬焦，分出浓淡不同的许多种，这样熬出的桃膏、瓜膏更是异色异味。制豆豉，选取颜色、气味要比选取味道更重要，黄豆以九晒九洗为标准，一颗一瓣都要去皮，各种细致的作料，如瓜杏姜桂，还有酿豆豉的汁，非常精纯干净地拌在一起。豆豉制熟，用手捧起，一粒一粒地清晰可数，而醇厚的香气、新鲜的色泽与美味非同一般，与平常的豆豉相比，

---

① 解酲（chéng）：解除酒困。酲：醉酒后神志不清有如患病的感觉。

② 金茎仙掌：指甘露。汉武帝曾以铜仙人掌擎盘以承甘露。

③ 建宁：县名，在福建三明西北部，该地制乳腐要积藏三年。

蒿、蓉菊之类，无不采入食品，芳旨盈席。火肉久者无油，有松柏之味。风鱼久者如火肉，有麂鹿之味。醉蛤如桃花，醉鲟骨如白玉，油鲳如鲟鱼，虾松如龙须，烘兔酥雉如饼饵，可以笼而食之。菌脯如鸡粽，腐汤如牛乳①。细考之食谱，四方郇厨中一种偶异②，即加访求，而又以慧巧变化为之，莫不异妙。

秦溪蒙难之后，仅以俯仰八口免。维时仆婢杀掠者几二十口，生平所蓄玩物及衣贝，靡孑遗矣③。乱稍定，匍匐入城，告急于诸友，即襆被不办。夜假荫于方坦庵年伯④。方亦窜迹初回，仅得一毡，与三兄共裹卧耳房。时当残秋，窗风四射。翌日，各乞斗米束薪于诸家，始暂迎二亲及家累返旧寓⑤，余则感寒，痢疟沓作矣。横白板扉为榻，去地尺许，积数破絮为卫，炉煨桑节，药缺攻补。且乱阻吴门，又传闻家难剧起⑥，自重九后

远远不同。做红腐乳先要烘蒸五六次，内部既已变酥，然后除下表皮，再加上调料酿制数日，绝对超过建宁贮存三年的腐乳。其他像冬春用盐水腌渍各种咸菜，能让黄色的像蜡一样黄、碧色的如苔一样绿。蒲藕笋蕨、鲜花野菜、枸蒿、蓉菊之类，无不采摘列入食品，美味食物摆满筵席。熏烤肉食，熏烧时间长了，就会去了油脂，有松、柏的味道。把鱼风干久了就像烤肉，有鹿肉的味道。醉蛤色红如一朵桃花，醉鲟的鱼骨像玉一样洁白。油鲳鱼像鲟鱼，虾松像龙须。她用烘兔肉、酥野鸡肉制成糕饼，可以用笼屉篾着吃。菌脯像鸡粽，豆腐汤像牛奶。她仔细地研究食谱，四方名厨偶然制出一种特殊的食品，她就加以访求，而又经她慧心巧手变化方法去制作，无不异常美妙。

秦溪遭难之后，我家仅仅有八口人幸免。那时家中的仆人婢女被杀被抢走的将近有二十人，平生积蓄的玩好之物及衣服珠宝之类，洗劫一空。战乱稍稍安定，我竭尽全力地潜回盐官城，向各位朋友告急求助，连行李都未及准备。夜间借宿在方坦庵年伯家。方年伯也是刚刚逃难回城，仅有一条毡子，和三兄弟裹身睡在耳房。当时已是晚秋，风从四面窗吹来。第二天，向各房亲友讨来斗米束薪，才暂且迎接双亲家眷返回城中旧宅。我感了风寒，痢疾时时地发作。横一扇门板作床，离地一尺左右，堆积几床棉絮御寒，炉中的桑枝不起火，药物也缺乏祛病滋

---

① 腐汤：豆腐汤。
② 郇（xún）厨：唐代韦陟袭封郇国公，精治饮食，时称"郇公厨"，此借指名厨。
③ 孑遗：指经战争灾祸幸存下来的少数人。
④ 方坦庵：方拱乾，桐城人，入清官少詹事。年伯：方拱乾与冒襄父亲冒起宗同为崇祯元年进士。
⑤ 家累：家属。
⑥ 家难剧起：指乙酉年（1645）十二月如皋道民起义被清军镇压事。

溃乱沉迷，迄冬至前僵死，一夜复苏，始得间关破舟，从骨林肉莽中冒险渡江。犹不敢竟归家园，暂栖海陵。阅冬春百五十日，病方稍痊。此百五十日，姬仅卷一破席，横陈榻边，寒则拥抱，热则披拂，痛则抚摩。或枕其身，或卫其足，或欠伸起伏，为之左右翼，凡病骨之所适，皆以身就之。鹿鹿永夜，无形无声，皆存视听。汤药手口交进，下至粪秽，皆接以目鼻，细察色味，以为忧喜。日食粗粝一餐，与吁天稽首外，惟跪立我前，温慰曲说，以求我之破颜。余病失常性，时发暴怒，诟谇三至，色不少忤，越五月如一日。每见姬星靥如蜡，弱骨如柴，吾母太恭人及荆妻怜之感之，愿代假一息。姬曰："竭我心力，以殉夫子。夫子生而余死犹生也；脱夫子不测，余留此身于兵燹间①，将安寄托？"

更忆病剧时，长夜不寐，莽风飘瓦，盐官城中，日杀数十百人。夜半鬼声啾啸，来我破窗前，如蛩如箭。举室饥寒之人皆辛苦苟睡，

———————
① 兵燹（xiǎn）：战争造成的焚烧破坏等灾害。

补的药饵。况且动乱阻住回苏州的路，又听说家乡也发生了暴乱，自从重九后我精神错乱、昏昏沉沉，到了冬至前，几乎僵死在床，一夜又苏醒过来，经千难万阻寻得一条破船，踏过遍地的死尸冒险渡江。还是不敢回家，暂且住在海陵。经冬历春共一百五十天，我的病才好起来。这一百五十天中，董姬就只是卷一领破席子，横放在我的床边，我冷时她抱着我，热时给我扇风，疼痛时就给我抚摩。她或者让我枕在她身上，或者她卧在我的脚边，或者我欠伸起伏，她就像我的左右翼一样护卫支撑着我，凡是我的病体向哪儿移动，她都用自己的身体相随相就。漫漫长夜，好像一切寂灭了，她却警醒地察看我的样子，倾听我的动静。用手用口交替地为我喂汤喂药，甚至我的粪便，她都细看细闻，仔细地辨别颜色气味，色味正常就欢喜，色味不正常就忧愁。她一天除吃顿粗饭和向天叹息叩头祈祷之外，只是跪、站在我的眼前，温存地安慰，委婉地劝说，用来引我开心一笑。病中我失去常性，时时会暴怒，屡屡辱骂呵斥，可她的表情没有一点怨愤不满。五个月如一日，每看到她灿若明星的两靥变得像蜡一样黄，骨瘦如柴，我的母亲太恭人及夫人怜悯她感激她，希望能替换她，让她休息一下。董姬说："为了先生，我愿竭心尽力，乃至献出我的生命。先生如果能活下去我就是死了也和活着一样，假如先生有不测之灾，我留下这个身体在战乱之中，将何所寄托？"

又忆起我病最重的时候，长夜不能入睡，大风吹落屋瓦，盐官城里，每天都有数十百人被杀。半夜鬼声啸叫，传入我的破窗，像寒蝉，像鸣箭。全屋饥寒的人们，都在辛酸

余背贴姬心而坐，姬以手固握余手，倾耳静听，凄激荒惨，欷歔流涕。姬谓余曰："我入君门整四岁，早夜见君所为，慷慨多风义，毫发几微，不邻薄恶。凡君受过之处，惟余知之亮之，敬君之心，实逾于爱君之身，鬼神赞叹畏避之身也。冥漠有知，定加默祐。但人生身当此境，奇惨异险，动静备历，苟非金石，鲜不销亡。异日幸生还，当与君敝屣万有①，逍遥物外，慎毋忘此际此语！"噫吁嘻！余何以报姬于此生哉？姬断断非人世凡女子也！

——《影梅庵忆语》

苦楚中躺睡，我的背贴着董姬的心窝而坐，董姬紧紧地握着我的手，倾耳静听，那些声音凄厉悲惨，使她叹息流泪。董姬对我说："我进你家四年整，早晚间亲睹你的所作所为，慷慨正义，不曾沾染丝毫的邪恶。凡你受人误解责难之事，唯有我心最明白最理解，我敬重你的品格，实际超过喜爱你这个人，你是鬼神也要赞叹、敬畏回避的人呀。如果苍天有眼，一定会默默地保佑。只是人处在这种恶境中，经历奇惨异险，大起大落，动荡、平静都亲身经历，如果不是金石之躯，很少有不消亡的。日后如果侥幸生还，我当和你抛弃一切，逍遥物外，请你千万不要忘记了此时此话！"唉，在今生今世，我用什么报答董姬呢？董姬绝对不是人世间的凡俗女子啊！

琴瑟和鸣

217

———

① 敝屣万有：抛弃一切身外之物。敝屣，坏了的鞋子。

【汉】司马迁

剑系冢树

子曰：人无信不立。中国古人把个人的信用与人格捆绑在一起，把个人信用提到一个非常高的位置：不讲信用就无法做人。讲究信用的价值，造就诚实的国民，整个国家的道德信用才能建立。如果统治者不讲信用，就意味着失去民心，离改朝换代不远。《史记》所载的这则小故事，把信用的行为推到极致——对死人也要讲信用。无论个人还是国家，对现在负责相对容易；要能对过去、对历史负责，就难了。故事中的季札，留下了千金一诺的佳话。

司马迁（前135~前87），字子长，夏阳（今陕西韩城）人。所撰《史记》是一部文史巨著。

季札之初使①，北过徐君②。徐君好季札剑，口弗敢言。季札心知之，为使上国③，未献。还至徐，徐君已死，于是乃解其宝剑，系之徐君冢树而去。从者曰："徐君已死，尚谁予乎？"季子曰："不然。始吾心已许之，岂以死倍吾心哉④！"

——《史记·吴太伯世家》

春秋吴国季札当初出使他国，北上途中拜访了徐君。徐君很喜欢季札的佩剑，又不好意思明说。季札心里明白他的心思，因为要出访中原大国，就没赠送给他。出访归来，又到了徐国，徐君已经死了。于是季札就解下宝剑，挂在徐君坟旁的树上才走。随从的人说："徐君已经死了，你到底送给谁呢？"季札说："不能这样说，当初我心里已经答应送给他了，怎可因为他死了而违背自己的初衷呢！"

---

① 季札：春秋时期吴国人，是吴国国君寿梦的小儿子。他博学多才，品行高尚，甚至是自己在心里许下的诺言，也要竭尽全力去做。

② 过：拜见。徐：古国名。周初徐戎所建。前512年为吴国所灭。

③ 上国：春秋齐晋等中原诸侯国称为"上国"，对吴楚诸国而言。

④ 倍：通"背"，违背。

【唐】牛肃

吴保安

这是一个真实的故事，在唐朝广为流传，作者是据实记录，该事件也被收入《新唐书·忠义传》。吴保安去投奔郭仲翔，本想求个功名，不想郭成了俘虏，要吴用一千匹绢去赎回。照现代人的看法，吴没有花钱赎回郭的义务和责任，两人连一面也没有见过，仅仅通过两封书信，况且吴也是穷光蛋，根本拿不出这么多赎金。然而，古人就是"古人"，"古人行事"不讲究"利"，特别讲究"义"。就因为两人是老乡，就因为吴曾经请求郭帮忙，虽然实际上吴没有得到任何好处，却背上了这样一个大包袱，然而，吴保安没有弃之不顾，毅然决定赎回郭仲翔。吴保安怎么有能力赎回那位朋友呢？他不惜毁家救友：变卖家产得两百绢，弃家不顾外出经商，一走十年，得七百绢。现在，吴保安活着的目的就是攒够钱赎回朋友。吴真是一个"傻子"，为了"义"，抛弃了一切；哪像我们现代人这么聪明，拥有一切，独独抛弃那个虚无缥缈的"义"。后来，加上别人的帮助，郭终于赎回来了，用了整整十年的时间，达成一个浓墨重彩的"义"字。此后，郭仲翔的生活目的随之改变，他要报答吴保安……道义、信义、侠义、义气，对于一个人、一个社会，真的这么重要吗？你能从中窥见一个民族心灵深处的善与美吗？中国古人有个伟大的梦想："四海之内皆兄弟。"这个梦想就建立在人与人之间的"信""义"之上。

牛肃，大约生活在武后至代宗年间。泾阳（今属陕西）人。著有《纪闻》十卷，所载皆开元、乾元间证应及神怪异闻，是唐人较早的传奇小说集。原书不存，散见于《太平广记》。

吴保安，字永固，河北人，任遂州方义尉①。其乡人郭仲翔，即元振从侄也②。仲翔有才学，元振

吴保安，字永固，河北人，任四川遂州方义县县尉，他的同乡郭仲翔，就是当朝尚书宰相郭元振的堂侄儿。郭仲翔有才学，郭元振

---

① 遂州方义：遂州，唐州名；方义，县名，也是遂州治所，在今四川遂宁县。
② 元振：郭元振，名震，字元振。魏州贵乡人。睿宗时历任吏部、兵部尚书，同中书门下三品，即宰相，封代国公。后因罪放逐新州，又迁饶州司马，病死途中。本篇开始所记，均符史实，当时元振尚居相位。

将成其名宦①。

会南蛮作乱，以李蒙为姚州都督，帅师讨焉②。蒙临行，辞元振。元振乃见仲翔③，谓蒙曰："弟之孤子，未有名宦，子姑将行，如破贼立功，某在政事，当接引之，俾其麋薄俸也④。"蒙诺之。仲翔颇有干用，乃以为判官⑤，委之军事。至蜀。保安寓书于仲翔曰⑥："幸共乡里，籍甚风猷⑦，虽旷不展拜⑧，而心常慕仰。吾子国相犹子⑨，幕府硕才，果以良能，而受委寄。李将军秉文兼武，受命专征，亲缩大兵⑩，将平小寇。以将军英勇，兼足下才能，师之克珍，功在旦夕。保安幼而嗜学，长而专经，才乏兼人，官从一尉。僻在剑外⑪，地迩蛮陬⑫，乡国数千⑬，关河阻隔，况此官已满，后任难期。以保安之不才，厄选曹之格限⑭，更思微禄，岂有望焉。将归老邱园，转死沟壑。侧闻吾子急人之忧，不遗乡曲之情，忽垂特达之眷，使保安

打算成就他的功名并援引他走上仕途。

当时正赶上南蛮叛乱，朝廷用李蒙担任云南姚州都督，统率军队征讨。李蒙临出发，向郭元振告别。郭元振就让堂侄郭仲翔见李蒙，并对李蒙说："这是我堂弟的独生子，现在还没有名位官职，你暂且把他带去，如果打败叛贼立下功，我在朝当政设法提拔他，使他能做个小官得到一点微薄的俸禄。"李蒙应允了这件事。仲翔很有才干，李蒙就用他做军中的判官，把军中事务托付给他。行军到了四川。吴保安寄信给郭仲翔说："与你同乡我很荣幸，你崇德重义，虽相隔旷远不得省视拜望，而心里常常怀着仰慕之情。你是宰相的侄子，又是都督幕府的有才干的人，果然凭自己卓越的才能，而被委以重任。李将军文武兼才，受朝廷之命专程讨伐叛逆，亲统大军，将一举扫平小小贼寇。凭将军英明勇武，再加上你的才能，我军战胜消灭敌人，成功将在早晚之间。我从小特别喜欢学习，长大专门研究经学，缺少超人的才华，官也只能做到县尉。远在剑南，地近南蛮，离家乡几千里，又有高山大河阻隔，况且这个职务任期已满，以后到什么地方任职难以预期。凭

① 成其名宦：使其有名望有官职。

② 姚州：唐代设姚州都督府，治所在今云南姚安县北。

③ 元振乃见仲翔：意思是元振乃使仲翔出见李蒙。

④ 麋薄俸：得到一点俸禄，意思是给安排个职位。

⑤ 判官：节度使、观察使、防御使等的僚属，以佐理政事。

⑥ 寓书：寄信。寓，寄。

⑦ 籍甚风猷：籍甚，盛大；风猷，品格道义。

⑧ 展拜：当面拜见。展，省视。

⑨ 犹子：侄子。

⑩ 缩（wǎn）：专管、控制。

⑪ 剑外：指四川剑门以南。剑，剑门山，是自陕入川的要道。

⑫ 蛮陬：蛮夷居住的地方。陬，角落、村落。

⑬ 乡国：家乡。

⑭ 选曹：主持铨选官吏事务的官。

得执鞭弭①，以奉周旋。录及细微，薄沾功效。承兹凯入，得预末班②。是吾子邱山之恩，即保安铭镂之日。非敢望也，愿为图之。唯照其款诚而宽其造次。专策驽蹇③，以望抬携。"仲翔得书，深感之。即言于李将军，召为管记④。未至而蛮贼转逼。李将军到姚州，与战破之。乘胜深入蛮，覆而败之。李身死军没，仲翔为虏。蛮夷利汉财物，其没落者，皆通音耗，令其家赎之，人三十匹。

保安既至姚州，适值军没，迟留未返。而仲翔于蛮中间关致书于保安曰："永固无恙。顷辱书未报，值大军已发，深入贼庭，果逢挠败。李公战没，吾为囚俘。假息偷生，天涯地角。顾身世已矣，念乡国宿然。才谢钟仪⑤，居然受絷；身非箕子⑥，日见为奴。海畔

我的平庸才干，又苦于那些铨选官的标准的限制，想再得到微薄的俸禄，哪里还有什么指望。势将归老隐居，飘零死于沟壑。我私下听说你把他人之忧当作自己的急务，不抛弃同乡之情，如能早日得到你的提携眷顾，使我得以为你奔走效劳，让我做点细小的事情，立点微小的功劳。承蒙你善意相助，得以博取小小的官职。对我这是重如山陵的大恩，保安镂骨铭心不敢忘德。我不敢想得这么好，只希望你给我想个办法。也希望你能明白我的诚恳，而宽谅我的造次。专诚地给你发出此信，而企望你的提携。"仲翔收到此信，深深为之感动。就对李蒙说了此事，李蒙召吴保安来做管理案牍文书的官。吴保安还没到任，而南蛮叛贼转而逼近。李蒙到了姚州，跟南蛮叛贼打了一仗，战胜了他们。李蒙乘胜追击，深入蛮贼地界，作战失利，战败了。李蒙战死，全军覆没。仲翔被俘。南蛮之人贪图中原财物，让那些被俘的军士同家中通信，让家人赎回他们。赎一名被俘军士须交三十四绢。

吴保安到了姚州，正赶上全军覆没。他淹留姚州没有回遂州。而仲翔在蛮军中辗转捎信给吴保安。信中说："永固你好。不久前你来的信未复，当时正值大军已经出发，深入贼穴，果然遭到挫败。李将军战死，我成了战俘，勉强喘口气苟活下来，陷在这极偏远的南蛮。想到这一生是完了，家乡又那么遥远，不免怅然若失。论才能不如钟仪，居然像

---

① 鞭弭：马鞭。
② 末班：低微的职位。
③ 驽蹇：原意是劣马，这里用为自谦之词，意为庸才。驽，跑不快的马；蹇，指驴，也指驽马。
④ 管记：管理案牍之职的属官。
⑤ 钟仪：春秋时楚国人，被郑国俘虏，献给晋景公，因其才德出众而被释放。
⑥ 箕子：商纣王叔王，封国于箕，故称箕子。纣暴虐，箕子谏而不听，于是披发佯狂，被纣囚禁。武王灭商后被释放，归镐京。

牧羊，有类于苏武①；宫中射雁，宁期于李陵②。吾自陷蛮夷，备尝艰苦，肌肤毁剔，血泪满池。生人至艰，吾身尽受。以中华世族，为绝域穷囚。日居月诸③，暑退寒袭，思老亲于旧国，望松槚于先茔，忽忽发狂，膈臆流恸④，不知涕之无从！行路见吾，犹为伤愍。吾与永固，虽未披款，而乡里先达，风味相亲；想睹光仪，不离梦寐。昨蒙枉问，承间便言。李公素知足下才名，则请为管记。大军去远，足下来迟。乃足下自后于戎行，非仆遗于乡曲也。足下门传余庆，天祚积善，果事期不入，而声名并全。向若早事麾下，同参幕府，则绝域之人，与仆何异。吾今在厄，力屈计穷；而蛮俗没留，许亲族往赎。以吾国相之侄，不同众人，仍苦相邀，求绢千匹。此信通闻，仍索百缣。愿足下早附白书⑤，报吾伯父。宜以时到，得赎吾还。使亡魂复归，死骨更肉。唯望足下耳。今日之事，请不辞劳苦。吾伯父已去庙堂，难可咨启。即愿足下亲脱石

他那样受到囚系；论身份也不是箕子，却也像他那样沦为奴隶。在海边放羊，和苏武相类，同样是和祖国断了音讯，但又怎敢和李陵相比。自从我陷入蛮邦，备尝苦难，肌肤受毁，血泪满池。活人最大的苦难，我全部受尽。原是出身中华世族，现在成了远在天边穷途末路的囚徒。日月穿梭，暑去寒来，思念故乡的亲人，遥望祖坟上的树木，失意迷惘令人发疯，心中烦闷，痛苦万分，欲哭无泪！过路的人见我如此，都同情我为我悲伤。我和你虽然没有过多交往，而你是我的乡亲，德高望重，我与你性情相投；盼想有机会能见你一面的念头，萦绕在梦中。之前承蒙来信，信中所言之事，我得空便已向李将军说明。李将军早就知道你的才能名望，就答应请你做管记之职。大军出发走了很远，你来晚一步，是你自己没赶上大军出发，而不是我抛弃同乡置之不理。你家门有幸，天佑积善之人，使你果然没赶上部队进发，得以保全声名。当初如果你早来一步，在主将手下做事，与我一同供职幕府，就也必将沦为这里的奴隶，和我现在的处境没什么差别。现在我身在困厄中，已经力竭智穷。而蛮族对陷落拘押的人，允许他的亲族用财物赎身。因我是国相的侄儿，和别人不同，又提出更苛刻的条件，向我

---

① 苏武：字子卿，西汉杜陵人。汉武帝时以中郎将出使匈奴，被留。匈奴单于胁迫其投降，苏武不屈，被徙至北海，牧羊十九年，啮雪吞毡。昭帝即位，与匈奴和亲，苏武得归。

② 李陵：字少卿，汉成纪人。武帝时，出征匈奴，寡不敌众，力屈而降。这句是说，汉帝在宫中射雁，得不到李陵的传书，因为他已投降匈奴了。

③ 日居月诸：语出《诗经·邶风·日月》。指光阴迅速。居，诸，都是助词。

④ 膈（bì）臆：情绪郁结，烦闷。

⑤ 白书：说明情况的书信。

父①，解夷吾之骖②；往赎华元③，类宋人之事。济物之道，古人犹难。以足下道义素高，名节特著，故有斯请，而不生疑。若足下不见哀矜，猥同流俗，则仆生为俘囚之竖，死则蛮夷之鬼耳。更何望哉！已矣，吴君，无落吾事！"

保安得书，甚伤之。时元振已卒，保安乃为报，许赎仲翔。乃倾其家，得绢二百匹，往，因住巂州④，十年不归。经营财物，前后得绢七百匹，数犹未至。保安素贫窭。妻子犹在遂州。贪赎仲翔，遂与家绝。每于人有得，虽尺布升粟，皆渐而积之。后妻子饥寒，不能自立。其妻乃率弱子，驾一驴自往泸南⑤，求保安所在。于途中粮尽，犹去姚州数百。其妻计无所出，因哭于路左，哀感行人。时姚州都督杨安居乘驿赴郡，见保安妻哭，异而访之。妻曰："妾夫遂

要一千匹绢，就是给你写这封信，也还勒索我一百匹缣。希望你早点给我伯父写一封信说明情况。希望他按时到来，把我赎回。使我魂归故乡，白骨生肉，我的唯一希望就寄托在你的身上了。现在的事，请你不辞劳苦。如果我的伯父已经离去相位，难以转告他，就请你像晏婴用一匹马救赎越石父那样救一救我，像宋国用兵车战马救赎华元一样，使我再获重生。救人济物之事，即使是古人也是勉为其难。正是因为你一向品德高尚，特重道义，有很高的名望节操，所以才有这一请托，并且毫无顾虑。如果你不哀怜我，同那些庸俗的人一样，那么我就只好活着做南蛮的奴隶，死了做南蛮的鬼了。还能有什么指望呢！就写到这里吧，吴君，不要忘记救我的事！"

吴保安接到这封信，非常痛苦。当时郭元振已过世，吴保安就写了封回信，答应救赎仲翔。于是变卖了所有家财，换到了二百匹绢，往南进发，就住在巂州，十年不回家，在那里经营财物，前后积累到七百匹绢，数量仍然还达不到蛮人的要求。吴保安一向贫穷。他的妻子仍然留在遂州。他为了救赎仲翔，竟与家室断绝联系。每当从别人那儿得到财物，即使是一尺布一升米，都一点一点积累起来。后来妻子挨饿受冻，不能独力支撑。妻子带上小孩，骑一头毛驴自己往泸南，去寻找吴保安所在之处。在途中吃的东西没有了，可还距姚州几百里，他妻子毫无办法，于是在路边哭泣。她的哀痛感动了过路的人。当时

---

① 石父：越石父，春秋时齐国人。有贤名，因事下狱。齐国宰相晏婴，用一匹马为他赎罪。

② 夷吾之骖：夷吾是齐国宰相管仲的字。这里作者用典有误，解马赎越石父的是晏婴而非管仲。

③ 华元：春秋时宋国人，华督曾孙，执政四十年。在与郑国交战时，兵败被俘。宋国要用兵车百乘、文马百匹赎回华元。车马尚未送去，华元已逃回。

④ 巂(xī)州：即建昌府，故址在今四川西昌地区。

⑤ 泸南：唐县名，治所在今云南姚安县境。

州方义尉吴保安，以友人没蕃，丐而往赎。因住姚州，弃妾母子，十年不通音问。妾今贫苦，往寻保安。粮乏路长，是以悲泣。"安居大奇之，谓曰："吾前至驿，当候大人，济其所乏。"既至驿，安居赐保安妻钱数千，给乘令进。

安居驰至郡。先求保安，见之。执其手升堂，谓保安曰："吾常读古人书，见古人行事，不谓今日亲睹于公。何分义情深，妻子意浅，捐弃家室，求赎友朋，而至是乎！吾见公妻来，思公道义，乃心勤仁，愿见颜色。吾今初到，无物助公，且于库中假官绢四百匹，济公此用。待友人到后，吾方徐为填还。"保安喜。取其绢，令蛮中通信者，特往；向二百日，而仲翔至姚州。形状憔悴，殆非人也。方与保安相识，语相泣也。安居曾事郭尚书，则为仲翔洗沐赐衣装，引与同坐宴乐之。

安居重保安行事，甚宠之。于是令仲翔摄治下尉①。仲翔久于蛮中，且知其款曲，则使人于蛮洞市

姚州都督杨安居骑着驿马到姚州去赴任，见到吴保安的妻子在路边哭泣，觉得奇怪，上前同她搭话。吴保安妻说："我的丈夫是遂州方义县尉吴保安，因为他的朋友陷在南蛮，想求得一些钱物去救赎。因而住在姚州，抛弃我们母子，十年杳无音讯。现在我很贫困，去寻找保安，口粮已经没有了，还有很远的路程，因此悲伤哭泣。"杨安居非常惊奇，对吴保安妻说："我到前方驿站，等候您，接济您的匮乏。"到了驿站杨安居给了吴保安妻几千钱，给她一辆车让她继续赶路寻保安。

杨安居飞马跑到姚州。先去找吴保安。见到吴保安，拉住他的手一起登上大堂，对保安说："我经常读古人的书，了解古人如何行事，不承想今天亲眼在你身上看到了。你对朋友的情义是那么重，而对自己的妻儿的情分却很淡薄，为了去救赎朋友抛弃家室，你竟然做到了这个地步。我遇见你妻子来寻你，想见你品格如此高尚，如此仗义，于是殷切地仁望你的到来，希望见你一面。我现在刚来姚州，没什么财物帮助你，姑且从库中借官绢四百匹，帮你完成此事。待我的朋友来到之后，我再慢慢地还给库中。"吴保安很高兴。得到那些绢，让南蛮通信的人，特地去联络办理。将近二百天后，郭仲翔返回了姚州，已经形貌憔悴不堪，几乎不成人样了。才和吴保安见面，一说话便哭在一起。杨安居曾经侍奉过郭尚书，他就让仲翔洗澡并赐给衣服，拉着他坐在一起，设宴作乐为他接风。

杨安居推重吴保安的为人，非常宠爱他。于是又让郭仲翔代理他辖区的县尉。仲翔陷于南蛮中既久，他深知那里情形，就派

---

① 摄治下尉：代理杨安居所管辖地区的县尉职务。摄，代理。

女口十人，皆有姿色。既至，因辞安居归北，且以蛮口赠之。安居不受，曰："吾非市井之人，岂待报耶! 钦吴生分义，故因人成事耳。公有老亲在北，且充甘膳之资。"仲翔谢曰："鄙身得还，公之恩也; 微命得全，公之赐也。翔虽瞑目，敢忘大造。但此蛮口，故为公求来。公今见辞，翔以死请。"安居难违，乃见其小女曰："公既频繁有言，不敢违公雅意。此女最小，常所钟爱。今为此女受公一小口耳。"因辞其九人。而保安亦为安居厚遇，大获资粮而去。

仲翔到家，辞亲凡十五年矣。却至京，以功授蔚州录事参军①。则迎亲到官。两岁，又以优授代州户曹参军②。秩满，内忧③，葬毕，因行服墓次④，乃曰："吾赖吴公见赎，故能拜职养亲。今亲殁服除，可以行吾志矣。"乃行求保安。而保安自义尉选授眉州彭山丞。仲翔遂至蜀访之。保安秩满，不能归，与其妻皆卒于彼，权窆寺

人从蛮洞中买来十个女子，都长得很漂亮。十个女子买来了后，仲翔于是向杨安居辞行北归，并要把蛮女赠送给他。杨安居不接受，说："我不是市井贪鄙之人，我对你的一点帮助，哪里要你报答! 我钦佩吴保安的情分道义，所以只是受他的感召办了此事。你有老母在北方，姑且用这笔钱回家赡养老母。"仲翔感激地说："我能从南蛮回来，是您的恩德; 我的小命保全下来，是您的恩赐。我即使到死，怎敢忘记你的再生之恩。这些蛮女，是我特意给您买的，您现在拒绝我，我郭仲翔就死在您的面前。"杨安居难以违背他的盛意，就让他的小女儿出来见客说："既然你连连说了这么多诚恳的话，我不敢违背你的一片好心。这是我最小的女儿，我一向很喜爱她，现在为了她，我接受你送来的一个小蛮女吧。"于是推辞掉其余九人。而吴保安也因为杨安居对他的优遇，得到不少资财、粮食而离开姚州。

郭仲翔到家，离开母亲已经十五年了。转而又到了京城，因功劳授官蔚州录事参军。就把母亲接到任所。又过两年，因为政绩优秀而授官代州户曹参军。任期满了，老母病逝，安葬结束，于是到墓地守孝，他说："靠吴保安我才被赎回，才能做官奉养老母，现在老母去世了，也过了守丧期，可以去实现我的心愿了。"于是四处寻找吴保安，而吴保安从遂州方义县县尉的职位被选拔授予眉州彭山县丞官职。仲翔又到四川去找他。保安县

---

① 蔚州: 故址即河北省蔚县。录事参军，州一级政府掌管文书的僚属。
② 代州: 即今山西省代县。
③ 内忧: 母丧。父丧称外忧。
④ 行服墓次: 在墓旁守孝。服: 为死者穿孝服。

内①。仲翔闻之，哭甚哀。因制缞麻，环绖加杖②，自蜀郡徒跣③，哭不绝声。至彭山，设祭酹毕，乃出其骨，每节皆墨记之。墨记骨节，书其次第，恐葬殓时有失之也。盛于练囊。又出其妻骨，亦墨记，贮于竹笼，而徒跣亲负之，徒行数千里，至魏郡。保安有一子，仲翔爱之如弟。于是尽以家财二十万厚葬保安，仍刻石颂美。仲翔亲庐其侧，行服三年。既而为岚州长史④，又加朝散大夫。携保安子之官，为娶妻，恩养甚至。仲翔德保安不已，天宝十二年，诣阙，让朱绂及官于保安之子⑤，以报。时人甚高之。

初仲翔之没也，赐蛮首为奴，其主爱之，饮食与其主等。经岁，仲翔思北，因逃归，追而得之，转卖于南洞。洞主严恶，得仲翔苦役之，鞭笞甚至。仲翔弃而走，又被逐得，更卖南洞中，其洞号菩萨蛮。仲翔居中，经岁，困厄复走。蛮又追而得之。复卖他洞。洞主得仲翔，怒曰："奴好走，难禁止邪？"乃取两板，各长数尺，令仲

丞任期满了，不能回归故里，和他的妻子都老死在那里，权且把棺材停放在寺庙里。仲翔听到这个消息，哭得很悲伤。于是用麻制成丧服，系上麻布腰带，拿着哭丧棒，从蜀郡光着脚步行去彭山，一路哭声不断。到了彭山，设祭祀摆好祭品祭奠完毕，就把保安遗骨从棺材中拣出，每节骨都用墨做上标记，写好次序，为的是防止盛殓安葬时，把各节骨骸摆错了位。他把这些骸骨盛在布袋里，又拣出保安妻之骨，也用墨做上标记，装在竹笼里，而赤着脚亲身背着，徒步走几千里，到达魏郡。保安有一个儿子，仲翔像爱护弟弟一样爱护他。于是用尽二十万家财厚葬了保安，又刻了碑文赞颂他的美德。仲翔建庐冢在坟旁，守墓守了三年。后来仲翔做了岚州长史，又晋升为朝散大夫。带着保安的儿子到任所，给他娶妻完婚，施恩抚养十分周全。仲翔感保安的恩德不尽，天宝十二年，进宫见皇帝，把自己的官服官位让给保安的儿子，用以报答保安的恩德。当时的人们，非常尊崇他的义举。

最初，仲翔陷没南夷，给蛮族的首领当奴隶，蛮首喜爱他，吃穿待遇和蛮主相同。经过一年，仲翔思念故国，想逃跑北归，被追获，于是转卖给南洞。南洞洞主很凶狠，让他做奴隶的苦役，经常用鞭子抽打。仲翔偷逃，又被追获。再卖给南洞中，那个洞府叫菩萨蛮。仲翔住在南洞中，过了一年，艰难窘迫又逃走。南蛮又追获了他。又卖给另一个洞。洞主买得仲翔愤怒地说："你好逃，难道管不住你吗？"于是拿过两块木板，每块

① 权窆(biǎn)寺内：棺材暂时停放在寺里。

② 环绖(dié)加杖：绖，古代丧期结在头上或腰间的麻带。加杖，拿着哭丧棒。

③ 徒跣：赤脚步行，以示对死者的悲痛。跣，赤脚。

④ 岚州：州治在今山西岚县北。

⑤ 朱绂(fú)：朱绂，红色的官服。绂，古代系印章的丝绳。

翔立于板,以钉其足背钉之,钉达于木。每役使常带二木行。夜则纳地槛中①,亲自锁闭。仲翔二足,经数年,疮方愈。木锁地槛,如此七年。仲翔初不堪其忧。保安之使人往赎也,初得仲翔之首主。展转为取之。故仲翔得归焉。

——《太平广记》辑录《纪闻》

有几尺长,强迫仲翔站在板上,用钉子从脚背钉下去,把脚钉到木板上。仲翔每次都是拖着木板去做苦役。夜间就把仲翔关在地牢里,洞主亲自关门上锁。仲翔的两脚,经过多年疮伤才愈合。脚钉木板关地牢,这样过了七年。仲翔开始受不了那份罪。保安去救赎他,最先找到的是仲翔初陷时那个洞主。这个洞主经许多曲折,给保安找回了仲翔。所以仲翔得以返还。

---

① 地槛:地牢。

【清】陈鼎

王义士传

满人初得天下，发布剃头令："留发不留头，留头不留发。"强迫全体汉人剃发、拖辫子。声明："遵依者为我国之民；迟疑者同逆命之寇。"脑门上的一绺头发，成为顺民或逆民的标志，对于一贯遵循古训"身体发肤，受之父母，不敢损伤"的汉人，这种顶在头上的羞辱，非常残忍。许多人因此宁愿"留发不留头"，奋起反抗。故事中的一位"布衣"平民因此被斩，他的妻子要流放。姓王的小警察（县隶）夫妇，决定救下这位女子，自己冒名顶替，由妻子假扮犯人，丈夫押送，夫妻两人自我流放到千里之外。这位小警察及其妻子的选择，也是一种反抗，这里的"义"，不是个人义气，是民族大义。作者写这篇小说，也是同样的心理。

陈鼎，清初小说家，江苏江阴人，著有《留溪外传》。本文收入清初张潮编辑的小说集《虞初新志》。

人间存道义

王义士者，失其名，泰州如皋县隶也①。虽隶，能以气节自重，任侠好义②。甲申国亡后，同邑布衣许元博德溥不肯薙发③，刺臂誓死。有司以抗令弃之市。妻当徙④。王适值解，高德溥之义，欲脱其妻而无术，乃终夜欷歔不成寐⑤。其妻怪之，问："君何为彷徨如此耶？"王不答。妻又曰："君何为彷徨如此耶？"曰："非妇人

王义士这个人，他的名字失传了。是泰州如皋县的衙役。虽然是衙役，但崇尚气节，行侠仗义。甲申年（1644）明朝灭亡后，与他同县的许元博字德溥的平民，不肯剃发，在臂上刺字表明心迹，至死不渝。官府按违抗朝廷命令处其死刑，暴尸街头。判处其妻流放。适逢王义士执行押解的差使，他赞赏许德溥的气节，想要放了许德溥妻而没有良策。于是整夜唉声叹气，睡不着觉。他的妻子感到奇怪，问："你为什么如此悽惶不安？"王

① 泰州：州名，治所在今江苏泰州市。所辖有如皋、泰兴、兴化等县。县隶：县衙门的差役。
② 任侠好义：负气仗义，打抱不平，好讲义气。
③ 同邑布衣：同县平民。许元博德溥：姓许，名元博，字德溥。薙：俗作"剃"。
④ 弃之市：在闹市执行死刑，并将尸体暴露街头。徙（xǐ）：流放。当：判。
⑤ 值解（jiè）：恰巧轮到执行押送的差使。高：崇敬，佩服。脱：免于刑罚，解脱。欷（xī）歔（xū）：叹息声。

所知也。"妻曰："子毋以我为妇
人也而忽之。子第语我，我能为
子筹之①。"王语之故。妻曰："子
高德溥义，而欲脱其妻，此豪杰
之举也，诚得一人代之可矣。"王
曰："然。顾安得其人哉！"妻曰：
"吾当成子之义，愿代以行。"王
曰："然乎？戏耶②？"妻曰："诚
然耳，何戏之有！"王乃伏地顿首
以谢③。随以告德溥妻，使匿于母
家，而王夫妇即就道④。每经郡、
县驿舍就验时，俨然官役解罪妇
也。历数千里，抵徙所⑤，风霜艰
苦，甘之不厌⑥。于是皋人感之，敛
金赎归⑦，夫妇终老于家焉。

——《虞初新志》

义士不回答她。他的妻子追问："你为什么如
此悽惶不安？"他回答说："这不是你们女人
所能了解的。"妻子说："你不要因我是女人
而小看我。你只管把事情告诉我，我能替你
想办法。"王义士便告诉妻子缘故。妻子说：
"你仰慕许德溥的高义，而想放他的妻子，
这是英雄豪杰的行为。如果能求得一个人代
替她就可以了。"王义士说："你说得对。但
怎么能求得这个人呢？"妻子说："我应该成
全你的义举，愿意代替许妻出发。"王义士
说："真的吗？开玩笑吧？"妻子说："当然是
真的，不是开玩笑！"于是王义士趴在地上
给妻子磕头致谢。接着就告诉许德溥妻子，
让她藏在娘家，而王义士夫妇就踏上流放的
行程。每当经过郡县及各驿站接受检查时，
完全像衙役押解女囚一样。走了几千里，到
达流放地，风里霜里，历尽艰难，情愿如此而
无怨无悔。于是如皋县民众被他们夫妇慷慨
仗义所感动，募集钱财赎出王义士妻返回乡
里。王义士夫妇最终在家乡白头偕老。

---

① 第：但，只。筹：出计谋，想办法。

② 然乎？戏耶：是真的，还是戏言？

③ 顿首：叩头。

④ 就道：立即上路。

⑤ 徙所：被流放的地方。

⑥ 甘之不厌：情愿吃苦而不厌烦。甘，情愿，乐意。

⑦ 敛（liǎn）：募集。

【宋】王辟之

善 士①

小偷入家被擒，没有遭到一顿暴打，反而得到所需的十千钱。主人甚至要求他留宿一晚，因为拿那么多钱走夜路，会被人查问。雨果在《悲惨世界》中，写过类似的故事。但那是小说家言，这里是真实的事件。时间：宋代；地点：山东曹州；主人公：市井人于令仪。

王辟之（1031~？），字圣涂，临淄（今山东临淄）人。宋英宗治平四年（1067）进士。著有《渑水燕谈录》。

人间存道义

曹州于令仪者，市井人也。长厚不忤物②，晚年家颇丰富。一夕，盗入其家，诸子擒之，乃邻舍子也。令仪曰："汝素寡悔③，何苦而为盗邪？"曰："迫于贫耳。"问其所欲，曰："得十千足以衣食。"如其欲与之。既去，复呼之，盗大恐。谓曰："汝贫甚，夜负十千以归，恐为人所诘。"留之，至明使去。盗大感愧，卒为良民。乡里称君为善士。

——《渑水燕谈录》

曹州的于令仪，是市井间的小商人。年高厚道对人和气，晚年家财很多。一天晚上，小偷进了家门，被几个儿子擒获了。原来是邻人的儿子。于令仪说："你向来很少做错事，为什么做起小偷来啦？"小偷说："被贫困所逼罢了。"于令仪又问小偷想要什么东西，小偷回答说："想偷得十千钱足够穿衣吃饭。"于令仪按他的愿望给了他。小偷正要离开，于令仪又招呼他，小偷十分害怕。于令仪对小偷说："你很穷，在夜间背着十千钱回家，恐怕被人盘问。"留小偷在自己家里过夜，等天亮才打发小偷回家。小偷非常感动、惭愧，终于成了遵纪守法的良民。乡亲们称颂于令仪是善良的人。

---

① 标题为编者所拟，原题《曹州于令仪》。

② 曹州：治所在今山东曹县西北。市井人：指以贩卖货物为生的小商人。忤物：与人不和，好得罪人。忤，不顺从，不和睦。

③ 寡悔：意谓为人谨慎小心，很少做出让自己悔恨的行为。

【元】纪君祥

赵氏孤儿

　　话说春秋五霸之一的晋国，"忠良"文臣赵盾，被"权奸"武臣屠岸贾满门抄斩。赵盾之子赵朔为驸马，也被逼自杀。其妻是公主，在囚禁中生下赵氏孤儿，然后自杀。赵朔门客程婴将孤儿偷带出宫，被奉命把守宫门的将军韩厥发现，但韩厥不愿进献孤儿以贪图富贵，宁愿放走程婴，自刎而死。屠岸贾下令将全国出生一个月至半岁的婴儿全部杀死，程婴与赵盾友人公孙杵臼商量，以自己的儿子冒充赵氏孤儿，然后出面"揭发"公孙杵臼收藏了孤儿。公孙与假孤儿被害，真孤儿得以保全，一段惊心动魄、荡气回肠的变故渐渐隐伏。孤儿长成后，程婴向他说明真相，终于报了大仇。

　　《赵氏孤儿》是一个源远流长的故事，最早见于《春秋》，后经《左传》与《吕氏春秋》详解，又被快意恩仇的司马迁写入了《史记·赵世家》，事件逐渐饱满。元代作家纪君祥写成杂剧《赵氏孤儿大报仇》，一段历史成为天下流传的民间故事。十八世纪，《赵》剧由传教士译成法文，法国启蒙运动哲学家伏尔泰将《赵氏孤儿》改编为《中国孤儿》，德国诗人歌德将它改编为《埃尔佩诺》，意大利作家梅塔斯塔齐奥改编为《中国英雄》。这是流传最广的一出中国戏剧，在某种程度上被西方人解读为一种中国精神的象征——一种不需要神性的召唤，即能够牺牲一切的精神，一种"结了晶的人性"。伏尔泰从中解读出了人的精神——在东方，在中国，凡人是可以成为神的。

　　这不只是一个复仇的故事。从史实到戏剧故事的流变，突出了集体英雄主义的牺牲，透露的是一种民心所向的道德抉择——舍生取义。赵盾被满门抄斩，不只是赵姓面临灭族绝宗的浩劫，而是忠良血脉将在晋国消亡。赵氏孤儿不只是赵家的一个孤独血脉，实在已经成为国家忠良的象征。许多与他相关的人一个个舍弃生命，其实是在为忠良、为道义而牺牲，是惩恶扬善的集体抉择。这和血统论无关，而与忠义相关。"舍生取义"牺牲精神，"生死相托"的友情，诠释着一种特别的个人价值观。个人生命的价值，在更高的精神召唤下，可以死得其所，每一个人都可以做一个有侠肝义胆的人，这是中国人的精神。

纪君祥，元代戏曲作家，生平不详。著有杂剧六种，现仅存一种。本文为节选。

（屠岸贾领卒子上①，云）事不关心，关心者乱。某屠岸贾，只为公主生下一个小的，唤做赵氏孤儿。我差下将军韩厥把住府门，搜检奸细；一面张挂榜文，若有掩藏赵氏孤儿者，全家处斩，九族不留。怕那赵氏孤儿会飞上天去？怎么这早晚还不见送到孤儿？使我放心不下。令人，与我门外觑者②。（卒子报科③，云）报元帅，祸事到了也！（屠岸贾云）祸从何来？（卒子云）公主在府中将裙带自缢而死。把府门的韩厥将军也自刎身亡了也。（屠岸贾云）韩厥为何自刎了？必然走了赵氏孤儿。怎生是好？眉头一皱，计上心来。我如今不免诈传灵公的命④，把普国内但是半岁之下，一月之上，新添的小厮，都与我拘刷将来⑤，见一个剁三剑，其中必然有赵氏孤儿⑥。可不除了我这腹心之害？令人，与我张挂榜文，着普国内但是半岁之下⑦，一月之上，新添的小厮，都拘刷到我帅府中来听令。违者全家处斩，九族不留。（诗云）我拘刷尽普国婴孩，料孤儿没处藏埋；一任他金枝玉叶，难逃我剑下之灾。（下）（正末扮公孙杵臼⑧，领家童上，云）老夫公孙杵臼是也，在晋灵公位下为中大夫之职。只因年纪高大，见屠岸贾专权，老夫掌不得王事，罢职归农。苫庄三顷地⑨，扶手一张锄，住在这吕吕太平庄上。往常我夜眠斗帐听寒角，如今斜倚柴门数雁行。倒大来悠哉也呵⑩！（唱）

【南吕一枝花⑪】兀的不屈沉杀大丈夫，损坏了真梁栋。被那些腌臜屠狗辈⑫，欺负俺慷慨钓鳖翁⑬。正遇着不道的灵公，偏贼子加恩宠，着贤人受困穷。若不是急流中将脚步抽回，险些儿闹市里把头皮断送。

---

① 屠岸贾(gǔ)：屠岸，复姓；屠岸贾，春秋时期晋国大夫。在朝中专权。

② 与我门外觑(qù)者：觑，看。

③ 卒子报科：科，角色的舞台动作，元杂剧称为"科"。

④ 灵公：春秋时期，晋国国君晋灵公。《史记·赵世家第十三》：赵盾任国政二年而晋襄公卒，太子夷皋年少。赵盾以国多难，欲立襄公弟雍。太子每日夜啼泣。对赵盾说，先君（襄公）没有什么罪过，你没理由抛开他的嫡子而另立君。赵盾为此被诛杀灭门。于是晋国立了太子为君，即晋灵公。

⑤ 拘刷：拘查。

⑥ 赵氏孤儿：赵盾的儿子赵朔做驸马，被逼自杀，公主在囚禁中生下一儿，即赵氏孤儿。

⑦ 着(zhuó)：公文用语，表命令口气，令。

⑧ 正末扮公孙杵臼：正末，传统戏剧中角色名，扮中年以上男子。公孙杵臼：驸马赵朔的门客。剧中安排他为晋国的中大夫。

⑨ 苫庄：用茅草苫盖房子。

⑩ 倒大来：到头来。

⑪ 南吕一枝花：与下戏文中"梁州第七、隔尾、牧羊关、红芍药、菩萨梁州、三煞、二煞、煞尾、双调新水令、驻马听、雁儿落、得胜令、水仙子、川拨棹、七弟兄、梅花酒、收江南、鸳鸯煞"都是元杂剧中的曲调名。

⑫ 腌臜(ā·zā)：肮脏。

⑬ 钓鳖翁：比喻气魄宏大，本领高强的人。鳖，传说中海上的巨龟。

【梁州第七】他他他，在元帅府扬威也那耀勇；我我我，在太平庄罢职归农。再休想鹓班豹尾相随从①。他如今高官一品，位极三公；户封八县，禄享千钟。见不平处有眼如蒙，听咒骂处有耳如聋。他他他，只将那会谄谀的着列鼎重裀②，害忠良的便加官请俸，耗国家的都叙爵论功。他他他，只贪着目前受用，全不省爬的高来可也跌的来肿，怎如俺守田园学耕种？早跳出伤人饿虎丛，倒大来从容。

（程婴上③，云）程婴，你好慌也！小舍人④，你好险也！屠岸贾，你好狠也！我程婴虽然担着个死，撞出城来，闻的那屠岸贾见说走了赵氏孤儿，要将普国内半岁之下一月之上小孩儿每⑤，都拘摄到元帅府里。不问是孤儿不是孤儿，他一个个亲手剁作三段。我将的这小舍人送到那厢去好？有了，我想吕吕太平庄上公孙杵白，他与赵盾是一殿之臣，最相交厚。他如今罢职归农。那老宰辅是个忠直的人，那里堪可掩藏。我如今来到庄上，就在这芭棚下放下这药箱。小舍人，你且权时歇息咱⑥，我见了公孙杵白便来看你。家童报复去，道有程婴求见。（家童报科，云）有程婴在于门首。（正末云）道有请。（家童云）请进。（正末见科，云）程婴，你来有何事？（程婴云）在下见老宰辅在这太平庄上，特来相访。（正末云）自从我罢官之后，众宰辅每好么？（程婴云）嗨！这不比老宰辅为官时节，如今屠岸贾专权，较往常都不同了。（正末云）也该着众宰辅每劝谏劝谏。（程婴云）老宰辅，这等贼臣自古有之，便是那唐虞之世⑦，也还有四凶哩！（正末唱）

【隔尾】你道是古来多被奸臣弄，便是圣世何尝没四凶⑧，谁似这万人恨千人嫌一人重。他不廉不公，不孝不忠，单只会把赵盾全家杀的个绝了种。

（程婴云）老宰辅，幸得皇天有眼，赵氏还未绝种哩！（正末云）他家满门良贱三百余口，诛尽杀绝，便是驸马也被三般朝典短刀自刎了，公主也将裙带缢死了，还有什么种在那里？（程婴云）那前项的事，老宰辅都已知道，不必说了。近日公主囚禁府中，生下一子，唤做孤儿。这不是赵家是那家的种？但恐屠岸贾得知，又要杀坏，若杀了这一个小的，可不将赵家真绝了种也！（正末云）如今这孤儿却在那里？不知可有人救的出来么？（程婴云）老宰辅既有这点见怜之意，在下敢不实说。公主临亡时，将这

---

① 鹓(yuān)班豹尾：鹓班，鹓鸟飞行时一只挨着一只，过去用以比喻官员排班上朝。豹尾，朝廷仪仗上的装饰。

② 列鼎重裀：吃饭时摆列着一行行的食器，坐卧时垫选着一张张的锦褥，表示生活豪华。

③ 程婴：赵朔的门客。

④ 小舍人：指赵氏孤儿。

⑤ 每：表复数，们。

⑥ 咱：语气词，表祈使，相当于"吧"。

⑦ 唐虞：唐，帝尧的封号；虞，传说中舜祖先的封地。故城在山西省平陆县。

⑧ 四凶：上古传说中的四个恶人，即浑敦、穷奇、梼杌(táo wù)、饕餮(tāo tiè)。

孤儿交付与了程婴，着好生照觑他，待到成人长大，与父母报仇雪恨。我程婴抱的这孤儿出门，被韩厥将军要拿的去报与屠岸贾。是程婴数说了一场，那韩厥将军放我出了府门，自刎而亡。如今将的这孤儿无处掩藏，我特来投奔老宰辅。我想宰辅与赵盾原是一殿之臣，必然交厚，怎生可怜见救这个孤儿咱！（正末云）那孤儿今在何处？（程婴云）现在芭棚下哩！（正末云）休惊谎着孤儿①，你快抱的来。（程婴做取箱开看科，云）谢天地，小舍人还睡着哩。（正末接科）（唱）

【牧羊关】这孩儿未生时绝了亲戚，怀着时灭了祖宗，便长成人也则是少吉多凶。他父亲斩首在云阳，他娘呵因在禁中。哪里是有血腥的白衣相②，则是个无恩念的黑头虫。（程婴云）赵氏一家，全靠着这小舍人，要他报仇哩。（正末唱）你道他是个报父母的真男子；我道来，则是个妨爷娘的小业种③。

（程婴云）老宰辅不知，那屠岸贾为走了赵氏孤儿，普国内小的都拘刷将来，要伤害性命。老宰辅，我如今将赵氏孤儿偷藏在老宰辅跟前，一者报赵驸马平日优待之恩，二者要救普国小儿之命。念程婴年近四旬有五，所生一子，未经满月。假妆做赵氏孤儿，等老宰辅告首与屠岸贾去④，只说程婴藏着孤儿，把俺父子二人，一处身死；老宰辅慢慢的抬举的孤儿成人长大⑤，与他父母报仇，可不好也？（正末云）程婴，你如今多大年纪了？（程婴云）在下四十五岁了。（正末云）这小的算着二十年呵，方报的父母仇恨。你再着二十年，也只是六十五年；我再着二十年呵，可不九十岁了？其是存亡未知，怎么还与赵家报的仇？程婴，你肯舍的你孩儿，倒将来交付与我，你自首告屠岸贾处，说道太平庄上公孙杵白藏着赵氏孤儿。那屠岸贾领兵校来拿住，我和你亲儿一处而死。你将的赵氏孤儿抬举成人，与他父母报仇，方才是个长策。（程婴云）老宰辅，是则是，怎么难为的你老宰辅？你则将我的孩儿假妆做赵氏孤儿，报与屠岸贾去，等俺父子二人一处而死吧。（正末云）程婴，我一言已定，再不必多疑了。（唱）

【红芍药】须二十年报仇的主人公，恁时节才称心胸⑥，只怕我迟疾死后一场空。（程婴云）老宰辅，你精神还强健哩。（正末唱）我精神比往日难同，闪下这小孩童怎见功⑦？你急切里老的不形容⑧，正好替赵家出力做先锋。（带云）程婴，你

---

① 惊谎（xià）：惊吓。

② 血腥：此指血性。

③ 妨：损害。业种：骂人语，即"孽种"。

④ 告首：即首告，出头告发罪行。

⑤ 抬举：此指抚育。

⑥ 恁（nèn）：那。

⑦ 闪下：抛下。

⑧ 形容：容貌、身体。老的不形容：身体还不老。

只依着我便了。(唱)我委实的捱不彻暮鼓晨钟①。

（程婴云）老宰辅，你好好的在家，我程婴不识进退，平白地将着这愁布袋连累你老宰辅，以此放心不下。(正末云)程婴，你说那里话？我是七十岁的人，死是常事，也不争这早晚。(唱)

【菩萨梁州】向这傀儡棚中②，鼓笛搬弄。只当做场短梦。猛回头早老尽英雄。有恩不报怎相逢，见义不为非为勇。(程婴云)老宰辅既应承了，休要失信。(正末唱)言而无信言何用。(程婴云)老宰辅，你若存的赵氏孤儿，当名标青史，万古留芳。(正末唱)也不索把咱来厮陪奉③，大丈夫何愁一命终；况兼我白发鬖松④。

（程婴云）老宰辅，还有一件。若是屠岸贾拿住老宰辅，你怎熬的这三推六问，少不得指攀我程婴下来。俺父子两个死是分内，只可惜赵氏孤儿，终归一死，可不把你老宰辅干⑤连累了也。(正末云)程婴，你也说的是。我想那屠岸贾与赵驸马呵，(唱)

【三煞】这两家做下敌头重。但要访的孤儿有影踪，必然把太平庄上兵围拥，铁桶般密不通风。(云)那屠岸贾拿住了我，高声喝道：老匹夫岂不见三日前出下榜文，偏是你藏下赵氏孤儿，与俺作对，请波请波⑥！(唱)则说老匹夫请先入瓮⑦，也须知榜揭处天都动；偏你这罢职归田一老农，公然敢剔蝎撩蜂。

【二煞】他把绷扒吊拷般般用，情节根由细细穷；那其间枯皮朽骨难禁痛，少不得从实攀供，可知道你个程婴怕恐。(带云)程婴，你放心者。(唱)我从来一诺似千金重，便将我送上刀山与剑锋，断不做有始无终。

（云）程婴，你则放心前去，抬举的这孤儿成人长大，与他父母报仇雪恨。老夫一死，何足道哉。(唱)

【煞尾】凭着赵家枝叶千年永，晋国山河百二雄⑧。显耀英材统军众，威压诸

235

---

① 捱不彻暮鼓晨钟：捱不完那日日夜夜的意思。过去的习惯，黄昏到来打更鼓，早晨到来则敲钟。

② 傀儡棚：傀儡戏的舞台，这里比喻人世间，是消极颓废的说法。

③ 不索：不需，不用。

④ 鬖松：蓬松。

⑤ 干：白白地。

⑥ 波：语尾助词，吧。

⑦ 入瓮：入圈套、受刑的意思。武则天命来俊臣捉拿周兴，事前，来向周请教迫使囚犯招认的办法，周说："烧红一个大瓮，要犯人钻进去，他就不敢不招供了。"来如法炮制，然后告诉周兴："现在皇上要逮捕你，请你入瓮。"周大惊，赶紧服罪。

⑧ 晋国山河百二雄：山河百二，本是形容秦国地势险要，百万兵力可以抵得关东诸侯的二百万，这里借用。

邦尽伏拱；遍拜公卿诉苦衷。祸难当初起下宫①，可怜三百口亲丁饮剑锋；刚留得孤苦伶仃一小童，巴到今朝袭父封②，提起冤仇泪如涌，要请甚旗牌下九重③，早拿出奸臣帅府中，断首分骸祭祖宗，九族全诛不宽纵。怎时节才不负你冒死存孤报主公，便是我也甘心儿葬近要离路旁塚④。（下）

（程婴云）事势急了，我依旧将这孤儿抱的我家去，将我的孩儿送到太平庄上来。（诗云）甘将自己亲生子，偷换他家赵氏孤；这本程婴义分应该得，只可惜遗累公孙老大夫。（下）

（屠岸贾领卒子上，云）兀的不走了赵氏孤儿也！某已曾张挂榜文，限三日之内，不将孤儿出首，即将晋国内小儿但是半岁以下，一月以上，都拘刷到我帅府中，尽行诛戮。令人，门首觑者，若有首告之人，报复某家知道。（程婴上，云）自家程婴是也，昨日将我的孩儿送与公孙杵臼去了；我今日到屠岸贾跟前首告去来。令人，报复去，道有了赵氏孤儿也。（卒子云）你则在这里，等我报复去。（报科，云）报的元帅得知，有人来报赵氏孤儿有了也。（屠岸贾云）在哪里？（卒子云）现在门首哩。（屠岸贾云）着他过来。（卒子云）着过来。（做见科，屠岸贾云）兀那厮，你是何人？（程婴云）小子是个草泽医士程婴。（屠岸贾云）赵氏孤儿今在何处？（程婴云）在吕吕太平庄上，公孙杵臼家藏着哩。（屠岸贾云）你怎生知道来？（程婴云）小人与公孙杵臼曾有一面之交，我去探望他，谁想卧房中锦绷绣褥上，躺着一个小孩儿。我想公孙杵臼年纪七十，从来没儿没女，这个是那里来的？我说道：这小的莫非是赵氏孤儿么？只见他登时变色，不能答应。以此知孤儿在公孙杵臼家里。（屠岸贾云）咄！你这匹夫，你怎瞒的过我。你和公孙杵臼往日无仇，近日无冤，你因何告他藏着赵氏孤儿？你敢是知情么！说的是，万事全休；说的不是，令人，磨的剑快，先杀了这个匹夫者。（程婴云）告元帅暂息雷霆之怒，略罢虎狼之威，听小人诉说一遍咱。我小人与公孙杵臼原无仇隙，只因元帅传下榜文，要将晋国内小儿拘刷到帅府，尽行杀坏。我一来为救晋国内小儿之命；二来小人四旬有五，近生一子，尚未满月。元帅军令，不敢不献出来，可不小人也绝后了？我想有了赵氏孤儿，便不损坏一国生灵，连小人的孩儿也得无事，所以出首。（诗云）告大人暂停嗔怒，这便是首告缘故；虽然救晋国生灵，其实怕程家绝户。（屠岸贾笑科，云）哦！是了。公孙杵臼原与赵盾一殿之臣，可知有这事来。令人，今日点就本部下人马，同程婴到太平庄上，拿公孙杵臼走一遭去。（同下）（正末公孙杵臼上，云）老夫

---

① 祸难当初起下宫：指晋灵公在宫中起绛绡楼，在楼上用弹弓射行人取乐，赵盾阻谏，与屠岸贾争论，屠因此谋害赵盾等事。

② 巴：巴望。

③ 旗牌：为帝王或将帅传达命令的官。

④ 要离：春秋时代吴国的勇士，他为了帮助公子光刺杀政敌庆忌，不惜自断手臂，让庆忌相信他和公子光有仇，和他接近。后来行刺成功，又伏剑自杀。

公孙杵臼是也。想昨日与程婴商议救赵氏孤儿一事，今日他到屠岸贾府中首告去了。这早晚屠岸贾这厮必然来也呵！（唱）

【双调新水令】我则见荡征尘飞过小溪桥，多管是损忠良贼徒来到。齐臻臻摆着士卒，明晃晃列着枪刀。眼见的我死在今朝，更避甚痛笞掠。

（屠岸贾同程婴领卒子上，云）来到这吕吕太平庄上也。令人，与我围了太平庄者。程婴，那里是公孙杵臼宅院？（程婴云）则这个便是。（屠岸贾云）拿过那老匹夫来。公孙杵臼，你知罪么？（正末云）我不知罪。（屠岸贾云）我知你个老匹夫和赵盾是一殿之臣，你怎敢掩藏着赵氏孤儿！（正末云）老元帅，我有熊心豹胆？怎敢掩藏着赵氏孤儿！（屠岸贾云）不打不招。令人，与我拣大棒子着实打者。（卒子做打科）（正末唱）

【驻马听】想着我罢职辞朝，曾与赵盾名为刎颈交①。（云）这事是谁见来？（屠岸贾云）现有程婴首告着你哩。（正末唱）是那个埋情出告②，原来这程婴舌是斩身刀。（云）你杀了赵家满门良贱三百余口，则剩下这孩儿，你又要伤他性命。（唱）你正是狂风偏纵扑天雕，严霜故打枯根草。不争把孤儿又杀坏了。可着他三百口冤仇甚人来报？

（屠岸贾云）老匹夫，你把孤儿藏在那里？快招出来，免受刑法。（正末云）我有甚么孤儿藏在那里？谁见来？（屠岸贾云）你不招？令人，与我采下去③，着实打者。（做打科）（屠岸贾云）这老匹夫赖肉顽皮不肯招承，可恼，可恼。程婴，这原是你出首的，就着你替我行杖者。（程婴云）元帅，小人是个草泽医士，撮药尚然腕弱，怎生行的杖？（屠岸贾云）程婴，你不行杖，敢怕指攀出你么④？（程婴云）元帅，小人行杖便了。（做拿杖子科，屠岸贾云）程婴，我见你把棍子拣了又拣，只拣着那细棍子，敢怕打的他疼了，要指攀下你来。（程婴云）我就拿大棍子打者。（屠岸贾云）住者。你头里只拣着那细棍子打，如今你却拿起大棍子来，三两下打死了呵，你就做的个死无招对。（程婴云）着我拿细棍子又不是，拿大棍子又不是，好着我两下做人难也⑤。（屠岸贾云）程婴，你只拿着那中等棍子打。公孙杵臼老匹夫，你可知道行杖的就是程婴么？（程婴行杖科，云）快招了者！（三科了⑥）（正末云）哎哟！打了这一日，不似这几棍子打的我疼，是谁打我来？（屠岸贾云）是程婴打你来。（正末云）程婴，你划的打我那？

---

① 刎颈交：以性命相许的最知心的朋友。

② 埋情：昧良心。埋：隐没。此指出卖友情。

③ 采下去：抓下去，拉下去。

④ 指攀：招供。

⑤ 好着我：好让我。着：使令。

⑥ 三科了：演员动作重复了三次的舞台提示。

237

（程婴云）元帅，打的这老头儿兀的不胡说哩。（正末唱）

【雁儿落】是那一个实丕丕将着粗棍敲？打的来痛杀杀精皮掉。我和你狠程婴有甚的仇？却教我老公孙受这般虐！

（程婴云）快招了者。（正末云）我招，我招。（唱）

【得胜令】打的我无缝可能逃，有口屈成招。莫不是那孤儿他知道，故意的把咱家指定了。（程婴做慌科）（正末唱）我委实的难熬，尚兀自强着牙根儿闹①；暗地里偷瞧，只见他早谎的腿脡儿摇②。

（程婴云）你快招吧，省得打杀你。（正末云）有，有，有。（唱）

【水仙子】俺二人商议要救这小儿曹。（屠岸贾云）可知道指攀下来也。你说二人，一个是了你，那一个是谁？你实说将出来，我饶你的性命。（正末云）你要我说的那一个，我说，我说。（唱）哎，一句话来到我舌尖上却咽了。（屠岸贾云）程婴，这桩事敢有你么？（程婴云）兀那老头儿，你休妄指平人。（正末云）程婴，你慌怎么？（唱）我怎生把你程婴道，似这般有上梢无下梢③。（屠岸贾云）你头里说两个，你怎生这一会儿可就无了？（正末唱）只被你打的来不知一个颠倒。（屠岸贾云）你还不说，我就打死你个老匹夫！（正末唱）遮莫便打的我皮都绽④，肉尽销，休想我有半个字攀着。

（卒子抱俫儿上科，云）元帅爷贺喜，土洞中搜出个赵氏孤儿来了也。（屠岸贾笑科，云）将那小的拿近前来，我亲自下手，剁做三段。兀那老匹夫⑤，你道无有赵氏孤儿，这个是谁？（正末唱）

【川拨棹】你当日演神獒，把忠臣来扑咬。逼的他走死荒郊，刎死钢刀，缢死裙腰，将三百口全家老小尽行诛剿。并没那半个剩落，还不厌你心苗⑥。

（屠岸贾云）我见了这孤儿，就不由我不恼也。（正末唱）

【七弟兄】我只见他左瞧、右瞧、怒咆哮，火不腾改变了狰狞貌⑦，按狮蛮拽

---

① 闹：这里是喧嚷的意思。

② 腿脡（tǐng）儿：腿肚子。

③ 有上梢而无下梢：有头无尾的意思。

④ 遮莫：尽管、任凭。

⑤ 兀那：那个。

⑥ 厌：这里指满足。

⑦ 火不腾：因愤怒而脸红。也作火不登，《儿女团圆》第一折："火不登红了面皮。"

札起锦征袍^①，把龙泉扯离出沙鱼鞘^②。

（屠岸贾怒云）我拔出这剑来，一剑，两剑，三剑。（程婴做惊疼科，屠岸贾云）把这一个小业种剁了三剑，兀的不称了我平生所愿也。（正末唱）

【梅花酒】呀！见孩儿卧血泊。那一个哭哭号号，这一个怨怨焦焦，连我也战战摇摇。直恁般歹做作^③，只除是没天道。呀！想孩儿离褥草^④，到今日恰十朝，刀下处怎耽饶，空生长枉劬劳，还说甚要防老^⑤。

【收江南】呀，兀的不是家富小儿骄。（程婴掩泪科）（正末唱）见程婴心似热油浇，泪珠儿不敢对人抛，背地里揾了。没来由割舍的亲生骨肉吃三刀。

（云）屠岸贾那贼，你试觑者。上有天哩，怎肯饶过的你，我死打甚么不紧！（唱）

【鸳鸯煞】我七旬死后偏何老^⑥，这孩儿一岁死后偏何小。俺两个一处身亡，落的个万代名标。我嘱咐你个后死的程婴，休别了横亡的赵朔^⑦。畅道是光阴过去的疾，冤仇报复的早。将那厮万剐千刀，切莫要轻轻的素放了^⑧。

（正末撞科，云）我撞阶基，觅个死处。（下）（卒子报科，云）公孙杵臼撞阶基身死了也。（屠岸贾笑科，云）那老匹夫既然撞死，可也罢了。（做笑科，云）程婴，这一桩里多亏了你；若不是你呵，如何杀的赵氏孤儿？（程婴云）元帅，小人原与赵氏无仇，一来救晋国内众生；二来小人跟前也有个孩儿，未曾满月。若不搜的那赵氏孤儿出来，我这孩儿也无活的人也。（屠岸贾云）程婴，你是我心腹之人，不如只在我家中做个门客，抬举你那孩儿成人长大。在你跟前习文，送在我跟前演武。我也年近五旬，尚无子嗣，就将你的孩儿与我做义儿。我偌大年纪了，后来我的官位，也等你的孩儿讨个应袭，你意下如何？（程婴云）多谢元帅抬举。（屠岸贾诗云）则为朝纲中独显赵盾，不由我心中生忿；如今削除了这点萌芽，方才是永无后衅^⑩。（同下）

---

① 狮蛮：指带子，古代武将的带子用狮子蛮王作图案，称作狮蛮带。

② 龙泉：宝剑名，这里引申为剑。

③ 歹做作：歹毒的勾当。

④ 褥草：产妇的垫褥垫席。

⑤ 耽饶：耽误。劬（qú）劳：劳累。防老：古谚："养儿防老"。

⑥ 我七旬死后偏何老：后字在这里是语气词，与呵字相近，和下文"一岁死后偏何少"，用法相同。下句"何"字原作"知"，据上句改。

⑦ 休别了：休撇了。横（hèng）亡，此指被杀害。

⑧ 素放：轻易释放，白白放过。

⑩ 衅（xìn）：嫌隙，争端。

【宋】洪迈

宁欺官，不欺贤①

东汉末年，外戚与宦官交替把持朝政，政局混乱，名士退隐，人才凋敝，民谣云："举秀才，不知书；察孝廉，父别居；寒素清白浊如泥，高第良将怯如鸡。"知识分子尖锐批评时政，形成"清议"。"主荒政谬，国命委于阉寺，士子羞与为伍，故匹夫抗愤，处士横议，遂乃激扬名声，互相题拂，品覈公卿，裁量执政，鲠直之风，于斯行矣。"（《后汉书·党锢列传》）太学生、在野处士和在朝中下级官吏三股力量交相呼应，形成反宦官斗争风潮，酿成两次党锢之祸。朝廷捉拿诛杀动乱分子，从为首的陈蕃、李膺、张俭、范滂等牵连到他们的亲友门生故吏，父子兄弟在位者，全部免官禁锢，波及五属。宦官又将天下豪杰及儒学有行义者皆指为党人，一时"海内涂炭"。然而，人心所向，民不畏死，士君子以节操为重，慷慨赴死；当代名士以未能列名党人是一种耻辱；官员以解救党人为光荣，甚至愿意扔掉官印与党人一同出逃；民间百姓明知收容逃亡的党人将大祸临头，却甘愿破家收容。在这场残酷喋血的斗争中，中国年轻知识分子——太学生第一次出现在政治斗争的最前线；中国的朝野知识分子第一次联合集体抗争；中国的官吏第一次这么大规模违抗政令；中国的普通百姓——民心，民族的良心，民族的气节第一次这么大面积地接受血的洗礼。古人有话："宁欺官，不欺贤。"在朝政昏暗的时候，一个人的选择，宁愿违抗官府，不能欺侮贤者。因为贤者，代表着社会的良心。保护贤者，就是保护国家的希望。

史学家范晔非常重视节义，特别在《后汉书》中列《党锢传》，称赞士君子"以仁心为己任，虽道远而弥厉。……功虽不终，然其信义足以携持民心。汉世乱而不亡，百余年间，数公之力也。"（《后汉书·陈蕃传论》）洪迈《容斋随笔》中这篇"党锢牵连之贤"，补叙了一些当时民间的反应，令后世读者扼腕叹息。

---

① 标题为编者所拟，原题《党锢牵连之贤》。

汉党锢之祸①，知名贤士，死者以百数，海内涂炭，其名迹章章者②，并载于史。而一时牵连获罪，甘心以受刑诛，皆节义之士，而位行不显，仅能附见者甚多。

李膺死，门生故吏并被禁锢。侍御史景毅之子，为膺门徒，未有录牒，不及于谴③。毅慨然曰："本谓膺贤，遣子师之，岂可以漏籍苟安！"遂自表免归④。

高城人巴肃被收，自载诣县，县令欲解印绶与俱去，肃不可⑤。

范滂在征羌，诏下急捕。督邮吴导至县，抱诏书，闭传舍，伏床而泣。滂自诣狱，县令郭揖大惊，出解印绶，引与俱亡。滂曰："滂死则祸塞，何敢以罪累君！"

张俭亡命，困迫遁走，所至，破家相容。其所经历，伏重诛者以十数。复流转东莱，上李笃家。外黄令毛钦操兵到门，笃谓曰："张俭亡非其罪，纵俭可得，宁忍执之

在东汉党锢之祸中，死难的知名贤士达数百人之多，全国上下蒙受一次浩劫。那些英名显赫，事迹突出的，都载入了史册。而一时受株连获罪，甘愿受到诛戮的，都是节操非凡、心存大义的士人。由于地位、事迹不突出，只能附见于别人传记的人，还有很多很多。

李膺死后，他的学生、部下都被监禁。侍御史景毅的儿子，是李膺的学生，因没被登录在册，所以还没遭到贬谪。景毅愤慨地说："我原本认定李膺品德高尚，学识渊博，才打发孩子拜他为师，现在怎么可以因为漏登了姓名而苟且偷安呢？"于是自己上书给朝廷免职归老。

高城人巴肃被收录在册，自己坐车到县衙，县令想解下官印和巴肃一起逃跑，巴肃怕牵连县令而不答应。

范滂在征羌，诏书颁下急速逮捕他。督邮吴导来到县城，怀抱着诏书，关闭起旅舍的门窗，趴在床上哭。范滂去自首，县令郭揖非常吃惊，出衙解下印绶，拉上范滂一起逃亡。范滂说："我死了就可以抵祸了，怎敢因罪牵累您！"

张俭在逃亡中，艰难困窘到处奔逃，所到之处，人们都冒家破人亡的危险接纳他。他经过的地方，因收留他而被杀的有几十人。他又辗转流亡到东莱县，去李笃家躲藏，外黄县令毛钦带兵到了李笃家门，李笃对他说：

---

① 党锢之祸：东汉恒帝时，宦官势盛，士大夫李膺等疾之，捕杀其党，宦官乃言膺等与太学游士为朋党，诽谤朝廷，辞连二百余人，禁锢终身。灵帝时，膺等复起用，谋诛杀宦官，事败，膺等百余人被杀，死徒废禁者六七万人，《后汉书》有《党锢传》。

② 章章：通"彰彰"，显著。

③ 录牒：登记在册。谴：贬谪。

④ 免归：免职归老。

⑤ 自载诣县：自己主动乘车到县衙。印绶：用来系官印和勋章的有颜色的丝带，代指官印。

乎？"钦抚笃曰："蘧伯玉耻独为君子①，足下如何自专仁义？"叹息而去。俭得免。

后数年，上禄长和海上言："党人锢及五族②，非经常之法。"由是自从祖以下③，皆得解释。

此数君子之贤如是，东汉尚名节，斯其验欤？

——《容斋续笔》

"张俭无罪而被迫逃亡，即使我能抓住他，难道会忍心抓他吗？"毛钦拍着李笃的肩背说："蘧伯玉以自己一人成为君子为可耻，您为什么独占仁义呢？"叹息着离开了。张俭得以免祸。

之后几年，上禄（今甘肃成县）县令和海上书说："查办党人，祸及五族，不是惯常的法律。"因此从父亲的堂叔以远的亲族都获释了。

几位君子品行高尚如此，这也是东汉崇尚名节的很好的证明吧！

---

① 蘧（qú）伯玉：春秋时人，名瑗，事卫三公（献公、襄公、灵公），因贤德闻名诸侯。孔子在卫，常住其家。

② 五族：九族以自己为本位，上四代至高祖，下四代至玄孙。五族当是以自己为本位，上两代至祖父，下两代至孙。

③ 从祖：父亲的堂叔伯。

【清】钱泳

成 衣

　　有能耐的人未必都身居庙堂, 况且庙堂有多大, 能够收罗尽天下英雄? 唐太宗一句感慨:"天下英雄尽入我彀中", 也不过是喜悦之余一句豪语。一个不争的事实是: 天下英雄多散落江湖, 所谓"万人如海一身藏"(苏轼), 所谓隐于市井方为"大隐", 于是就有了"三百六十行, 行行出状元"之说。这位宁波的裁缝是个阅世高手, 他裁剪衣服根据的是一些看似不相干的因素, 却比一般的量体裁衣高明许多, 他是量人裁衣, 这是真行家。

　　钱泳(1759~1844), 初名鹤, 字立群, 号梅溪。江苏金匮(今无锡)人。平民书生, 清代学者, 书法家。

　　成衣匠各省俱有①, 而宁波尤多。今京城内外成衣者, 皆宁波人也。

　　昔有人持匹帛命成衣者裁剪, 遂询主人之性情、年纪、状貌, 并何年得科第②, 而独不言尺寸。其人怪之, 成衣者曰:"少年科第者, 其性傲③, 胸必挺, 需前长而后短。老年科第者, 其心慵④, 背必伛⑤, 需前短而后长。肥者其腰宽, 瘦者其身仄⑥。性之急者宜衣短, 性之缓者宜衣长。至于尺寸,

　　各省都有裁缝, 而数宁波的裁缝最多。现今京都内外的裁缝, 都是宁波人。

　　早先有一人带着丝织布料让裁缝给他主人裁剪衣服, 于是裁缝询问主人的性情、年纪、长相, 以及哪一年考中科举, 却唯独不说尺寸。顾客感到怪讶, 裁缝说:"年轻考中科举的人, 他的性情傲慢, 胸一定是挺的, 需要前襟长后襟短。老年中了科举的人, 他的心性压抑, 一定曲背, 需要前襟短而后襟长。人肥胖, 腰围大, 瘦的人身材细削。急性子的应穿短衣, 慢性子的衣服应该长。至于尺寸, 有

①　成衣匠: 即裁缝, 专门从事服装制作的手工艺人。
②　得科第: 科举登第。
③　傲: 同"傲", 倨傲。
④　慵: 懒。
⑤　伛(yǔ): 曲背。
⑥　仄(zè): 狭窄。此指瘦削。

成法也，何必问耶！"

　　余谓斯匠可与言成衣矣。今之成衣者辄以旧衣定尺寸，以新样为时尚，不知短长之理，先蓄觑觎之心①，不论男女衣裳，要如杜少陵诗所谓"稳称身"者②，实难其人焉。

　　　　　　　　　　——《履园丛话》

现成的规矩，何必问呢？"

　　我以为这位裁缝可以同他谈做衣服的道理。现今的裁缝往往用旧衣服定尺寸，用新的款式作为时尚，不明白短长的道理，先怀非分之想，不管男服女装，要想做出如杜甫说的"稳称身"的效果，实在难为他了。

---

　　① 觑（qù）觎（yú）：窥伺；非分的希望。指剽袭陈规俗套，或以时髦样式敛财。
　　② 杜少陵：杜甫（712~770），字子美，唐代大诗人，与李白齐名。其诗中尝自称"少陵野老"，后世因称之"杜少陵"。隐称身：杜甫《丽人行》诗："背后何所见，珠压腰衱隐称身。"指衣服与身材相称。

【明】王猷定

汤琵琶传

汤应曾弹一手好琵琶，人称汤琵琶。他从小听歌就哭，唱歌也哭，他有一颗悲哀的乐心。俗人们本来只要从音乐中得点乐趣，他的琵琶却长放悲声，所以"不妄为人奏"。在王宫中弹《胡笳十八拍》，幸好王侯知音，赐米养母；在边关弹《塞上之曲》，为壮士声，以壮军威；在舟中弹《洞庭秋思》，平定风波；在兵乱逃难途中，为人弹《楚汉》争战曲，听者落泪。本来，汤琵琶自自然然做他的琵琶圣手了此一生，也可以无愧于生了，可是，妻子的死，让他顿时判若两人。前面有个神秘的铺垫：一只白猿抱走了他的琵琶，回到家，才知道妻子亡故，留下遗言："久不闻郎琵琶声，倘归，为我一奏石楠之下。"汤琵琶从此了无生趣："已矣！世鲜知音，吾事老母百年后，将投身黄河矣。"汤琵琶一颗悲哀的乐心，只有妻子是体贴的知音呵。至情至性的汤琵琶，从此对谁诉说悲情？天生的敏感，又生逢乱世，汤琵琶仿佛生来就是为世人传送悲声，述说人世的沧桑悲凉，乱世中的一把琵琶，随着乱世而消亡。

王猷定（1598～1662），字于一，号轸石，江西南昌人，明拔贡生，入清不仕，贫病而亡，友人为之殓藏。作者与汤琵琶熟识，同遭国破大丧，作者用了五年时间构思本文，最后落笔在"悲"字上，汤琵琶的悲与作者的悲，都是亡国之悲。

汤应曾，邳州人①，善弹琵琶，故人呼为"汤琵琶"云。贫无妻，事母甚孝，所居有石楠树②，构茅屋，奉母朝夕。幼好音律，闻歌声辄哭；已学歌，歌罢又哭。其母问曰："儿何悲？"应曾曰："儿无所悲也，心自凄动耳。"

汤应曾，邳州人。善弹奏琵琶，所以人们叫他"汤琵琶"。贫困无妻室，侍奉老娘非常孝顺，住所有一株石楠树，建了一所茅屋，早晚侍奉老娘。他小的时候喜欢音乐，听见歌声就哭泣；后来学唱歌，唱完就哭。他的妈妈问他："你为何如此悲伤？"汤应曾回答说："我没什么可悲伤的，只是我的心自发地触

① 邳（pī）州：在今江苏省北部。
② 石楠：亦称"千年红"。一种蔷薇科的常绿灌木或小乔木，分布于我国淮海以南平原、丘陵地区。木可供制作小工艺品，叶入药。又为观赏树。

世庙时①，李东垣善琵琶，江对峰传之，名播京师。江死，陈州蒋山人独传其妙②。时周藩有女乐数十部③，咸习蒋技，罔有善者，王以为恨。应曾往学之，不期年而成④，闻于王。王召见，赐以碧镂牙嵌琵琶，令着宫锦衣，殿上弹《胡笳十八拍》⑤，哀楚动人，王深赏，岁给米万斛，以养其母。应曾由是著名大梁间，所至狭邪⑥，争慕其声，咸狎昵之，然颇自矜重，不妄为人奏。

后征西王将军招之幕中，随历嘉峪、张掖、酒泉诸地⑦，每猎及阅士，令弹塞上之曲。戏下颜骨打者⑧，善战阵，其临敌，令为壮士声，乃上马杀贼。一日至榆关⑨，大雪，马上闻觱篥⑩，忽思母痛哭，遂别将军去。

夜宿酒楼，不寐，弹琵琶作觱篥声，闻者莫不陨涕。及旦，一邻妇诣楼上曰："君岂有所感乎！何

发悲情而已。"

嘉靖年间，李东垣善奏琵琶，江对峰承传了他的技艺，名扬京都。江对峰死，惟独陈州的蒋山人承传了他巧妙的技艺。当时藩王朱在铤蓄养歌伎几十队，都学习蒋山人的技艺，却没有造诣深妙的。藩王把这当作憾事。汤应曾去学，没用一年就学成了。藩王知道了，召见他，赏给他一把象牙镶嵌的玉雕琵琶。让他穿上宫廷的锦衣，上殿弹奏《胡笳十八拍》，悲哀凄楚，撼动人心。藩王重重赏他，每年赏给万斛米，让他奉养老娘。从此应曾在开封一带名声大噪，他所到之处，那些轻薄子弟，仰慕他的名声，都争先恐后来亲昵他，但应曾自己很持重，不随便给他们弹奏。

后来征西将军王某召应曾到幕府中，应曾随他历征嘉峪、张掖、酒泉各地。每当出猎或阅兵时，命应曾弹奏塞上边关乐曲。王将军部下颜骨打，善于作战，他在大敌当前时，命令应曾弹奏壮士的音乐，跨马奔杀敌人。有一天，到了榆关，下大雪，应曾在马上听到吹笳管的声音，忽然想起老娘，痛哭起来，于是告别了将军离开军旅。

夜间住在一家酒店睡不着觉，弹起琵琶模仿笳管的声音，人们听了无不落泪。到天亮，邻家一位妇女来到楼上说："您有什么感

---

① 世庙：即明嘉靖皇帝朱厚熜，庙号世宗。

② 陈州：州、府名。治所在淮宁（今河南省淮阳县）。

③ 周藩：明分封王周王朱在铤。女乐：古代的歌伎。部：队。

④ 期年：满一年。

⑤ 胡笳十八拍：琴曲。相传词曲均为东汉末年蔡文姬所作。

⑥ 大梁：古城名。在今河南省开封市西北。狭邪：指行为不端的人。

⑦ 嘉峪：即嘉峪关。在甘肃省嘉峪关市西、嘉峪山东南麓。张掖：县名。在甘肃省河西走廊中部，邻接内蒙古自治区。酒泉：县名。在甘肃省河西走廊西部、北大河流域。

⑧ 戏（huī）下：同"麾下"。即部下。

⑨ 榆关：古关名。一作"渝关"。故址在今河北省秦皇岛市东山海关。

⑩ 觱（bì）篥（lì）：亦作"觱篥"；又名"笳管"。一种竹制的管乐器。

声之悲也？妾孀居十载^①，依于母而母亡，欲委身，无可适者^②，愿执箕帚为君妇。"应曾曰："若能为我事母乎？"妇许诺，遂载之归。

襄王闻其名^③，使人聘之，居楚者三年。偶泛洞庭^④，风涛大作，舟人惶扰失措，应曾匡坐弹《洞庭秋思》^⑤，稍定。舟泊岸，见一老猿，须眉甚古，自从箐中跳入篷窗^⑥，哀号中夜。天明，忽抱琵琶跃水中，不知所在。自失故物，辄惆怅不复弹。

已归省母^⑦，母尚健而妇已亡，惟居旁抔土在焉^⑧。母告以妇亡之夕，有猿啼户外，启户不见，妇谓我曰："吾待郎不至，闻猿啼，何也？吾殆死，惟久不闻郎琵琶声，倘归，为我一奏石楠之下。"应曾闻母言，掩抑哀痛不自胜。夕陈酒浆，弹琵琶于其墓而祭之。自是猖狂自放，日荒酒色。

值寇乱，负母鬻食兵间^⑨。耳目聋瞽，鼻漏，人不可迩^⑩，召之者

伤吗？您的琵琶声为什么那么悲凉？小女子我寡居十年，依靠老母，老母死，想嫁人，又无可嫁之人。情愿做您的女人侍候您。"应曾说："你能给我侍候老母吗？"女子答应。于是把她带上车一起回家。

襄王听到应曾的才名，派人请他，在楚地住了三年。偶尔一次在洞庭湖乘船，狂风四起，波涛如峰，驾船的人都惊惶失措，应曾端坐弹了一曲《洞庭秋思》，风浪渐趋平静。船停靠岸边，看见一匹老猿，须眉十分苍老，自己从竹丛中跳入船窗，哀鸣至夜半。天亮了，老猿突然抱起琵琶跳入水中，不见踪影。应曾自从失去了旧物，就总是惆怅，不再弹奏琵琶。

回到家中探望老娘，老娘健在而妻已死，只有屋旁一堆黄土（坟）在那里。母亲告诉他：你妻死那天晚上，有猿在门外啼叫，开门又看不到猿。你妻对我说："我等丈夫丈夫不回，听猿叫，是怎么回事呢？我大概要死了，只是长久以来没听过他弹的琵琶声，如果他回来，让他给我在石楠树下弹一曲。"应曾听到母亲诉说，压抑在心中的悲痛难以自控。夜晚，摆设上酒菜，在她墓前弹奏琵琶祭祀她。从此，应曾肆意忘形自我放纵，日渐沉溺于酒色中。

正赶上叛兵四起，应曾背着老娘在乱兵中勉强维生，耳聋眼瞎，又流鼻涕，人无法

---

① 孀（shuāng）：寡妇。

② 适：女子嫁人。

③ 襄王：明分封王朱厚煪。

④ 洞庭：即洞庭湖。在湖南省北部、长江南岸。为我国第二大淡水湖。

⑤ 匡正：正坐。

⑥ 从箐（jīng）：竹丛。箐：竹名。

⑦ 归省（xǐng）：回家探望父母。

⑧ 抔（póu）土：坟墓。

⑨ 鬻（yù）食兵间：在战争环境中勉强生存。鬻，通"育"，养育。

⑩ 迩：近。

隔以屏障，听其声而已。所弹古调百十余曲，大而风雨雷霆，与夫愁人思妇，百虫之号，一草一木之吟，靡①不于其声中传之。而尤得意于《楚汉》一曲②，当其两军决战时，声动天地，瓦屋若飞坠。徐而察之，有金声、鼓声、剑弩声、人马辟易声③，俄而无声。久之，有怨而难明者，为楚歌声④；凄而壮者，为项王悲歌慷慨之声，别姬声⑤；陷大泽，有追骑声；至乌江⑥，有项王自刎声，余骑蹂践争项王声。使闻者始而奋，既而恐，终而涕泪之无从也，其感人如此。

应曾年六十余，流落淮浦⑦，有桃源人见而怜之⑧，载其母同至桃源，后不知所终。

轸石王子曰⑨：古今以琵琶著名者多矣！未有如汤君者。夫人苟非有至性，则其情必不深，乌能传于后世乎！戊子秋⑩，予遇君公

接近他，召他的人都隔着屏风听他弹奏，只听乐声罢了。他所弹奏的百十余首古曲，雄壮的如风雨雷霆，细婉的如忧愁的旅人思念妻子，百虫嘤鸣，一草一木风吹叶动的吟唱，无不从琵琶声中传达出来。而最得意的是《楚汉》一曲，当弹奏到刘项两军决战时，琵琶声震天动地，如屋瓦飞落地面。慢慢仔细品味，有钟声、鼓声、剑劈弩发声、人马惊退声，一小会儿，什么声音都没了。过了许久，又弹出哀怨的难以用言语形容的琵琶声，那是"四面楚歌"的歌声；最凄凉而悲壮的，是项羽慷慨悲歌的声音，霸王别虞姬的声音；项王陷入大沼泽、有骑兵追来的声音；项王至乌江自刎的声音，以及汉骑兵蹂躏践踏争夺项羽尸身的声音。使听的人始而感奋，继而惊恐，终而涕泪交流，不知所从。他的琵琶声感人如此。

应曾六十多岁，流落在淮河一带，有个桃源人见而怜悯他，用车拉上他的母亲一同到了桃源，后来不知死于何处。

王猷定说：古今凭弹琵琶而出名的人多了，但没有赶得上汤应曾的人。如果人不是有极醇厚的天性，那么他的琴声所抒发的感情一定不会那么深挚，怎能流传到后世呢？

---

① 靡：无。

② 《楚汉》一曲：一首描写项羽与刘邦之间战争的古曲。

③ 辟易：惊退。

④ 楚歌：楚人之歌。《史记·项羽本纪》载："项王军壁垓下，兵少食尽，汉军及诸侯兵围之数重，夜闻汉军四面皆楚歌，项王乃大惊曰：'汉皆已得楚乎？是何楚人之多也！'"

⑤ "为项王"两句：《史记·项羽本纪》载："项王则夜起，饮帐中。有美人名虞，常幸从；骏马名骓，常骑之。于是项王乃悲歌慷慨，自为诗曰：'力拔山兮气盖世，时不利兮骓不逝。骓不逝兮可奈何，虞兮虞兮奈若何！'歌数阕，美人和之。项王泣数行下，左右皆泣，莫能仰视。"

⑥ 乌江：古地名。秦置乌江亭，因附近有乌江得名。在今安徽省和县东北苏、皖交界处的乌江镇。

⑦ 淮浦：淮河水滨。

⑧ 桃源：东晋陶潜在《桃花源记》中虚构的与世隔绝的乐土。后来用以指避世隐居的地方。

⑨ 轸石：本文作者王猷定的号。

⑩ 戊子：指清顺治戊子年，公元1648年。

路浦①,已不复见君曩者②衣宫锦之盛矣。明年复访君,君坐土室,作食奉母,人争贱之,予肃然加敬焉。君仰天呼呼曰:"已矣!世鲜知音③,吾事老母百年后,将投身黄河死矣。"予凄然,许君立传。越五年,乃克为之。呜呼!世之沦落不偶而叹息于知音者,独君也乎哉!

——清·张潮《虞初新志》

戊子年秋天,我在大道旁遇见过他,已然见不到他从前身着宫锦那么辉煌的样子了。第二年,我又拜访他,他坐在土屋子里,做饭给他娘吃,旁人争着作践他,我却对他肃然起敬。他仰面向天呼喊着说:"罢了,世间少有知音,吾待候老娘寿终之后,将投黄河而死!"我闻言见状,很凄悲,答应给他立传。过了五年才能写成此传。唉,人世间沉沦不如意而慨然喟叹知音稀少的,难道只你一人吗?

---

① 路浦:路旁。

② 曩者:从前的时候。

③ 鲜(xiǎn):少,稀少。

【唐】薛用弱

王积薪

围棋是国粹，唐朝国手王积薪在陪着唐玄宗李隆基南逃途中，来到四川，在山中孤姥之家，偷听到婆媳两人深夜手谈消遣，却无法索解，才知道世外有高人。可见，围棋在唐朝已是一种非常普及的游戏，连山野村妇都精于此道。同时，围棋又是一门高雅的、高难度的技艺，它的深邃奥妙引起人们探究的兴趣，并值得为之编一个神秘的传奇故事。

玄宗南狩①，百司奔赴行在②。翰林善围棋者王积薪从焉③。蜀道隘狭，每行旅止息，道中之邮亭人舍，多为尊官有力之所先④。积薪栖无所入⑤，因沿溪深远，寓宿于山中孤姥之家。但有妇姑，皆阖户，止给水火⑥。才暝，妇姑皆阖户而休。

积薪栖于檐下，夜阑不寝⑦。忽闻堂内姑谓妇曰："良宵无以适

唐玄宗李隆基南逃，朝廷各部门官员也都奔赴皇帝途中停脚的地方。有位善下围棋的翰林待诏王积薪也跟从各部门官员一起奔逃。蜀中道路险隘狭窄，每当队伍停止行进休息的时候，沿途上的邮亭民宅，大多被高官矫健的人先行抢占。积薪无处投宿，于是沿一道小河向山中深远处寻觅，借住在山中一户孤独的老妇人家。这家只有婆媳二人，都关着门，仅能供给王积薪水和灯烛。天刚刚黑下来，婆媳都关门休息了。

王积薪住在屋檐下，夜深了也睡不着。忽然听到屋内婆婆对媳妇说："如此好的夜

---

① 玄宗南狩：唐玄宗李隆基南逃。天宝十四年（755）安史之乱爆发，唐玄宗李隆基逃往四川。狩，本指打猎，但后来用于天子各处巡视。这里皇帝逃亡也称狩。这是委婉的说法。

② 百司奔赴行在：中央各部门的官员也都跑向皇帝临时停留的地方。百司，指朝内各司，即各部门。行在，皇帝外出临时居住办公的地方。

③ 翰林善围棋者：翰林待诏中擅长下棋的。翰林，本指文翰荟萃的地方。唐玄宗时设翰林待诏，为文学技艺侍从之职。

④ 邮亭：古时沿路设的供递送文书的人或旅客歇宿的馆舍。人舍，当为民舍。所先：抢先占了。

⑤ 栖无所入：没有投宿之所。

⑥ 但有妇姑：只有媳妇和婆婆。皆阖户：全都关着门。阖，关闭。止给水火：只给水和灯。止同只。

⑦ 夜阑：夜深。

兴①,与子围棋一赌可乎?"妇曰:"诺。"积薪私心奇之。堂内素无灯烛,又妇姑各在东西室。积薪乃附耳门扉。俄闻妇曰:"起东五南九置子矣②。"姑应曰:"东五南十二置子矣。"妇又曰:"起西八南十置子矣。"姑又应曰:"西九南十置子矣。"每置一子,皆良久思唯,夜将尽四更③,积薪一一密记,其下止三十六。忽闻姑曰:"子已败矣,吾只胜九枰耳④。"妇亦甘焉。

积薪迟明,具衣冠请问⑤。孤姥曰:"尔可率己之意而按局置子焉⑥。"积薪即出囊中局⑦,尽平生之秘妙而布子。未及十数,孤姥谓妇曰:"是子可教以常势耳。"妇乃指示攻守杀夺救应防拒之法,其意甚略,积薪即更求其说。孤姥笑曰:"止此亦无敌于人间矣。"积薪虔谢而别⑧。行十数步,再诣⑨,则失向来之室闾矣。自是,积薪之艺,绝无其伦。即布所记妇姑对敌之势,罄竭心力,较其九枰之

晚没什么东西可以消遣的,和你下盘棋赌一输赢怎么样?"媳妇说:"好。"王积薪私下心里觉得奇怪。屋里从未点灯,再说婆媳各居东西一室。王积薪于是把耳朵贴附在门扇上听。不一会儿,听到媳妇说:"东起五道南起九道相交处下了一子了。"婆婆回应说:"东起五道南起十二道相交处下一子了。"媳妇又说:"西起八道南起十道相交处下一子了。"婆婆又回应说:"西起九道南起十道相交处下一子了。"每安放一枚棋子都思量很久,一直下到四更将尽。王积薪一招一式暗暗记在心里,她们一共只下了三十六手。忽听见婆婆说:"你已经败了,我胜了你九个棋子。"媳妇也心服口服。

黎明时分,王积薪穿戴好衣帽,向老妇人请教棋艺。这位老人说:"你尽可依自己的心意在棋盘上着子。"王积薪就拿出口袋中的棋盘,用尽平生最隐秘的妙着安放棋子。还没放到十几个棋子,老妇人回头对媳妇说:"这个人只可以教给他通常的棋势罢了。"媳妇用攻守杀夺救应防拒的战术指导他,她的意思表达得很简略。王积薪就又请求她说得更详尽些。老妇人笑着说:"仅仅这样在人间已经无人匹敌了。"王积薪诚恳地致谢告别。走出十几步,回头想再去请教一下,可是方才的屋子都不见了。从此,王积薪的棋艺

---

① 这么好的夜晚没有什么东西满足兴致。

② 这是指在棋盘中下子的位置。东五、南九都是指棋盘中纵横的线的排列数字。按围棋棋盘横竖各十九道线(唐以前为十七道),在横竖线相交之处下子。以下各句都如此理解。

③ 皆良久思唯:全都经过长时间的思考。思唯即"思维",思考。四更:即三点到四点时。

④ 胜九枰:围棋中的术语,等于说胜了九个子。枰(píng),本意为棋盘,此处借指所胜的子数。

⑤ 待天明王积薪就穿戴整齐,请教下棋的问题。迟,待。

⑥ 你可以随你自己的想法,在棋盘上放置棋子。意思是说根据你最高的水平摆个棋势。局,指棋盘。

⑦ 出囊中局:拿出布袋中的棋盘。

⑧ 虔:诚心。

⑨ 再诣:再回去看。诣,去,到,拜访。

胜[1]，终不得也。因名"邓艾开蜀势[2]"，至今棋图有焉，而世人终莫得而解矣。

——《太平广记》卷一七九《集异记》

大进，无人能与他相比。即使他能按记忆排布婆媳对阵的棋势，可是用尽心力，考究老妇人"胜了九个棋子"的说法，到底还是不得其解。于是他给这个棋势命了个名叫作"邓艾开蜀势"，到现在棋谱上还记载着这个棋势。而世人最终还是不能解释老妇人怎么赢了九个棋子。

民间多高人

---

① 较其九枰之胜：研究她怎样获得了九枰的胜利。
② 邓艾：魏国大将，曾凿山开路灭掉蜀汉。

【清】梁章钜

叶天士遗事

中医神奇,中医神气,名中医尤其神气,但他的医术的确神乎其技。正史野史上多有这类记载。清代名医叶天士,架子很大——不知一个医生的架子是否一定要随着医术的高明水涨船高?传说,他架子大到要让道教的张天师亲自为他做广告。然而,看他为母亲下药的踌躇,又显得可爱。看他让轿夫去戏弄采桑少妇的手法,他还顽皮,精通心理医学。中医的草药和针灸本已博大精深,不用药也治病,"因病制宜",就是特别的境界了。他又贪玩好赌,不够勤快,别人却奈何他不得。作者这么方方面面写来,一个鲜活的真实的神医就立在读者面前。

梁章钜(1775~1849),字闳中、茝林,晚号退庵,福建长乐人。清嘉庆进士,官至江苏巡抚兼两江总督。喜作笔记小说,著有《楹联丛话》《浪迹丛谈》《归田琐记》等。

253

雍乾间,吴县叶天士①,名桂,以医名于当时。自年十二至十八,凡更十七师。闻某人善治某症,即往执弟子礼;既得其术,辄弃去。生平不事著述,今惟存《临症指南医案》十卷,亦其门人取其方药治验,分门别类,集为一书,附以论断,非尽天士本意也。

世称天士为天医星,亦非真

雍正乾隆年间,吴县的叶天士,他的名字叫桂,凭医术高超名噪一时。从十二岁到十八岁几年间,就更换了十七位老师。他听说某某医生善于治疗某种病,他就用拜师的礼节去给人家当徒弟。当他学得了那种医术后,就辞别老师而去。一生中不曾著书立说,现仅存《临症指南医案》十卷,这也只不过是他的门徒弟子用他的药方、药物治疗应验,然后再分门别类加以整理编辑,集合而成的一本书,在药方、药物的后面附有论断,不完全是天士的本意。

民间称叶天士作天医星,也没有真实确

---

① 吴县:在今江苏省。

有确据。相传江西张真人过吴中①，遘疾几殆②，服天士方得苏，甚德之，而筹所以厚报。天士密语之曰："公果厚我，不必以财物相加，惟于某日某时过万年桥③，稍一停舆，谓让桥下天医星过去。"真人许之。而是日是时天士小舟适从桥下过，城内外遂喧传"天士为天医星矣"。

天士宿学虚心，为一时之冠。其老母病热而脉伏，甚似寒症④；天士审症立方，其难其慎，中夜独步中庭，搔首自言曰："若是他人母，定用白虎汤⑤！"其邻叟亦行医，窃闻之，次早到门献技，用白虎汤一剂而愈。其名顿起，人不知其即出于天士也。

一日徒步自外归，骤雨道坏，有村夫素识天士，负以渡水，天士语之曰："汝明年是日当病死，及今治，尚可活。"村夫不之信。届期疡生于头⑥，舁至天士门求治⑦。与金遣之，曰："不能过明日西刻

凿的根据。人们传说江西龙虎山张真人经过吴县，遭上一场大病几乎将死，吃下天士的药得以复苏，张真人非常感激天士的救命之恩，而且筹谋用厚礼重重报答他。天士暗中对张真人说："如果你真的想厚报我，你不必给我财物，只求你在某天某时经过万年桥时，在桥上稍停一下你的车，说让桥下的天医星先过去。"张真人应许了他。而在约定的时间天士的小船恰好从桥下经过，城内外的百姓于是就喧呼传扬起"天士是天医星"了。

天士一向虚心学习，是当时首屈一指好学的人。他的老母亲得了热病而脉象沉伏微弱，很像是寒症；天士仔细观察症状而后立下药方，判断之难，用心之慎，使他半夜还在院子里走来走去，搔头自言自语说："要是别人的母亲，我就一定用白虎汤给她治！"他邻居一位老者也是行医之人，私下听到叶天士的话，第二天早晨到天士家来献技，结果只用了一剂白虎汤病就痊愈了。老者的声名一时大噪，人们却不知道老者献的方药其实是于叶天士之口。

有一天，天士步行回家，骤然下起暴雨，路被冲坏，有位村民从前就认识天士，背天士趟水，天士对他说："你明年的今天一定会病死，现在赶早就治，还可以救活。"村民不信天士的话。到天士说的那一天头上生出恶疮，抬到天士家求治，天士给了村民钱打发他走，

民间多高人

254

① 吴中：即吴县。
② 遘（gòu）：遇。
③ 万年桥：在苏州胥门外。
④ 伏：潜，此指脉潜深而微。
⑤ 白虎汤：中医药方名，功效在于发表。
⑥ 疡（yáng）：疮。
⑦ 舁（yú）：共同抬东西。

矣①。"已而果然。

又尝肩舆行乡村间②，适有采桑少妇，天士令舆夫往搂抱之。桑妇大怒詈③，其夫亦扭舆夫殴打。天士从旁解之，曰："此妇痘疹已在皮膜间，因火盛闭不能出，此我设法激其一怒，今夜可遽发，否则殆矣。"已亦果然。

有木渎富家儿病痘闭④，念非天士莫能救，然距城远，恐不肯来。闻其好斗蟋蟀，乃购蟋蟀数十盆，贿天士所厚者，诱以来。出儿求治，天士初不视，所厚者曰："君能治儿，则蟋蟀皆君有也。"乃大喜，促具新洁大桌十余，裸儿卧于上，以手展转之，桌热即易，如是殆遍。至夜，痘怒发，得不死。

有外孙甫一龄，痘闭不出，抱归求活。天士难之，女愤甚，以头撞曰："父素谓痘无死症，今外孙独不能活乎？请先儿死！"即持剪刀欲自刺。天士不得已，俯思良久，裸儿键置空室中，自出外与博徒戏。女欲视儿，则门不可开，遣使数辈促父归；博方酣，不听。女泣欲死。至夜深归，启视，则儿痘

说："活不过明天傍晚了。"后来果然如此。

又曾经乘轿从一个村落经过，恰遇一位采桑的少妇，天士让轿夫跑过来搂抱少妇。采桑少妇愤怒大骂，她的丈夫也揪住轿夫殴打。天士从旁解释说："这女子的痘疹已经出到皮膜之间，因为火太大被憋住发不出来，这是我想个办法激她一怒，今夜就能很快发出，否则那就危险了。"过后也果然如此。

木渎镇有一个富家的儿子，痘出不来，想到除非叶天士没有医生能够救治，可是距城很远，怕天士不肯往诊。听说天士有斗蟋蟀的癖好，于是买了几十盆蟋蟀，贿赂天士的好朋友，引诱天士到来。天士来了，就把儿子抱出求天士治疗，开始天士不给看病，他的好朋友说："你若能给小孩治好病，这些盆蟋蟀都归你所有。"于是天士高兴了，催促准备又新又干净的大桌十余张，把小孩脱光衣服放躺在桌上，用手在桌上翻转小孩，把桌子摩擦热了就换到另一张桌上，像这样几乎用遍了十几张桌子。到了夜间，小孩的痘发得很盛，才得以不死。

天士有个小外孙刚一岁，痘发不出来，女儿抱孩子回家求老父救命。天士感到很棘手，女儿十分愤怒，用头撞天士说："爸，你平时说，出痘不是死人的病，今天你唯独救不活外孙吗？让我死在孩子之先！"就拿起剪刀要自杀。天士没办法，低头想了很久，把外孙脱光锁在空屋子里，自己走出家门和赌徒们玩。女儿想看孩子，门却打不开，连连打发几个人催老父回家；因赌得正兴奋，天士不

遍体，粒粒如珠。盖空房多蚊，借其嘬肤而发也①。

邻妇难产，数日夜，他医业立方矣②。其夫持问，天士为加梧桐叶一片，产立下。后有效之者，天士笑曰："吾前用梧桐叶，以是日立秋故耳，过此何益？"其因时制宜之巧如此。

以医致富，然性好嬉戏，懒出门。人病濒危，亟请③，不时往，由是获谤；然往辄奏奇效，故谤不能掩其名。以高寿终。

——《浪迹丛谈》

肯回家。女儿哭得要死。到了深夜，天士才回家，打开门一看，就见孩子的痘出得满身都是，一粒粒像珍珠一样。空屋里有许多蚊子，原来是借助蚊子叮咬皮肤使痘发出。

邻家的妇女难产，经几天几夜也不生，别的医生已经给出了药方。妇女的丈夫拿来药方来问天士，天士给药方加了一片梧桐叶，妇女立刻生下了产儿。后来有人仿效天士加梧桐叶这个方子，天士笑说："我那时用了一片梧桐叶，是因为那一天是立秋的原因，过了这一天，加了又有什么用？"天士因时制宜地调整药方，医术巧妙竟然达到如此境界。

天士凭行医致富，但性情喜好玩耍，懒得出门行医。有人病得临危时，急切地来请他，他也不及时往诊，因此招致非议；可是只要他一出诊就往往会有奇效，所以非议也掩没不了他的声名。他岁数很大才去世。

---

① 嘬（zǎn）：叮，咬。

② 业：已经。

③ 亟（jí）：急切。

【清】姚伯祥

名捕传

　　所谓"路见不平，拔刀相助"，是侠客行为，何况又是同行有难，自然要出手相助。河北保定的捕快，来到山东地头，居然被人认出，可见其在业内名望之高。偏偏名捕生病，情节转向名捕之妻，夫妻俩关于是否出手的对话，亲昵伴骂，可见感情深厚。一个"短小好妇人"，却自信得很，以一敌五，轻取贼寇，把事情摆平后，又"旖旎寻常"，金刚怒目转瞬间翻作菩萨低眉。她不愿赶尽杀绝，也显出豪杰本来慈悲的本性。妻子尚且如此武艺高超，那位病快快趴在马背上的名捕，却是从容镇静，指挥若定，想来更是身怀绝技。因而，小说取名《名捕传》，是实至名归。

　　金坛王伯弢孝廉①，自言丙午偕计至德州②，见道旁有捕贼勾当，与州解相谍③。问之，云："放马贼昼劫上供银若干，追之则死贼手，不追则死坐累④。"各相向呼天，泣数行下。然贼马尘起处，犹目力可望也。忽有夫妇两骑，从他道来。诸捕咸惊相庆曰："保定名捕至矣，当无忧也！"诸捕控名捕马⑤，问何从来。言："夫妇泰山进香耳。"然名捕病甚，俯首鞍上。其妻亦短小好妇人，以皂罗覆

　　江苏金坛县王伯弢孝廉出身，自己说丙午年间进京会试途经德州，见到道旁有捉捕强盗的差役正和州里押解官银的官吏互相吵嚷。问他们，回答说："放马贼光天化日下劫掠了上贡的官银。追赶吧，就会被放马贼杀死；不追就会因案件牵累而被判死刑。"各个人面面相觑，呼天号地，泪流满面。可是贼寇马蹄扬起尘土的地方，还是望眼可及的。忽然有一对夫妻骑马从另一条路而来。各位捕捉强盗的差役都惊喜庆贺说："保定名捕来了，应该不用担心了！"各位差役拉住名捕的马，问从哪里来。名捕夫妇回答说："我们两

---

① 金坛：江苏金坛县。孝廉：封建科举时，举人的别称。举人，明清两代称乡试考取的人。

② 丙午：丙午年间。按天干、地支纪年的年号之一。偕计：举人一起进京会试。德州：在今山东。

③ 勾当：差役名，即捕快。州解：州里解送钱物的差役。谍（zào）："噪"，虫、鸟叫，此指大声叫嚷。

④ 放马贼：骑马行劫的强盗。死坐累：受连累犯死罪。

⑤ 控：挽住。

面[①]，手抱一婴儿。诸捕告之故，哀乞相助。名捕曰："贼几人？"曰："五人。"曰："余病甚，吾妇往足矣。"妇摇手："我不耐烦！"名捕嗔骂曰："懒媳妇！今日不出手，只会火炕上搏老公乎？"妇面发红，便下马，抱儿与夫。更束马肚，结缚裙鞾，攘臂袖一刀[②]，长三尺许，光若镜也。夫言："将我箭去。"妻曰："吾弹固自胜。"言未讫，身已在马上，绝尘而去[③]。诸捕皆奔马随之。须臾，追及贼骑。妇人发声清亮，顺风呼贼曰："我保定名捕某妻，为此官钱，故来相索。宜急置，毋尝我丸也！"贼言："丈夫平平，牝猪敢尔！"贼发五弓射妇。妇从马上以弹弓拨箭，箭悉落地。急发一弹，杀一人。四人拔刀拟妇[④]，妇接战，挥斥如意，复斫杀一人。三人惧，少却[⑤]。妇更言曰："急置银，舁两尸去[⑥]，俱死无益也！"三人下马乞命，置银，以二尸缚马上逸[⑦]。未几诸捕至，舁银而还。此妇犹旖旎寻常[⑧]，善刀藏之[⑨]，下马遍拜诸捕曰："妮子着力不健，纵此三寇，要是裙襦伎俩

口儿去泰山进香去了。"可是名捕病得厉害，头俯在马鞍上。他的妻子是个矮小的漂亮女人，用黑纱蒙面。手上还抱一个婴儿。差役们告诉他们事情原委，哀切恳求相助。名捕说："贼寇有多少人？"回答说："五个人。"名捕说："我病得凶，我老婆去足可制服他们啦。"老婆忙摆手："我没兴趣。"名捕嗔骂老婆说："懒婆娘！现在你不出手擒贼，你只会在火炕上去抓老公吗？"老婆羞臊脸红，就下了马，把孩子抱给丈夫。又收束了一下马腹，扎紧衣裙靴袜，扬起胳臂挎上一把刀，刀长三尺左右，刀光亮如明镜。丈夫说："带上我的箭去。"媳妇说："我的弹子就已足够取胜了。"言犹未了，已飞身上马，一溜烟无影无踪了。名位差役都飞马随她而去。一小会儿，这女人追上了贼寇，用清亮的嗓音顺风向放马贼呼喊："我是保定名捕某人之妻，这是官钱，所以前来追索。你们应该马上放下官钱，免吃我的弹子！"贼寇说："你的丈夫武艺也不过平平，你这母猪竟敢出此大言！"贼寇向名捕妻射了五支箭。名捕妻在马上用弹弓拨开五支箭，箭都落在地上。在情急中妇人发出一弹，击毙了一个贼寇，其余四贼挥刀扑向妇人。妇人迎战，挥舞如意，又砍杀一个贼，剩下的三贼怕了，稍微往后退了退，妇人又说道："快把官银放下，抬着两个死哥们儿

① 皂罗：黑纱巾。

② 更束：重新束紧。结缚裙鞾（同靴xuē）：结扎捆绑衣裙和靴带。攘臂袖一刀：这里指将一把刀挎在臂上。攘臂，撸起袖子。

③ 讫（qì）：毕，完结。绝尘：超越飞起的尘土。迅速的意思。

④ 拟：比划，指向。

⑤ 少却：稍稍后退。

⑥ 舁（yú）：抬。

⑦ 逸（yì）：逃跑。

⑧ 旖（yǐ）旎（nǐ）寻常：像平日那样柔美。

⑨ 善刀藏之：擦擦刀藏起。善，通"缮"，修治；这里是拭擦的意思。

耳①。"州守为治酒,宴劳五日而去。姚伯祥曰:"此皆伯弢口授于予,予为之记。所谓舌端有写生手也。"

——民国《旧小说》

滚蛋,都死了也无济于事!"三个贼寇下马求饶,放下官银,把两具贼尸捆在马上溜了。没一会儿,各位差役都赶到了,把官银抬回来。唯有这女人艳色如常,擦好刀收藏起来,下了马逐位拜揖差役,说:"小女子功力不深,让那三个贼寇跑掉了,这只不过是女人的本事罢了。"州的长官给他们设置酒宴,连连操持五天才让他们离开德州。姚伯祥说:"这都是王伯弢亲口告诉我的,我替他做了这篇记。王伯弢真可谓是口角乖巧,善于描述的人哪!"

【清】无名氏

少林功夫

少林功夫，天下闻名。一群和尚，本来老实念经就好，干吗要弄一套功夫，而且是天下绝顶的功夫？21世纪初，"少林功夫"还要申报联合国教科文组织"人类口头和非物质文化遗产"项目。当今嵩山少林寺方丈释永信解释说："少林武术"不等于"少林功夫"。"过去人们通常把'少林功夫'只看成是'少林武术'，其实少林功夫是一个庞大的宗教文化体系。它不仅是一个庞大的技术体系，同时也是中国传统文化的重要宝库，具有极其丰富的宗教文化功能和价值。""少林功夫"是指在嵩山少林寺特定佛教文化环境中历史地形成，以紧那罗王信仰为核心，以少林寺武僧演练的武术为表现形式，并充分体现禅宗智慧的传统佛教文化体系。"少林功夫"所具有的宗教功能是基本的，第一位的；"少林功夫"作为武术，只是技术层面，只是佛教精神的具体表现形式之一，是第二位的。"少林功夫"在功能层面所表现出来的宗教性质，是其他武术不具备的。这是"少林功夫"与其他武术本质区别所在。中国艺术研究院院长王文章认为，1500多年历史和文化积淀所形成的兼禅学、武术、医学、艺术为一体的少林文化，尤其是以佛教护法神信仰为核心同时凝结了禅宗智慧的"少林功夫"文化，是中华民族传统文化的瑰宝。了解少林功夫的博大文化内涵，有助于我们理解本文中少林寺授徒的特殊方式，的确是兼有禅学、武术、医学、艺术等等功能。中国民间文化，蕴含着巨大的宝藏。

少林寺僧以拳勇称，欲学其艺者，先纳赀若干，拜一人为师，每日服食，皆取给于赀息①。学既成，从中门出。各门土木偶皆有机②，触即拳杖交下，能敌之无恙出，师设酒饯于门，反其赀。从

嵩山少林寺的和尚以拳术凶猛出名，想学这种武艺的人，先要交纳一些资财，拜一位寺僧作老师，每天吃饭、穿衣的花销都是从所交资财的利息中支出。在武艺学成以后，从寺的中门下山。各道门的土、木偶人都设有机关，一触动，拳棒就劈头盖脸打来，能

---

① 赀（zī）息：所交钱财的利息。

② 机：机关。

此天下无与对。不然,仍返受业,往往学数年不能成,则越墙逸去①,赀亦不可得矣。

一日,有瞽者来请业②,僧视其瞳尚在,特外受膜部。持青铜钱五百,撒掷山上下,俾瞽者觅之,曰:"尽得,当传汝技。"初不得,甚焦急。渐得一枚,辄喜,复连得数枚,日以为常。两餐外,踯躅山上下,暗中摸索,阅年余③,竟得四百九十九枚。其一大索不得,忽一日摸得之,狂喜,目顿明。竟受其技去。

又有患痿症者,两股不能动,亦执赀来学。僧命沙弥拾石子盈筐,置其旁,山上画大墨圈命之击。既久辄中,又画小圈,无不中。乃命击飞鸟,鸟应手下。后以石子小于芥者掷鸟目,目穿而坠。前后左右,惟所纳之无不如志④。师曰:"汝技成矣。"后每坐船头护水标⑤,身旁置石一器,剧盗咸不敢近,遂业此终老焉。

——《蝶阶外史》卷二

---

① 逸去:逃离。

② 瞽(gǔ):盲人。

③ 阅:经过。

④ 纳:选取的目标。志:心愿。

⑤ 护水标:水上保镖。

抵抗得住不受伤害安然无恙地出来的人,老师在门外设酒给他饯行,并退还他入学时交的钱财。从此,天下武林中就无人是他的对手。如果做不到这样,仍然返回少林寺学习武艺。常常是学了几年也学不成,就跳墙逃跑了,入学时交的钱财就不返还了。

一天,有位盲人来请求学武艺,僧人见他瞳孔完好,只是瞳孔外有一层膜障蔽。僧人拿来五百青铜钱,在山的上上下下,到处抛撒,让盲人去寻找,说:"把五百枚青铜钱全部找回来,就传授给你武艺。"开始找不到,盲人十分焦急。慢慢地他居然找到了一枚,就十分高兴,接着又找到了几枚,天天都这样寻找。除吃两顿饭而外,在山上山下徘徊寻觅一年多,竟然找回了四百九十九枚青铜钱。其中一枚用尽力气也没找到,忽然有一天一下子摸到了。喜得发狂,眼睛立即见亮(能看到东西)了。终于学得了武艺走出了少林寺。

又有一个患了肌肉萎缩的患者,两腿不能行走,也带着钱财来学武艺。侍僧打发小和尚拾了一满筐石子,放在瘫痪病人身旁,在山上画了个大黑圈让他用石子打。打得久了,往往就能打中了,又给他画了个小圈,打来打去有发必中。于是又让他用石子打飞鸟,手起鸟落。后来又让他用比芥菜籽还小的石子打鸟的眼睛,打穿眼睛的鸟掉下来。不论前后左右,只要选取个目标,没有打不中的。老师说:"你的武艺学成了。"日后此瘫痪患者坐在船头上给人家当水上保镖。身旁容器中装满石子,江洋大盗都不敢靠近他,于是他以此为职业度过了一生。

【宋】孟元老

东京梦华录①（3则）

　　最新考古发现表明：中国早在5500年前就出现了城市。秦时咸阳、汉时长安，规模之大，世界罕有。唐代长安、宋代开封、广州、泉州、元大都早已是国际大都会了。中国是个农业大国，也是个城市发达的古国。我们习惯于从书中读到熟悉的田园，现在，我们来看看繁华都市。北宋的都城东京开封，是当时世界上人口最多、经济最发达、文化最繁荣的城市之一。那时候的城市生活是怎样的呢？我们挑几个平常的画面看看：

　　每天拂晓时分，寺庙里的行者沿街打更报晓。沉睡的人们在报晓声中起床，城门打开、吊桥放下、店铺开门，卖早点的开始忙碌，有粥饭点心、灌肺炒肺，品种繁多。城门洞开，挑夫走卒、驴马车辆，鱼贯而入，络绎不绝，街市各种买卖开张，各种吆喝声此起彼伏，京城热闹的一天人味融融地开始了。东京的民俗又如何呢？各行各业的人衣着都有规定，一眼就能看出对方的身份。各行各业都有行规，连乞丐也不例外。京城的人都有一副热心肠，情谊深厚，如果你是外乡人在京城被人欺侮，必定有人出来为你打抱不平。甚至会从警方手中解救你，即便自己赔上酒钱，承担官司，也不惧怕。京城人讲信用，不太有势利眼。穷人去大酒店买酒，酒店用价值三五百两的银器盛酒，派人专程送上门，可以第二天把银器送回。世俗之中，有浓烈的人情、人味、人气在。这里是值得人停留下来生活的地方，你会被浓重的人情所包裹，安居乐业。六月的东京，街市上有数不尽的食品瓜果，最让你意想不到的可能是，三伏天，有专门的店铺卖冰雪。街边有卖冰雪凉水荔枝膏，宴客的时候，有人会送上雪柜冰盘，浮瓜沉李……古人真会享受生活呵！

　　孟元老，生卒年不详，开封市人，平民书生，留居东京23年，靖康之难，金灭北宋，避难南迁，常忆东京之繁华，于南宋绍兴十七年（1147）撰成《东京梦华录》，这是古代第一部全面描写都市生活的著作，为后人保留了北宋首都大量珍贵的风俗记录。

市井繁华

---

① 依据古典文学出版社1956年版《东京梦华录》。

天晓诸人入市

每日交五更，诸寺院行者打铁牌子或木鱼循门报晓，亦各分地分，日间求化①。诸趁朝入市之人②，闻此而起。诸门桥市井已开，如瓠羹店门首坐一小儿，叫饶骨头，间有灌肺及炒肺。酒店多点灯烛沽卖③，每分不过二十文，并粥饭点心。亦间或有卖洗面水，煎点汤茶药者④，直至天明。其杀猪羊作坊，每人担猪羊及车子上市，动即百数。如果木亦集于朱雀门外，及州桥之西，谓之菓子行⑤。纸画儿亦在彼处行贩不绝⑥。其卖麦面，每秤作一布袋⑦，谓之一宛，或三五秤作一宛，用太平车或驴马驮之，从城外守门入城货卖⑧，至天明不绝。更有御街州桥至南内前⑨。趁朝卖药及饮食者⑩，吟叫百端。

每日天交五更时分，各寺院的杂役敲打铁牌子或木鱼挨门报晓，他们报晓也各分地段，白天则在相应地段募化。那些赶早入集市的人，听到报晓声即起。那时各城门、吊桥边的早市都已开放。像瓠羹店门口坐着一个小伙计，叫卖肉骨架，有时也有灌肺以及炒肺。酒店大多点着灯或蜡烛卖酒，每份酒不过二十文钱，还带有粥饭、点心。间或也有卖洗脸水、煎点汤茶药的，一直到天亮。那些杀猪宰羊的作坊，有的挑着猪羊，有的把猪羊装在车子上入市，入城卖猪羊的人，动辄数以百计。又如卖水果的集中于朱雀门外及州桥西面交易，称作菓子行。各种纸画也在那里交易，商贩往来不绝。那些卖面粉的，每秤（十五斤）装一布袋，叫做一宛，或者以三五秤作一宛，用太平车或者驴马驮运，从城外运来等候开城门入城售卖，直到天明，连续不断。还有从御街州桥到皇宫南门前，那些趁早入市卖药材及各种饮食的，吟唱叫卖声五花八门此起彼伏。

民俗

凡百所卖饮食之人，装鲜净

京城中凡是各种出售饮食的人，都把食

① 行者：佛寺中服杂役而未剃发出家者的通称。铁牌子：铁制的作标志用的特制薄板。地分：地域、地区。求化：犹募化。指和尚、道士等求人施舍财物。

② 趁（qū）朝：赶早。趁，同"趋"。

③ 沽卖：卖。沽，卖。

④ 煎点：一种烹调方法。汤茶药：宋朱彧《萍洲可谈》一："今世俗客至则啜茶，去则啜汤。汤取药材甘香者屑之。或温或凉，未有不用甘草者。此俗遍天下。"

⑤ 果木：水果。菓子：即果子。菓同"果"。行：买卖交易的处所称行。

⑥ 行贩：往来贩卖。

⑦ 秤（chèng）：古量词。十五斤。《孔丛子·衡》："斤十谓之衡，衡有半谓之秤，秤二谓之钧。"

⑧ 守门：等候开门。

⑨ 南内：大内南面，即皇宫南面。

⑩ 趁（chèn）：同"趁"。趁朝：乘早。

盘合器皿，车檐动使，奇巧可爱，食味和羹，不敢草略①。其卖药卖卦，皆具冠带②。至于乞丐者，亦有规格。稍似懈怠，众所不容。其士农工商，诸行百户，衣装各有本色，不敢越外③。谓如香铺裹香人，即顶帽披背④；质库掌事，即着皂衫角带、不顶帽之类⑤。街市行人，便认得是何色目⑥。加之人情高谊⑦，若见外方之人，为都人凌欺，众必救护之。或见军铺收领到斗争公事⑧，横身劝救，有陪酒食檐官方救之者，亦无惮也⑨。或有从外新来邻左居住，则相借借动使，献遗汤茶⑩，指引买卖之类。更有提茶瓶之人，每日邻里，互相支茶⑪，相问动静。凡百吉凶之家，人皆盈门。其正酒店户，见脚店三两次打酒⑫，便敢借与三五百两银器，以至贫下人家，就店呼酒，亦用银器供送。有连夜饮者，

品盛在鲜亮干净的盘盒器皿中出售，这些食器装在车上担上各处流动，新奇精巧，十分可爱；对食物的滋味、羹汤的调制，更是不敢草率马虎。那些卖药卖卦之人，也都戴帽束带。以至于那些沿街行乞者，也有他们本行的装束，稍有不遵守规矩，即为众人所不容。而那士人、农民、工匠、商贾，及各行各业、各种店家，所着衣装各有本行业的特点，不敢越出分外。例如香铺中的裹香人，就戴顶帽子，披上披肩；当铺中的管事，则身穿黑色短袖单衣，腰束角带，而不戴帽子，等等。对街市上的行人，一看便能区分出是何身份。而且，当时之人以情谊为重，如见外乡之人，被京城中人欺凌，众人必定会救护他。或者遇见有人被军巡捕拘捕到官方处置口角争吵的场所，也会挺身而出，劝解救助。有的为救助他人，即使赔上酒食给官方，也不惧怕。或者有人从外地新来住在自家附近，就纷纷借给他们各种日用器具，送汤送茶水，指点买卖东西的处所，等等。还有那些"提茶瓶"的人，每日在邻里走动，为人送茶，询问乡邻

---

① 百：比喻多。指各种各样。和羹：用不同调味品配制的羹汤。草略：粗率疏略。

② 具：备办。此指穿戴。冠带：帽子和腰带。也指戴帽束带。

③ 士农工商：古代所谓四民。《穀梁传》成公元年："古者有四民：有士民、有商民、有农民、有工民。"士，士子和庶民。工：从事各种手工业的匠人。本色：原指本来的颜色，此当指各行业的特色，本行业的特点。

④ 裹香：缠香，即制香。顶帽：宋代的一种圆顶便帽。披背：未详。或为披肩。

⑤ 质库：即当铺。掌事：掌管事务的人。皂衫：黑色短袖单衣。《宋史·舆服志》五："进士则幞头、襴衫、带，处士则幞头、皂衫、带。"角带：以角为饰的腰带。宋时下级官吏及庶民服饰。宋王明清《玉照新志》卷二："以大观元年十一月除通直郎，试中书舍人，赐三品服，故事三品服角佩金鱼为饰。"

⑥ 色目：泛指家世、身份、姿色、技艺等。此指身份。

⑦ 高谊：以情谊为高。即重情义。

⑧ 军铺：即军巡捕。防盗防火的哨所。收领：拘捕。斗争：斗殴争吵。公事：官事、案件。

⑨ 横身：从中插身进去；挺身，置身。陪酒食：陪上酒食。檐（dàn）：通"担"。本为举、负荷之意，此有"承担"之意。檐官方，即承担官府的压力。惮（dàn）：畏惧。

⑩ 邻左：邻居，左邻右舍，四邻。借：同措，给。献遗（wèi）：赠送。汤茶：茶水。

⑪ 提茶瓶：宋耐得翁《都城纪胜·茶坊》："提茶瓶，即是趁赴充茶酒人，寻常月旦望，每日与人传话往还，或讲集人情分子。"又有一等，是街司人兵，以此为名，乞觅钱物，谓之齚茶。"支茶：送茶。支，付。

⑫ 正酒店户：酒家。店户：店家。正店，酒店。脚店：小零卖的酒店。

次日取之。诸妓馆只就店呼酒而已，银器供送，亦复如是。其阔略大量①，天下无之也。以其人烟浩穰②，添十数万众不加多，减之不觉少。所谓花阵酒池，香山药海。别有幽坊小巷、燕馆歌楼③，举之万数，不欲繁碎。

的情况。凡是遇到各种大吉、大凶之事的人家，都来客盈门。那些大酒店，遇到卖零酒的脚店三两次前来打酒，就敢借给他价值三五百两的银器，甚至那些贫困人家，到店里来呼唤送酒，也用银器送货上门。有通宵饮酒的，则到第二天才去将银器取回。各家妓馆用酒只到酒店招呼一声即可，而酒店用银器送货到门，也同样如此。当时人有度量，不斤斤计较，举世罕见。京城中人海茫茫，增加十余万人众不觉增多，减少十余万人也不觉减少。真可以说是花阵酒池，香山药海。然而京城中也别有幽僻的坊间小巷、宴馆歌楼，而且数以万计，不准备繁杂琐碎一一遍记。

是月巷陌杂卖

是月时物④，巷陌路口，桥门市井，皆卖大小米水饭、炙肉、乾脯、莴苣、笋、芥辣瓜儿、义塘甜瓜、卫州白桃、南京金桃、水鹅梨、金杏、小瑶李子、红菱、沙角儿、药木瓜、水木瓜、冰雪凉水荔枝膏⑤，皆用青布缴⑥，当街列床凳堆垛。冰雪惟旧宋门外两家最盛，悉用银器。沙糖菉豆、水晶皂

此月的应时食品，不论是街巷路口，还是桥头、城门，集市店铺，卖的都是大小米稀饭、烤肉、肉干、莴苣、笋、芥辣瓜儿、义塘甜瓜、卫州白桃、南京金桃、水鹅梨、金杏、小瑶李子、红菱、沙角儿、药木瓜、水木瓜、冰雪凉水荔枝膏，且都张开青布伞，当街支起床凳堆放食品。卖冰雪的只是旧宋门外两家最为兴盛，全用银器盛装。此外还有沙糖绿豆、水晶皂儿、黄冷团子、鸡头穰、冰雪、

---

① 阔略：粗疏，不讲究。大量：度量大。

② 人烟：指人家。浩穰：人众多貌。

③ 燕：通"宴"。

④ 是月：六月。此条紧承上条，因作"是月"。时物：应时的食物。

⑤ 水饭：粥、稀饭。炙肉：烤肉。乾脯：肉干。芥辣瓜儿：当指放芥辣腌制的瓜条。义塘甜瓜：宋陶谷《清异录》二："夷门瓜品中藏脚绿夹鹑，其色香味可魁本类也。"卫州白桃：卫州产的白桃。卫州，辖境相当于今河南新乡市、汲县、辉县、浚县及淇县等地。南京金桃：南京产的金桃。金桃，《广群芳谱·果谱一·桃》："金桃，形长，色黄如金，肉黏核，多蛀，熟迟，用柿接者，味甘色黄。"南京，宋代指应天府。辖境相当于今河南商丘市及商丘虞城、宁陵、睢县、柘城、夏邑，安徽砀山，山东曹县、单县等地。水鹅梨：似即"鹅梨"，梨之一种。小瑶李子：小瑶出产的李子。红菱：红色的菱。沙角儿：即"沙角"。嫩菱角。元潜说友《咸淳临安志·物产》："菱初生，嫩者名沙角，硬者名馄饨。"

⑥ 缴：伞。

儿、黄冷团子、鸡头穰、冰雪、细料馉饳儿、麻饮鸡皮、细索凉粉素签、成串熟林檎、脂麻团子、江豆碢儿、羊肉小馒头、龟儿沙馅之类①。都人最重三伏，盖六月中别无时节，往往风亭水榭，峻宇高楼，雪槛冰盘②，浮瓜沉李③，流杯曲沼④，苞鲊新荷⑤，远迩笙歌，通夕而罢⑥。

细料馉饳儿、麻饮鸡皮、细索凉粉素签、成串熟林檎、芝麻团子、豇豆碢儿、羊肉小馒头、龟儿沙馅之类的东西。京城中人最看重三伏，因为六月里没有其他时令节日。往往在临风面水的亭榭中，高峻巍峨的楼宇内，摆上雪柜冰盘，浮瓜沉李；人们欢聚宴饮、品尝佳肴，不论远近，随处能听到悠扬的笙歌之声，常常通宵才结束。

① 菉豆：绿豆。皂儿：可能是一种粮食做的食品。鸡头穰：芡实肉。芡实，亦称鸡头。馉饳儿：一种面食。麻饮鸡皮：北宋时一种夏日冷食。细索凉粉素签：凉粉类的食物。林檎：花红。脂麻团子：芝麻团子。脂麻：亦作"脂蔴"。即芝麻。江豆碢儿：或以豇豆为原料的食品。碢（tuó）：本指石砣子，此未详。龟儿沙馅：未详。

② 雪槛：雪柜。槛，柜。

③ 浮瓜沉李：指夏日浸在凉水中的瓜果。

④ 流杯曲沼：流觞曲水。流杯，犹流觞。曲沼，犹曲水。亦作"流杯曲水"。古代习俗，每逢三月上旬的巳日（后定为三月三日），人们于水边相聚宴饮，认为可祓除不祥。后人仿行，于环曲的水流旁宴集，在水的上流放置酒杯，任其顺流而下，杯停在谁的面前，谁就取饮，称为"曲水流觞"。

⑤ 苞鲊（zhǎ）新荷：一种食品，用荷叶包制的腌鱼或用荷叶包制的面粉、米粉作作料切成的菜。苞，同"包"。

⑥ 迩（ěr）：近。笙歌：合笙之歌。亦泛指奏乐唱歌。通夕：通宵，整夜。

【明】张岱

西湖七月半

　　张岱是个有文字洁癖的可爱作家，每篇文章，无论构思、用词皆出新意。西湖是天下名胜，七月半的西湖月色尤为可人。然而作者一笔撇开："西湖七月半，一无可看，只可看看七月半之人。"不看风景偏看人，作者眼光有点刁。"避月如仇"的杭州人，只会在大白天游西湖，到了七月半这天，只因为有一个"游夜湖"的习俗，所以倾城出动，乱船如鱼，乱人如蚁，鼓声如波涛，人声如梦呓，乱糟糟一片，什么也看不见，他们只要有份参与制造一场噪声就心满意足回家睡觉，这是最乏味的人群。原来，人们兴致勃勃来到西湖上，不是看湖看月，只是看一个"七月半"，往人堆里凑一个热闹而已。这些"看七月半之人"，被作者冷眼看见，妙笔记下，大约有五类：官员出游，为顺应民情而虚应故事的；贵族士绅，以游湖为名纵情声色的；名士伴着名妓野僧，把自己扮成一道风景的；酒醉饭饱的闲汉，打着赤膊叫喊流行歌曲的；高人雅士与佳人清茶，藏舟柳荫只求清净自得的……这些个人物情态，作者一一看在眼里，等把这些人看够了，他们也就纷纷回城了。偌大的西湖，皎洁的明月，就全属于"吾辈"真正识货之人。哈，作者真是西湖第一号清高之士，以"看七月半之人"反衬"看看七月半之人"的人，以众人的庸俗反衬自己的高雅，以众声的喧嚣反衬西湖的清寂之美。作者把文章写成这样，让读者羞于凑热闹而宁愿与他一同赏月了。这岂非作者的目的？可惜，这一轮皓月，连同月下的西湖，都已成故国梦寐，作者肯定不会在这时玩什么清高，那些人声鼎沸、人气旺盛的场面，这样细腻地刻画玩味，实际上是一往情深的怀恋啊。正所谓："莫怪无心恋清境，已将书剑许明时。"（李白《别匡山》）

　　张岱（1597～1685），字宗子、石公，号陶庵、蝶庵居士，明末清初山阴（今浙江绍兴）人。其先世为蜀之剑州，故《自为墓志铭》称"蜀人张岱"。出身仕宦家庭，早岁生活优裕，明亡后披发入山，安贫著书。博学多才，情趣高雅，他的散文小品《陶庵梦忆》《西湖梦寻》等，后人多有钟爱。

西湖七月半，一无可看，只可看看七月半之人。

看七月半之人，以五类看之。其一，楼船箫鼓，峨冠盛装，灯火优傒[1]，声光相乱，名为看月而实不见月者，看之；其一，亦船亦楼，名娃闺秀，携及童娈[2]，笑啼杂之，还坐露台[2]，左右盼望，身在月下而实不看月者，看之；其一，亦船亦声歌，名妓闲僧，浅斟低唱，弱管轻丝，竹肉相发[3]，亦在月下，亦看月，而欲人看其看月者，看之；其一，不舟不车，不衫不帻，酒醉饭饱，呼群三五，跻入人丛，昭庆、断桥，嘄呼嘈杂，装假醉，唱无腔曲[4]，月亦看，看月者亦看，不看月者亦看，而实无一看者，看之；其一，小船轻幌[5]，净几煖炉，茶铛旋煮，素瓷静递[6]，好友佳人，邀月同坐，或匿影树下，或逃嚣里湖[7]，看月而人不见其看月之态，亦不作意看月者，看之。

西湖的七月半，没有什么可看的，只可以看看七月半的人。

看七月半的人，可以分五类来看。其中一类，是坐在楼船上，吹箫击鼓，戴着高帽，穿着漂亮整齐的衣服，在明亮灯火中，优伶、仆从相随，乐声与灯光相错杂，名为看月而事实上并不看月的人，他们值得一看。一类，是也坐在楼船上，带着有名的美人和贤淑有才的女子，还带着娈童，嬉笑中夹着打趣的哭闹，在船上团团而坐，左盼右顾，置身月下而事实上并不看月的人，他们也值得一看。一类，是也坐着船，也有音乐和歌声，带着名妓闲僧，慢慢喝酒，曼声歌唱，箫笛、琴瑟之声，与歌声相互生发，虽置身月下，也看月，而又希望别人看他们看月的人，他们也值得一看。又一类，是不坐船不乘车，不穿上衣不戴头巾，喝足了酒吃饱了饭，叫上三五个人，成群结队地挤入人丛，在昭庆寺、断桥一带大呼小叫喧闹，假装醉酒，南腔北调乱唱，月也看，看月的人也看，不看月的人也看，而实际上什么也没有看的人，他们也值得一看。还有一类，乘着小船，挂着薄薄的帏幔，茶几洁净，茶炉温热，茶铛很快地把水烧开，白色瓷碗轻轻地传递，约了好友美女，同坐对月品茗，有的隐藏在树荫之下，有的去里湖逃避喧嚣，尽管他们在看月，而人们看不到他们是在赏月，他们自己也不刻意看月，这样的人，他们也值得看。

市井繁华

268

---

① 楼船：叠层的大船，多作为战船。此处为豪华游船。优：优伶。傒：古代称奴仆为傒，又写作傒。

② 童娈(luán)：即娈童。啼：哭声，这里指开玩笑的假哭。还：通"环"。

③ 弱、轻：皆指乐声的柔和。管：箫笛一类的乐器。丝：琴瑟一类的乐器。竹：箫笛之类的竹制乐器，此处兼指前句所述的管、丝之乐。肉：歌喉，此指歌唱声。

④ 帻(zé)：古代一种头巾。跻：当作"挤"。嘄(jiāo)呼：大喊大叫。无腔曲：不成腔调的歌曲。

⑤ 轻幌：细而薄的帏幔。

⑥ 茶铛(chēng)：烧茶的器皿。旋：迅速。素瓷：白色的瓷碗。

⑦ 里湖：即里西湖。西湖以孤山、白堤、苏堤分隔为外西湖、里西湖、小南湖及岳湖。

杭人游湖，巳出酉归①，避月如仇。是夕好名，逐队争出，多犒门军酒钱，轿夫擎燎②，列俟岸上。一入舟，速舟子急放断桥③，赶入胜会。以故二鼓以前，人声鼓吹，如沸如撼，如魇如呓，如聋如哑④。大船小船，一齐凑岸，一无所见，止见篙击篙，舟触舟，肩摩肩，面看面而已。

少刻兴尽，官府席散，皂隶喝道去⑤。轿夫叫船上人，怖以关门⑥，灯笼火把如列星，一一簇拥而去。岸上人亦逐队赶门⑦，渐稀渐薄，顷刻散尽矣。吾辈始舣舟近岸⑧，断桥石磴始凉，席其上，呼客纵饮。

此时月如镜新磨，山复整妆，湖复颒面⑨，向之浅斟低唱者出，匿影树下者亦出，吾辈往通声气，拉与同坐。韵友来⑩，名妓至，杯

杭州人游西湖，傍午出门，傍晚而归，像躲避仇家一样躲避月亮。这天晚上慕虚名的人们，一群群争相出城，多赏守门士卒一些小费，轿夫高举火把，在岸上列队等候。一上船，就催促船家迅速把船划到断桥，赶去参加盛会。因此二鼓以前人声鼎沸，锣鼓喧天如波涛汹涌，西湖为之震撼，人们如醉如痴，恍在梦中，谁也听不到谁说话。一时之间大船小船一齐靠岸，什么也看不见，只看到船篙与船篙相击，船与船相碰，肩与肩相摩，脸和脸相对而已。

一会儿兴致尽了，官府宴席散了，衙役吆喝开道而去。轿夫招呼船上的人，说再不上轿就进不了城了，灯笼和火把像一行行星星，一一簇拥着回去。岸上的人也一批批急赴城门，人群慢慢稀少，不久就全部散去了。这时，我们才把船靠近湖岸。断桥处的石磴才凉下来，大家坐在上面，招呼客人开怀畅饮。

此时月亮仿佛刚刚磨过的铜镜，光洁明亮，山峦重新整理了容妆，西湖好像又重新洗了脸。原来慢慢喝酒、曼声歌唱的人出来了，隐藏树荫下的人也出来了，我们这批人去

① 巳：指九时到十一时。酉：十七时至十九时。巳、酉皆为十二时辰的名称。

② 门军：把守城门的士卒。酒钱：古代往往称小额的赏钱为酒钱，其性质如现在的小费。燎（liào）：火炬。

③ 速舟子急放断桥：催促船工划向断桥。速，催促；断桥，桥名，杭州孤山边，原名宝祐桥，又名段家桥，以孤山之路至此而断，故唐以来皆称呼为"断桥"。

④ 鼓吹：古代一种器乐合奏，包括鼓、钲、箫、笳等乐器。如沸如撼：如水波涌腾、大地震动。如魇如呓：如梦魇，如呓语。如聋如哑：这里指人声鼓乐之嘈杂，使周围的人既听不到别人的说话声，又无法让别人听到自己的话语，彼此都如聋子和哑巴。

⑤ 皂隶：古代贱役的称谓，后专指衙门里的差役。喝道：吆喝开道。古代大官出行，由吏役前导呼喝，使行人闻声让路。

⑥ 怖：恐吓。关门：关闭城门。

⑦ 赶门：急赴城门，以赶在城门关闭前入城。

⑧ 舣（yǐ）舟：使船靠岸。

⑨ 如镜新磨：比喻月亮如刚刚磨过的镜子一样光洁明亮（古代镜子以铜磨制而成）。颒（huì）面：洗面。颒，同"靧"。

⑩ 通声气：朋友间传达消息。这里指打招呼。韵友：风雅的朋友。

箸安,竹肉发……

月色苍凉,东方将白,客方散去。吾辈纵舟,酣睡于十里荷花之中,香气拘人,清梦甚惬①。

——《说库》本《陶庵梦忆》

和他们打招呼,拉来同席而坐。风雅的朋友来了,出名的妓女也来了,安置杯筷,歌乐齐发……

直到月色灰白清凉,东方即将破晓,客人刚刚散去。我们这些人放船在十里荷花之间,酣然入梦。花香飘绕于身边,清梦让人无比惬意。

市井繁华

① 拘:拥裹。惬(qiè):快意。

【宋】陆游

临安春雨初霁①

　　虽然有"小楼一夜听春雨，深巷明朝卖杏花"的美丽期待，可是陆游对城市生活还是不习惯，念念不忘回老家。为什么要回老家？"素衣莫起风尘叹"，我本来是个平民百姓，何必感叹世事变幻？国家大事让肉食者谋之，你想有所作为也是英雄无用武之地，"世味年来薄似纱"，本来我已经老了雄心，看淡了时局，可偏偏又被召来京城做个滥竽充数的官，"谁令骑马客京华"？来了京城，不能为国为民做点像样的事，只能闲居着写写字、喝喝茶，怎么不让人掐着指头算日子，"犹及清明可到家"，归去来兮，田园将芜。

世味年来薄似纱，　谁令骑马客京华②。
小楼一夜听春雨，　深巷明朝卖杏花。
矮纸斜行闲作草③，　晴窗细乳戏分茶④。
素衣莫起风尘叹，　犹及清明可到家⑤。

---

① 霁(jì)：雨后或雪后转晴。

② 世味：世情。骑马客京华：古代富贵人骑马，贫贱人骑驴。骑马，暗示被召做官。淳熙十三年（1186）春，陆游奉命权知严州（今浙江建德）事，到任之前，先到京城临安办理手续。这两句是说隐居客乡，用世之心已淡，没想到朝廷又要召自己出来做官。

③ 矮纸：短纸，古人写字的纸卷成卷子，所以不说小纸而说短纸。作草：写草书。东汉大草书家张芝曾认为写草书应比写楷书慢些，只在闲空时才能写。这里说闲作草，是暗示客居无事。

④ 细乳：古人将茶饼研磨成细末，然后煎来吃，细末一煎，便浮在水面，称为乳花，或简称乳。分茶：宋人饮茶时的一种游艺，今已失传。

⑤ 素衣：白衣。这句借用陆机"京洛多风尘，素衣化作缁"两句诗。不久即可回家，不必慨叹京城官场中的风气会污染了自己。

【明】憺漪子

士商十要①

明朝的城市经济繁荣，商人非常活跃，于是产生了这样专门写给经商者的忠告。《士商十要》，就是给初学经商的士子的十条忠告。作者是个老江湖，所言实实在在，无微不至，就是今天的商人读了也不无裨益。古人云："无奸不商"，这是农业社会人们的偏见。这里十条忠告第一条是"守法"，可见作者眼界之高。其余各条，多劝告诚实为人，也可以想见古代商人的基本行为规则。读这些文字，可以帮助我们了解一个特殊人群的生活方式。

一

凡出外，先告路引为凭②，关津③不敢阻滞，投税不可隐瞒，诸人难以协制④，此系守法，一也。

商人外出经营，必须首先向官府申请，取得路引，作为凭证，这样路过关卡、码头，有关人员就不敢阻滞；经商纳税，不可隐瞒偷漏，这样有关人员就不会进行挟制和刁难。这就是第一条：遵纪守法。

二

凡行船，宜早湾泊口岸，切不可图快夜行，陆路宜早投宿睡卧，勿脱里衣，此为防避不测⑤，二也。

凡外出乘船，应该早些停泊码头，切不可贪快赶路，夜间行船。陆路出行，应该及早投宿，早点儿安睡，晚上也不要脱内衣。这就是第二条：防避不测。

---

① 士商十要：士子经商要遵循的十个要点。
② 告路引为凭：申请通行证作为身份凭证。
③ 关津：关隘，渡口。
④ 协制：要挟，控制。
⑤ 不测：估计不到的事情。

市井繁华

三

凡店房，门窗常要关锁，不得出入无忌[1]，铺设不可华丽，诚恐动人眼目，此为谨慎小心，三也。

凡在外住宿旅店，门窗要经常关闭落锁，不要出入无忌；生活起居、铺设用度不要过分华丽奢侈，以免引人注目，招来祸殃。这就是第三条：谨慎小心。

四

凡在外，弦楼歌馆之家，不可月底潜行[2]，遇人适兴[3]，酌杯不可夜饮过度，此为少年老实，四也。

凡行商在外，歌楼妓馆之家，不可夜间月下偷偷摸摸去玩耍；遇到谈吐投机的人，兴致很高，夜间对饮，不可贪杯，饮酒过度。这就是第四条：少年老成。

五

凡待人，必须和颜悦色，不得暴怒骄奢，年老务宜尊敬，幼辈不可欺凌，此为良善忠厚，五也。

凡与人交往，必须和颜悦色，不能大发脾气，狂傲骄奢；对年老的人一定要尊敬，对年幼的人不要欺凌。这就是第五条：良善忠厚。

六

凡取账，全要脚勤口紧，不可蹉跎怠惰，收支随手入账，不致失记差讹，此为勤紧用心，六也。

凡是出外讨债清账，一定要腿脚勤快，守口紧密，不要懒惰，耽误正事；收支钱财要随手入账，不至于忘记，出现差错。这就是第六条：勤谨用心。

七

凡与人交接，便宜察言观色[4]，务要背恶向善，处事最宜斟

凡与他人往来，就应该见机行事察言观色，一定要摒弃恶念而心存善意；处事必须

---

① 无忌：无顾忌，不在乎。
② 月底：月下。
③ 适兴：顺心，高兴。
④ 便宜：见机行事。

酌，不得欺软畏强，此为刚柔相济，七也。

多加斟酌，不要欺软怕硬。这就是第七条：刚柔相济。

八

凡有事，决要与人商论，不可妄作妄为，买卖见景生情，不得胶柱鼓瑟①，此为活动乖巧，八也。

凡在外地遇到事情，必须与人商议，不可妄作主张，胡作非为；在生意场上要善于随机应变，不要拘泥教条，不知变通。这就是第八条：活动乖巧。

九

凡入席，乡里务宜逊让，不可酒后喧哗，出言要关前后，不得胡说乱谈，此为笃实②至诚，九也。

凡是在酒席筵间，对乡亲应该知礼，尽量谦让，不可饮酒过量，醉后胡言乱语，有失体统；说话要瞻前顾后，谨慎小心，不可信口开河，胡说乱谈。这就是第九条：笃实至诚。

十

凡见人博弈赌戏，宜远而不宜近，有人携妓作乐，不得随时打哄，此为老成君子，十也。

凡是见到有人赌博，就应该远离这是非之地，不可上前凑热闹；有人携带妓女作乐，不要随从众人一起起哄捧场。这就是第十条：老成君子。

以上十事，虽系俗言鄙语，欲使少年初出江湖之士，闲中一览，方知商贾之难，经营之不易也。

——《从商经》，湖北人民出版社

以上这十件事情，十条训诫，虽然都是俗言俚语，主要是想让那些年轻初出江湖的士商在闲暇时看一下，从而了解商贾在外立身处事的艰难和经营取利的不易。

市井繁华

---

① 胶柱鼓瑟：比喻固执拘泥，不能变通。柱，琴柱，调琴弦的部件。把柱粘住，不能调节音高。
② 笃（dǔ）实：忠诚老实。

【清】无名氏

冯商叹银①

古代书生一般羞于言钱。《世说新语》载，西晋大官僚王衍（字夷甫）身居宰辅，嫌恶妻子贪钱，口中从不说"钱"字。妻子想试一试他，就让婢女以绳串钱，绕床一周，王夷甫早晨起来，没法下床，大声叫唤："举却阿堵物！"——拿开这玩意儿。这"阿堵物"便成了钱的别称。这玩意儿把人心眼堵塞的事情常有发生，但从不缺钱如王衍者才可以奢侈到"口不言钱"。唐朝的白居易很有趣，他的一些诗就像是工资单，随时把职位升迁以及俸禄多寡写入诗中。对优厚的俸禄，时有愧疚不安之感："月惭谏纸二千张，岁愧俸钱三十万。"与穷苦百姓相比，心中忐忑不安是正常的。到了明清时期，世俗生活蓬勃兴盛，人们美滋滋地享受物质生活，公开大胆地谈性说钱，于是有人拟《邓通叹钱》："你是铜钱，里面方来外面圆。生在金銮殿，天下都游遍。……有钱呵，红缨白马人称美；无钱呵，鳌手空拳骨肉嫌，衣衫褴褛人轻贱。有钱呵，胡言乱语全有理；无钱呵，说出立国机关总枉然。"诅咒金钱带来人心的势利，与莎士比亚戏剧中对金钱的诅咒同一论调，也是老生常谈了。本篇《冯商叹银》，却尽情地唱响了一曲金钱的赞歌，在中外文学中独树一帜。

【红衲袄②】你本是宇宙中之人精，人赖你万事周全不患贫。人赖你萤窗雪案供灯火③，人赖你虎斗龙争助甲兵，人赖你侍奉双亲供膳养，人赖你鞠育妻孥做饔与飧④。银子呵！人若一日得君也，喜地欢天乐事频。

【前腔】人赖你三春花柳堪游骋，人赖你炎夏荷池水簟阴。人赖你中秋玩月添情兴，人赖你冬冷红炉暖阁亲，人赖你锦衣玉食公侯并⑤，人赖你华屋多娇快

---

① 冯商：汉阳陵人，字子高，善作文。

② 红衲袄：曲牌名。

③ 萤窗雪案：萤窗，书室。晋车胤家贫无油，夏夜囊萤照火。雪案，雪花映照的几案，晋孙康家贫无烛，常映雪读书。后常用这两个典故比喻寒士苦读。

④ 鞠（jū）育妻孥（nú）做饔（yōng）与飧（sūn）：养育妻儿供他们吃饭。孥，儿女；鞠，抚养；饔，早饭；飧，晚饭。

⑤ 公侯并：和公侯并列。

赏心①，银子呵！人前一日无君也，就是绝粮子路，险些儿生愠嗔②。

【前腔】我只见有你的，掀揭功勋顷刻成。有你的，仗义施仁迈等伦③。有你的，农工商贾深藏本。有你的，释道尼姑饱诵经④。有你的，信义能全谁致哂⑤。有你的，赋税完工做了良善民。银子呵！人若一日得君也，便到蛮陌他邦容易行⑥。

【后腔】多少忿事的，非你难求胜。多少丧祭婚姻，非你只索停⑦。便是义夫节妇，须你完名行。便是孝子忠臣，须你好立身。自古道："礼义生于富足"也，哪个能无恒产而有恒心⑧。

余文 因此上鲁褒著作《钱神论》⑨，就是尼父设言执鞭⑩，也只是为君。

——清·钱德苍辑《解人颐》

市井繁华

---

① 多娇：许多妖美的妻妾。

② 绝粮子路，险些儿生愠嗔（chēn）：《论语·卫灵公》："在陈绝粮，从者病，莫能兴。子路愠见曰：'君子亦有穷乎？'子曰：'君子固穷，小人穷斯滥矣。'"愠嗔：恼怒，生气。

③ 迈等伦：超过和自己同等的人。

④ 释道尼姑：释，释迦牟尼，佛教创始人。释代和尚。道，道士。

⑤ 哂（shěn）：讥笑。

⑥ 蛮陌：即蛮貊（mò），指少数民族地区。

⑦ 只索停：索，须，应，得。

⑧ 无恒产而有恒心：《孟子·齐桓晋文之事》："无恒产而有恒心者，惟士为能。"

⑨ 鲁褒：晋南阳人，好学多闻，甘于贫困，著《钱神论》以讽刺当世的贪鄙之风。

⑩ 尼父设言执鞭：尼父，指孔子，字仲尼；设言，创立学说；执鞭，驾车周游列国。

【宋】范成大

四时田园杂兴①（3首）

　　中国是个农业国，在中国人的观念里，田园就是家园。一代代农家子弟，金榜题名之后进城做官，等他退休的时候，还是"告老还乡"——回到田园，回到生活的起点；那些不想在市面上出卖自己的人，理想的退路也是"归隐田园"。田园，盘古血肉所化，祖先尸骨所安，自身灵魂所寄之处。念念不忘家园的诗人构成了一个"田园诗派"，其中名头最响的，一是晋朝的陶渊明，二是宋朝的范成大。范成大的《四时田园杂兴》60首，钱锺书先生认为"算得中国古代田园诗的集大成。……使脱离现实的田园诗有了泥土和血汗的气息"。这里选的三首，没有"血汗气息"，只有浓重亲切的泥土气息。

　　范成大（1126～1193），南宋诗人。字致能，号石湖居士，平江吴郡（今江苏苏州）人。与陆游、杨万里、尤袤齐名，为南宋四大家之一。

土膏欲动雨频催，万草千花一饷开②。
舍后荒畦犹绿秀，邻家鞭笋过墙来③。

蝴蝶双双入菜花，日长无客到田家④。
鸡飞过篱犬吠窦，知有行商来买茶⑤。

昼出耘田夜绩麻，村庄儿女各当家⑥。
童孙未解供耕织，也傍桑阴学种瓜⑦。

---

① 淳熙十三年（1186），范成大在石湖养病，就乡村触目所见，吟咏成诗，共得绝句六十首，总名《四时田园杂兴》，分春、晚春、夏、秋、冬五组，每组十二首。

② 土膏：肥沃滋润的泥土。一饷（shǎng）：一会儿，片刻。饷，通"晌"。

③ 畦（qí）：有土埂围着的田地。鞭笋：竹根，形如笋，但为实心，在土中旁伸。此即指竹笋。

④ 田家：庄稼人家。

⑤ 窦：墙洞。行商：流动商贩。

⑥ 白天下田铲地除草，夜晚搓麻绳。绩麻，把麻纤维披开接续起来搓成麻线。

⑦ 童孙：幼小的孙子。供：从事，参加。

田园家园

【明】王稚登

平望夜泊①

　　江南的杨梅熟了，集市上一排排的竹筐里全是杨梅，小孩儿似乎拿它当晚餐呢，一个个吃得小嘴红红紫紫。读者呀，想想杨梅的酸甜啊，你是否已经口水津津？

　　王稚登（1535~1612），字伯谷，江阴（今浙江绍兴）人。明代文学家。

　　　　雨多杨梅烂，青筐满山市②。
　　　　儿女当夕飧，俨然口唇紫③。

---

① 平望：镇名，在江苏吴江县南。
② 杨梅熟时，正值江南梅雨季节。雨多则熟烂。山市：山乡集市。
③ 飧（sūn）：夕食，晚餐。与题目上《夜泊》相应。全诗将身边琐事，写得自然亲切。江南风土，今犹如此。

【宋】陆游

入蜀记

　　乾道六年（1170），陆游从家乡山阴入蜀赴任夔州通判，途中一百六十天，每天写日记，名《入蜀记》，这是其中一则。水上人家，依船而居，已经够让人遐想。陆游看见，江流之中，一个大木筏上，住了三四十家人，养了鸡犬，邻居之间有巷道相通，甚至有神庙。这真是匪夷所思。据说还有更大的木筏，人们在筏上铺土种菜，开酒店。这简直是一个流动的村庄。人间生存的方式真是无奇不有，带上整个家园随水流浪，这样的生存方式，与吉普赛人赶着大篷车流浪，可谓异曲同工。

　　十四日。晓雨，过一小石山，自顶直削去半①，与余姚江滨之蜀山绝相类。抛大江②，遇一木筏，广十余丈，长五十余丈，上有三四十家，妻子鸡犬臼碓皆具③，中为阡陌相往来④，亦有神祠，素所未睹也。舟人云："此尚其小者耳，大者于筏上铺土作蔬圃，或作酒肆，皆不复能入夹，但行大江而已⑤。"是日逆风挽船，自平旦至日昳⑥，才行十五六里。泊刘官

　　十四日那天，早晨下了雨，经过一座小石头山，这座小山好像从山顶向下劈去一半，和余姚江边的蜀山非常相似。放船大江之上，遇到一只木筏，宽十多丈，长五十多丈，筏上居住着三四十户人家。各家各户都有老婆孩子鸡犬舂米器具。在各户中间留有纵横交错的小路相互往来。也有供神小庙。这奇观真是平生所仅见。我们的船工说："这还是小的呢，大的木筏在上面垫起土来作菜园子，或者开设酒店，都大到不能驶入狭窄的水道，只能在大江中航行罢了。"这一天，逆

---

①　自顶直削去半：好像从山顶竖里砍去一半，形容山崖壁陡，极其险峻。
②　抛大江：放船于大江之上。
③　臼（jiù）碓（duì）：都是舂米器具。最早人类掘地为臼，后以木石为臼。汉桓谭《新论》："宓牺之制杵舂，万民以济，及后人加巧，因延力借身重以践碓，而利十倍。"
④　阡陌：原指田间小路，南北为阡，东西为陌。这里借指筏上房屋间巷道。
⑤　蔬圃：菜园。酒肆：酒店。夹：江湾。
⑥　日昳（dié）：太阳偏西。

矶^①，旁蕲州界也。儿辈登岸，归云："得小径，至山后，有陂湖渺然，莲芰甚富^②。沿湖多木芙蕖，数家夕阳中，芦藩茅舍，宛有幽致，而寂然无人声^③。有大梨，欲买之，不可得。湖中小艇采菱，呼之亦不应。更欲穷之，会见道旁设机，疑有虎狼，遂不敢往^④。"刘官矶者，传云汉昭烈入吴，尝舣舟于此^⑤。晚，观大鼋浮沉水中^⑥。

风行船，从天亮到太阳偏西，才航行十五六里路。船停在刘官矶，靠近蕲州的地界了。小孩子登岸，回来说："发现了一条小道去到山后，见有一个烟波浩淼的湖泊，荷花菱角十分茂盛。湖岸上长着许多木芙蕖，在夕阳下散落着几户人家，芦苇篱笆围着茅屋，好像还有更幽深的景致。但寂静得连人声都听不到。有大梨，我们想买可是没买到。湖里有小艇采菱角，喊他们也不答应。我们还想走到村落尽头，恰遇见路旁设置的捕兽机关，疑心那里有虎狼出没，于是不敢继续前行。"刘官矶这地方，据说汉昭烈帝刘备去吴国招亲，曾经在这里拢船靠岸。晚上，看到大乌龟在江水中沉浮出没。

---

① 刘官矶：小地名，因刘备曾停船于此而得名。矶：水边小山或大岩石。蕲州：治所在今湖北蕲春县西南。

② 陂(bēi)湖：小湖。芰(jì)：菱。

③ 木芙蕖：落叶灌木，秋天开花，花大而艳，有红、黄、白等颜色。芦藩：用芦苇编织的篱笆。幽致：幽雅的情趣。

④ 穷之：看个彻底。设机：设有捕兽的工具。

⑤ 汉昭烈入吴：指三国时刘备入吴招亲。舣(yǐ)舟：拢船靠岸，停船。

⑥ 鼋(yuán)：大鳖形的水生动物，俗称"癞头鼋"、"绿团鱼"。

【宋】庄绰

养柑蚁①

有养蜂专业户,你听过养蚂蚁专业户吗?在宋代的广东人中就出现了这种职业。种柑橘的农民利用一种蚂蚁来防治害虫,以虫治虫,属于生物防治科学,这些来自实践的生产经验非常宝贵,只是我们现在一味依赖实验室里出来的新技术,这些一线的经验纷纷失传了。

庄绰(?~1145),字季裕,清源(今山西清徐)人,南宋医家、学者。有医学著作《膏肓俞穴灸法》,笔记文集《鸡肋编》可与沈括的《梦溪笔谈》媲美。

广南可耕之地少②,民多种柑橘以图利。常患小虫,损失其实。惟树多蚁,则虫不能生。故园户之家,买蚁于人,遂有收蚁而贩者。用猪羊脬盛脂其中③,张口置蚁穴旁,俟蚁入中,则持之而去。谓之养柑蚁。

——《鸡肋编》卷下

五岭以南耕地不足,许多农民靠种柑橘增加收入,很怕害虫影响收成。有一种蚂蚁能剋治害虫,橘树上蚂蚁一多,害虫便绝迹了。种橘的人家都需要蚂蚁,愿意出钱买,于是便出现了"养柑蚁"的专业户。

"养柑蚁"的方法,是先准备些猪或羊的膀胱,在里面涂抹油脂,敞开口放在蚂蚁洞旁边。等膀胱里面爬满了蚂蚁,便扎起口子,拿去卖给需要的橘农。

---

① 此则为钟叔河译述。

② 广南:指广东广西地区。

③ 猪羊脬(pāo):脬,尿(suī)脬,膀胱。

田园家园

282

【清】周亮工

唱龙眼①

　　龙眼是比较珍贵的水果，所以果农雇工采摘时要求工人边采边唱，不出声的不给工钱。嘴里唱着歌，自然无法偷吃龙眼。这样形成了"唱龙眼"的习俗。外人听来，绿荫深处，歌声阵阵，总以为是快乐的田园牧歌，谁能想到是这样呢？不过，养成习俗之后，歌声会变得单纯而优美的。田间野夫之歌，恐怕多是情歌，如《诗经》中的"国风"。

　　周亮工（1612～1672），字元亮、减斋，号栎园。祥符（今河南开封）人。明清之际学者。著有《闽小纪》等。

　　龙眼枝甚柔脆，熟时赁惯手登采②，恐其恣啖③，与约曰：唱勿辍④，辍则勿给值。树叶扶疏，人坐绿阴中，高低断续，喁喁弗已⑤。远听之，颇足娱耳。土人谓之"唱龙眼"。

　　　　　　　　——《闽小纪》卷一

　　龙眼树的木质脆，枝条容易断。龙眼熟了，果农得雇有经验的工人上树采摘。因为怕工人在树上吃得太多，便立下一条规矩：上树后必须不停地唱歌，不唱的便不给工钱。

　　每当采龙眼的时候，处处园中枝繁叶茂的果树上，都有工人在边唱边摘果。歌声高的高，低的低，汇成一部合唱。在远处听来，觉得十分悦耳。

　　这是龙眼熟时的一景，当地把它叫做"唱龙眼"。

---

① 此则为钟叔河译述。

② 赁惯手登采：雇熟手登树采摘。

③ 恣啖：随便吃。

④ 勿辍：不停。

⑤ 喁（yóng）喁弗已：热闹喧嚷不止。喁，相和声。

【汉】无名氏

去者日以疏①

　　"子在川上曰：逝者如斯夫！不舍昼夜！"（《论语·子罕》）两千五百年前，孔夫子站在水边的一声浩叹，让中国人的生命意识变得敏感多情。生命有限而流年易逝，人生无常而人性永恒。"薤上露，何易晞！露晞明朝更复落，人死一去何时归！"（汉朝民歌《薤露》）人生如朝露，日出就消失。朝露明天还有，人死不知所踪。"人死观"就是"人生观"，生命短暂，无法隐瞒，古人硬着心肠一遍遍重复这种事实，正是为了提醒活着的人珍惜有限的生命。中国古代的悲感文化特色让人心地柔软、深沉。少年时代一天天远了，连同着天真烂漫、青春红颜；老年的光景一天天近了，连同着鸡皮鹤发、死神的足音。抬眼望去，城外山头是一堆堆坟墓，而古墓也翻耕为田地，墓前的松柏被砍作柴烧。生命消失了，连一点痕迹也不会在大地上留下。"白杨多悲风，萧萧愁杀人！"不如归去，不如归去，回归田园家园，那里，或许能让一个游荡的路魂安歇。可是，真有这么一个地方能够安放心魂吗？

　　　　　　　　去者日以疏，来者日以亲②。
　　　　　　　　出郭门直视，但见丘与坟。
　　　　　　　　古墓犁为田，松柏摧为薪。
　　　　　　　　白杨多悲风，萧萧愁杀人③。
　　　　　　　　思归故里闾，欲归道无因④。

---

　　① 选自汉无名氏《古诗十九首》，这首是客中经过墟墓有感，因而思归的诗。诗的大意说：少年时代越去越远了，老年一天比一天逼近了，满眼丘坟就是人生的归宿，就连丘坟也不是能长保的，这多么叫人伤感啊！回家乡吧，别等到哪一天把骨头抛在异乡。但是回乡有回乡的条件，自己正是有家归不得的人啊！

　　② "去者"，指逝去的日子，也就是少年。"疏"，远。"来者"，指将来的日子，也就是老年。"亲"，近。以上二句是说青春日远一日，衰老日近一日，旧说以"去者"、"来者"指死者和生者，稍嫌曲折。

　　③ 白杨多为墓树，风吹为雨声，引人悲愁。

　　④ 故里：故乡；闾：里巷。因：原因，这里指回乡的理由、条件。

【南朝·宋】刘义庆

木犹如此

桓温是东晋权臣，二十三岁时任琅琊太守，种了一片柳林。六十岁时，已经位极人臣的桓温率军北伐，路经故地，当年栽下的柳树已经长成了合抱的大树，不禁感慨："木犹如此，人何以堪！"柳树啊你都老了，我又怎能禁得起这岁月风霜。说罢，手牵着柳条，热泪夺眶而出。这是一则著名的故事，当年桓温脱口而出的这一声叹息，一直让后人怦然心动。时间对每个人都是平等的，无论贫富贵贱；再强悍的生命，也抵挡不了时间的磨损。时间催生万物，又让万物消失在她的怀里。木犹如此，人何以堪！说的就是对时间的敬畏。所有叹息中最深沉刻骨的，是对时间，也就是对生命、对命运的感慨。

桓公北征①，经金城②，见前为琅邪时种柳，皆已十围③，慨然曰："木犹如此，人何以堪！"攀枝执条，泫然流泪④。

——《世说新语》

桓温为大司马，领平北将军，统兵北伐。行经金城，见到自己从前任琅邪太守时移栽在此地的柳树，已经长成合抱的大树，他很有感慨，深情地说：

"树都长得这么大了，教人怎么能不老。"一面攀挽着低垂的柳条，轻轻地抚摸着，他的眼泪夺眶而出。

---

① 桓公北征：桓温北征有三次，此次当指太和四年（369）伐燕事。

② 金城：地名。在今江苏句容县北。桓温领侨置琅邪郡时曾镇此。

③ 琅邪：郡名。辖境在今山东胶南、诸城一带。晋元帝过江后，尽失江北地，又侨置琅邪郡，治所在金城，桓温在咸康七年（341）曾做琅邪内史。自任琅邪内史至此次伐燕，已近三十年，时温已届暮年，故发此感慨。围：一围约合五寸。

④ 泫（xuàn）然：泪涌出的样子。

【宋】辛弃疾

丑奴儿①·书博山道中壁②

辛弃疾把这首词发表在路边的墙壁上，大约考虑过，他这种人生沧桑的体验，一定会引起来往读者的共鸣。的确是这样的：人在少年时期总爱多愁善感，见花落泪，听鸟惊心，好端端地也会找点事情让自己愁绪满怀。等到阅历渐长，真正经历了磨难，才发现，年少时的愁怨不过是无病呻吟。现在真有"病"了，却有口难言，只好对人打哈哈：这个秋天的天气真凉快呀！

辛弃疾（1140~1207），字幼安，号稼轩，历城（今山东济南）人。出生时，山东已为金兵所占。二十一岁参加抗金义军，不久归南宋，历任湖北、江西、湖南、福建、浙东安抚使等职。一生坚决主张抗金，但遭到主和派的打击，长期落职闲居江西上饶、铅山一带。宋词豪放派大师，与苏轼并称"苏辛"。有《稼轩长短句》传世。

少年不识愁滋味，爱上层楼，爱上层楼，为赋新词强说愁③。
而今识尽愁滋味④，欲说还休，欲说还休，却道天凉好个秋⑤。

---

① 丑奴儿：即《采桑子》。

② 博山：在江西广丰。

③ 爱上层楼：喜欢登楼远眺，揣想未来。强说：硬说，勉强说。

④ 识尽：尝尽。

⑤ 欲说还休：想倾吐，又无从说起，终于不说了。千言万语不知从何说起，最终顾左右而言他，说"好个凉爽的秋天"！这是一种历尽沧桑后反而无言、忘言的心境。

【宋】欧阳修

蝶恋花·谁道闲情抛弃久

　　闲情，就是吃饱了没事干的时候莫名其妙地油然而生的一种惆怅之情。你说它无聊吧，它却结结实实包裹着你。人活着不像蚂蚁，真有许多吃饱了没事干的时候，人的心敏感、纤细，它会触动、感动、悸动，它有记忆，又擅长幻想，忽然就会想到一些虚无缥缈的东西，比如生命、死亡、理想、梦想、爱情、友情……又或者是某年某月的某一天、某个人、某件事，一些拂之不去的幻影或场景，一些欲说还休的情节，一些若有若无的心事……闲情恼人，却让人心柔软，人性丰富。有机会表达闲情，也是一种幸福。这首欧词，与上首辛词，恰好形成对照。

　　谁道闲情抛弃久①，每到春来，惆怅还依旧②。日日花前常病酒，不辞镜里朱颜瘦③。　　河畔青芜堤上柳，为问新愁，何事年年有④。独立小桥风满袖，平林新月人归后⑤。

---

① 闲情：无端涌起的一种情思。

② 惆怅：春愁总是追随春天而来，令人心软迷惘，莫可奈何。

③ 病酒：即醉酒。不辞：不惜、不悔。朱颜瘦：面容憔悴。

④ 青芜：丛生的青草。何事：为何。

⑤ 上两句自问，此二句不答，宕开写身外景物情事。新月：旧历每月初一至初五的月亮，通称新月。行人散尽，天地寂静，新月弯弯，凉风习习。词人独立小桥，风神潇洒，内心凄清。

【南唐】李煜

虞美人^①·春花秋月何时了

李煜的本性更适合做一名词人,而不是皇帝。他从一个平庸的小皇帝成为一名杰出的大词人,不是"国家不幸诗人幸",反倒是"诗人不幸国家幸"。个人命运的残酷催生出他创作的大境界,男欢女爱的小欢乐一变而为人生苍凉的大悲痛,亡国之后,他已经不需要在乎风格、辞藻之类技巧,哀歌悲情出口成章,所达到的艺术境界也高远深邃,将个人的悲喜提升为人间普遍的情绪,引发后人的共鸣。词从李后主开始,成为一种成熟的艺术。而离愁别绪,似乎成了李煜的专利。这一江春水的愁绪,流得个天长地久。

李煜(937~978),初名从嘉,字重光,号钟隐。李璟第六子,史称南唐后主。975年,宋军破金陵,肉袒出降,虽封作违命侯,实已沦为阶下囚。三年后,为宋太宗赐牵机药所毒毙。后人将他与李璟的作品合辑为《南唐二主词》。

春花秋月何时了,往事知多少^②。小楼昨夜又东风,故国不堪回首月明中^③。　　雕栏玉砌应犹在,只是朱颜改^④。问君能有几多愁,恰似一江春水向东流^⑤。

---

① 虞美人:唐教坊曲名。

② 春花秋月,最让人动情的物象。无休无止的春花秋月,则指年复一年时光流逝,未来不可知,往事却历历在目,不堪负荷。

③ "又"字加重了上两句流露的愁绪。故国:指南唐。回首:回顾。

④ 雕栏玉砌:指南唐宫殿,是作者当年行乐之所。朱颜改:面目变得憔悴。有物是人非之叹。

⑤ 问君:故设一问,是作者自问。几多:多少。下句自答,以景喻情,愁为春江流不尽。

【唐】李商隐

锦 瑟①

　　李商隐"发明了""无题爱情诗"。大约有一些隐秘的情事不好直白，压在心上又不痛快，落笔为诗，就成了"无题"。他的无题诗被后人当作诗谜，不断有新的谜底公布，因为后人猜的谜底本身又是个谜，所以无题诗被覆盖上重重迷雾，无题诗成为"无解诗"。其实，有些诗是可以没有确切理解的，只是古人的阅读习惯没有更新罢了。比如今人说的"朦胧诗"、外国人说的"现代派诗歌"，许多不知所云（没有明确的主题或现实的依据），却并不妨碍它们是好诗。《锦瑟》以首句二字为题，其实还是无题。到底写给谁的？谜底被人猜了无数，其实没有必要这样读诗，诗中女子是谁，后人未必要知道，诗的情绪却明明白白：怀念一段刻骨铭心的感情，知道这个就够了。

　　好没来由啊，锦瑟为什么有那么多弦？每一根琴弦都让人追怀一段少年情怀。那远逝的少年心思，真的能够追忆吗？庄子在梦里，尚且分不清蝴蝶和自己；杜鹃的啼声，难道真能将春天唤回？海上的明月，见过多少眼泪化作了珍珠沉埋海底；蓝田的太阳，眼睁睁看如玉的美人化作青烟飘散天宇。这样地老天荒的爱情，不是等到今天才伤怀，就在当时啊，我已经迷失了自己。

　　　　锦瑟无端五十弦②，一弦一柱思华年③。
　　　　庄生晓梦迷蝴蝶，望帝春心托杜鹃④。

---

　　① 锦瑟是一种漆有织锦纹饰的古弦乐器，诗以开头两字当标题，实际上等于"无题"。

　　② 无端是没来由的意思，挑起了一种迷茫的气氛。传说古代大瑟有五十弦，《汉书·郊祀志》："泰帝使素女鼓五十弦瑟，悲。帝禁不止，故破其瑟为二十五弦"，后代瑟便多是二十五弦。

　　③ 柱是瑟上支弦的大柱，每一弦下有一柱。思华年，指追忆少年时光。感慨弦多，不过是借说自己曾经的悲情太多。

　　④《庄子·齐物论》："昔者庄周梦为蝴蝶，栩栩然蝴蝶也，……俄然觉，则遽遽然（庄）周也。不知周之梦蝴蝶欤？蝴蝶之梦为周欤。"庄子原意是参透生死，物我难辨，纵浪大化，人生自得。诗中表达对生命的迷惘。望帝是古蜀国皇帝，《华阳国志·蜀王本纪》里记载他禅位退隐，死后化为杜鹃，暮春啼鸣至于口中滴血，鸣叫声凄苦哀婉。诗中表现青春已逝的悲哀。

沧海月明珠有泪，蓝田日暖玉生烟^①。
此情可待成追忆，只是当时已惘然^②。

---

① 《博物志》故事，据说南海外有鲛人，水居如鱼，哭泣时流泪成珠。诗用此典故，寓意人生遗恨之多，如同海里珍珠，皆为热泪凝结。据《长安志》，蓝田山中产玉，司空图《与极甫论诗书》引戴叔伦话说"蓝田日暖，良玉生烟，可望而不可置于眉睫之前也"，诗中借以传达人生恍惚、彷徨失落的伤感。以玉喻指当年情人或情事，现皆如烟飞散。

② 可待：岂待；只是：即使。尾联感慨无限。人生情事，回忆起来，历历在目，但其中的好恶爱憎、聚合离散的情由，当时迷失，至今迷惘。

【唐】崔颢

黄鹤楼①

似水流年

　　登高望远，视野所及是模糊的地平线；心接千载，精神所及是浩淼的古代。进入历史，进入传说，是一种遥远的望乡，生发心灵的乡愁。"日暮乡关何处是？"渺远的幽思飞扬，白云也载不动的乡愁，谁知道心灵的故乡在何处？"烟波江上使人愁。"

　　崔颢（704?～754），汴州（今河南开封）人。诗名很大，但事迹流传甚少，现存诗仅四十几首。这首《黄鹤楼》奠定了他的盛名，甚至传说李白见诗而感慨："眼前有景道不得，崔颢题诗在上头。"（《唐诗纪事》卷二十一）

　　昔人已乘黄鹤去，　此地空余黄鹤楼。
　　黄鹤一去不复返，　白云千载空悠悠。
　　晴川历历汉阳树，　芳草萋萋鹦鹉洲②。
　　日暮乡关何处是③，　烟波江上使人愁。

---

　　① 黄鹤楼在今湖北武昌黄鹤山西北黄鹤矶。旧时传说因仙人王子安驾黄鹤过此地而得名，一说是因费文祎乘黄鹤登仙，于此地休息而得名。

　　② 历历：清晰可见；萋萋：茂盛的样子；鹦鹉洲：唐代在汉阳西南长江中的一个沙洲，后被江水淹没。

　　③ 乡关：故乡。也指心灵所系之处，即精神故乡。在这黄昏的江上，烟波迷茫处眺望的，主要指向是心灵的乡愁。

【宋】苏轼

念奴娇①·赤壁怀古②

古人有许多咏古诗歌,目的常常是讽今。东坡叹赏周瑜的英姿,自然是感怀自己的衰朽。东坡也曾"老夫聊发少年狂,左牵黄,右擎苍,锦帽貂裘,千骑卷平岗。……会挽雕弓如满月,西北望,射天狼"。(《江城子·密州出猎》)只是这一次贬官黄州,山高水远,从此后,雄心壮志只能在纸上咆哮,英雄再也没有用武之地。说三国掉泪,不过是替古人担忧,可笑自己还这样多愁善感。人生不过是一场喧嚣的梦幻,做过一个好梦倒也心甘。即便是噩梦,也会醒来。只有这无边浩荡的长江,天地悠悠,把一代代英雄豪杰送向远方。江水流月,来一杯酒吧,献给诸葛、周郎。

大江东去,浪淘尽,千古风流人物③。故垒西边,人道是,三国周郎赤壁④。乱石穿空,惊涛掠岸,卷起千堆雪⑤。江山如画,一时多少豪杰。　　遥想公瑾当年,小乔初嫁了,雄姿英发⑥。羽扇纶巾,谈笑间、

---

① 念奴娇:调名取自唐玄宗天宝间著名歌伎念奴。元稹《连昌宫词》"力士传呼念奴"自注"念奴天宝中名倡,善歌……明皇遣高力士大呼楼上曰,欲遣念奴歌唱";《开元天宝遗事》云"念奴有色善歌,宫伎中第一。帝尝曰此女眼色媚人。又云念奴每执板当席,声出朝霞之上"。

② 赤壁:山名,在湖北黄冈县(黄州)西北长江北岸,又名赤壁矶、赤鼻矶。苏轼于元丰五年(1082)泛舟赤壁矶之下,作《赤壁赋》,又作此词。但此处并非三国鏖兵的赤壁,建安十三年(208)孙权、刘备联军破曹操的地方在湖北嘉鱼县长江边上。

③ 大浪淘沙见真金,风云际会方显英雄本色。经得起时间和历史验证的人才是真正的风流人物,英雄豪杰。

④ 故垒:旧日营垒。周郎:周瑜,字公瑾。吴国名将,吴中皆呼为周郎。人道是:有人说是。苏轼了解赤壁矶不是赤壁古战场,所以才借"人道是"抒发自己的感慨。

⑤ 穿空:另本作"穿云"或"崩云"都是形容石壁陡峭,刺破云空。掠岸,别本作"裂岸"、"拍岸",都是形容波涛的气势。此句写眼前景,在壮阔的风景中推出对当年事的联想,壮境衬英姿。

⑥ 小乔:周瑜的妻子,《三国志》作"桥",是桥玄的女儿。《三国志·吴书·周瑜传》载:"时得桥公两女,皆国色也,策自纳大桥,瑜纳小桥。"雄姿英发:形容周瑜当年英姿勃发、气度非凡。

樯橹灰飞烟灭①。故国神游②，多情应笑我，早生华发③。人生如梦，一尊还酹江月④。

① 羽扇：羽毛扇。纶巾：有飘带的头巾。这是描写周瑜作战时不着戎装，以文士打扮，更显得从容自若，潇洒不凡。樯橹：战船的代称，樯是桅杆，橹是桨。灰飞烟灭：赤壁之战，周瑜以火攻大获全胜，曹军全军覆没。

② 故国：原指旧都、旧地，这里应指赤壁古战场。神游：神往追思，体验古战场与古人物的情怀。

③ 多情应笑我，应笑我多情。谁笑？可以是设想雄姿英发的周瑜笑我白发苍苍却雄心不老；也可以是俏皮自嘲，由于自己对世界太多情，而用心过度，早生白发。

④ 尊：通"樽"，酒器。酹：把酒浇在地上，是一种祭祀仪式。杯中酒向江中月，一是以月见证，凭吊英雄；一是以月喻人，邀周郎共饮。"人生如梦"是佛家思想，历经挫折的东坡不免有些感慨；而"举杯酹月"，却不是借酒浇愁之意，而有强自振作的用心，如此，词到结尾，才不致泄了豪气。

【清】魏源

晓 窗①

　　年少苦读，三更灯火五更鸡；年老无梦，鸡鸣而起，日落而息。人生一世，禁得起几声鸡啼？千秋万代，滔滔不尽的人间，不过消磨于几声鸡鸣。悲观吗？非也！深长的叹息，不过是永远的自警——对个人，也对家国民族。

　　魏源（1794～1857），字默深、墨生、汉士，湖南邵阳人。晚清思想家，中国近代第一批"睁眼看世界"的人之一。著有《海国图志》，提出"师夷长技以制夷"，主张学习西方的先进科学技术。

　　　　少闻鸡声眠，老听鸡声起②。
　　　　千古万代人，消磨数声里③。

---

① 晓窗：拂晓时的窗口。

② 年轻人听到鸡鸣声才上床入睡，老年人听到鸡啼声已起身了。《晋书·祖逖传》中，记载有祖逖和刘琨半夜闻鸡起舞的故事，后人因常以此指志士奋发自励。后句暗用此典，谓这些人奋发向上之心，与前句作对照。

③ 消磨：在时空中耗损。

【唐】陈子昂

登幽州台歌①

　　前面，望不见古人的辉煌与壮怀；后面，猜不透后人的希望与梦幻。宇宙无穷，苍凉万载；只有我遗世独立，寂寞满怀，泪流满腮。依然是登高遥望精神家园，生发心灵的乡愁。但是比崔颢的《黄鹤楼》更直击人心。眼望大千世界，面对无情的时间，遥想人类足迹的悲壮，旷古的凄凉填塞心胸，陈子昂代表地球人，发出这一声穿透历史的长叹。

　　陈子昂（659？～700），字伯玉，梓州射洪（今属四川）人。青少年时轻财好施，慷慨任侠。24岁时举进士，官升右拾遗，故后世称陈拾遗。圣历元年（698）解官回乡，被县令陷害，冤死狱中。陈子昂在初唐发出刚健之音，对唐代诗风有扭转乾坤的影响。

　　前不见古人，后不见来者。
　　念天地之悠悠，独怆然而涕下②。

---

　　① 幽州，在今北京大兴。幽州台即蓟北楼，在今北京市内，陈子昂于万岁通天二年（697）随军北征契丹，在此登台远眺，脱口吟诗。

　　② 怆然：伤感悲凉的样子。山河依旧，人物不同。我虽生在盛世，为何却得不到命运的眷顾？全诗悲歌慷慨，余韵凄然，真可以泣神恸鬼。